Marcel Proust

Les Plaisirs et les Jours

SUIVI DE

L'Indifférent

ET AUTRES TEXTES

*Édition présentée, établie et annotée
par Thierry Laget*

Gallimard

PRÉFACE

À la mémoire de Philip Kolb

« *Surtout, ne parlez jamais dans vos articles des* Plaisirs et les Jours. *Je les renie. Ils n'eussent jamais fait un volume, si dans les loisirs des vacances dans un château la triple amitié de M. Anatole France, de Mme Lemaire, de Reynaldo Hahn, ne m'avait fait rejoindre tout cela. M. France fit une préface, Mme Lemaire des illustrations, Reynaldo de la musique.* »

Les écrivains sont souvent sans pitié pour leurs « *péchés de jeunesse* » — *et rares sont ceux qui n'en commirent aucun. Mais, en ce domaine, nul ne fut plus ambivalent que Marcel Proust. Car si, dans sa correspondance* — *comme dans cette lettre de janvier 1921 au critique Paul Souday* —*, il revient volontiers sur la condamnation du volume qu'il a publié à vingt-cinq ans, et s'il le jette lui-même sur le bûcher des vanités, il exprime au même moment une nostalgie sincère pour la facture de ce livre, pour la qualité, pour l'honnêteté de son style. « À cette époque, précise-t-il à Souday, mes phrases* *n'étaient pas ce que vous appelez enchevêtrées[1]. » Il semble dire : Certes, j'avais écrit n'importe quoi, mais comme je l'avais bien écrit !*

En 1920, il se confie à Alberto Lumbroso, bibliophile et critique italien : « *Vous ne vous doutez guère je pense que comme je sortais du collège, je réunis divers essais et nouvelles écrits pendant les classes, en un volume, les* Plaisirs et les Jours *[...]. Je préfère que vous ne parliez pas de ces pages légères [...]. Ce n'est pas que je les renie. Elles pourraient même me faire plaisir si je les relisais, car je me souviens vaguement qu'on y trouva l'embryon des livres d'aujourd'hui, mais elles me feraient seulement de la peine, car j'avais à ce moment-là, je crois bien, un certain don de style[2].* »

Et si, en 1913, il juge son livre « *assez joli à regarder[3]* », ne trouvant rien de mieux à en dire, si, en 1918, il ajoute, avec une véhémence qui le fait mentir sur son âge, que « *ce sont des pages écrites au collège, à quinze ans, et qui le montrent trop[4]* », Les Plaisirs et les Jours représenteront toujours pour lui un âge d'or de son propre style qu'il ne cessera de déplorer.

À chaque étape de sa « carrière », il exprime le même regret. En 1904, par exemple, il affirme que Les Plaisirs et les Jours *sont* « *hélas ! beaucoup mieux* » que la préface qu'il vient de joindre à sa traduction de La Bible d'Amiens *de John Ruskin[5]*. En 1906, à propos d'une autre préface pour une nouvelle traduction de Ruskin (Sésame et les lys), il constate qu'« *en général, [il a] l'impression d'écrire tellement moins bien qu'à l'époque des* Plaisirs et les Jours[6] ». *En 1907, alors qu'il se livre à*

---

1. *Correspondance*, t. XX, p. 47.
2. *Corr.*, t. XIX, p. 266.
3. *Corr.*, t. XIV, p. 213.
4. *Corr.*, t. XVII, p. 113.
5. *Corr.*, t. IV, p. 104.
6. *Corr.*, t. VI, p. 115.

*ses exercices de pastiche, il confie à Lucien Daudet :
« quand je vous lis je crois que j'ai du talent, mais quand
je me lis et surtout quand j'écris [...] je* sens *bien que je
n'en ai pas ! Et cela m'ennuie d'autant plus que quand
par hasard les* Plaisirs et les Jours *[...] me tombe sous la
main, je trouve que j'en avais alors*[1]*. » En 1918, alors que
va paraître* À l'ombre des jeunes filles en fleurs, *il définit*
Les Plaisirs et les Jours *« un livre écrit par moi au
collège, mais mieux écrit ou moins mal, que* Swann[2] *».
En 1921, il répète que ces textes sont « bien mieux écrits »
que* Swann[3]. *Et au cœur du* Temps retrouvé, *au
moment où l'œuvre d'une vie est sur le point d'être
couronnée, il conclut : « J'avais eu de la facilité, jeune, et
Bergotte avait trouvé mes pages de collégien " par-
faites "*[4]. *»*

*Proust n'avait-il pas mesuré la nouveauté du style qu'il
avait forgé pour écrire la* Recherche, *ou bien distinguait-
il dans son premier livre une richesse que nous ne
saurions plus y découvrir ? Était-il un révolutionnaire
malgré lui, attaché aux formes de son passé, ou croyait-il
avoir mis dans le livre de ses vingt ans ce qu'il prenait
pour la grâce de sa jeunesse ?*

*Lorsqu'on a fait la part de la fausse modestie et de la
véritable humilité, de la flagornerie intéressée et du
sincère dénigrement de soi, il reste que Proust aime dans*
Les Plaisirs et les Jours *précisément ce que la critique
n'y trouvera jamais : les qualités d'écriture.*

*Mais sans doute regrette-t-il davantage une époque
qu'un savoir-faire prétendument perdu, et le contact de
son écriture avec celle de toute une société. Alors que le
style de la* Recherche fraie, solitaire, des chemins nou-

1. *Corr.*, t. VII, p. 58.
2. *Corr.*, t. XVII, p. 47.
3. *Corr.*, t. XX, p. 371.
4. Et une note de Proust précise : « Allusion au premier livre de
l'auteur, *Les Plaisirs et les Jours* », *Le Temps retrouvé*, p. 346.

veaux, celui des Plaisirs et les Jours *parcourt des allées
très fréquentées, épouse les goûts, tous les goûts, de son
temps et de son milieu. Si bien qu'on est tenté de dire
qu'en regrettant le style des* Plaisirs et les Jours, *Proust
avait la nostalgie de cette compagnie qui l'entourait, le
rassurait. Tout poète ayant refusé d'adhérer au cercle
d'une avant-garde, tout schismatique ayant rompu avec
sa chapelle a dû éprouver ce sentiment de découragement
face à l'isolement auquel il s'est lui-même condamné.*

  Car c'est bien à une chapelle qu'appartient Proust
lorsqu'il compose Les Plaisirs et les Jours, à une bande,
à un clan. Ses membres se sont tous connus au lycée
Condorcet. Ils sont issus de la grande bourgeoisie parisienne : Fernand Gregh, Robert Dreyfus, Louis de La
Salle, Daniel Halévy, Jacques Bizet, Horace Finaly et,
bien sûr, Marcel Proust, bientôt rejoints par d'autres —
Robert de Flers, Henri Barbusse ou Léon Blum. Ils
aiment la littérature, la philosophie, la peinture, la
musique, et rêvent de s'illustrer dans l'une ou l'autre de
ces disciplines. Ils sont pressés : la littérature leur paraît
donc la plus aisément praticable, et la plus digne. Pour
s'introduire dans ce monde des lettres, qu'ils se représentent paré de mille prestiges, ils ont, à seize ans, « fondé »
des « revues littéraires et artistiques », aussi confiden-
tielles qu'éphémères[1] (Le Lundi, La Revue verte, La
Revue lilas), feuilles polycopiées, cahiers manuscrits,
aux couvertures colorées, qui circulaient pendant la
classe, et sur lesquels ils inscrivaient leurs impressions,
telle cette envolée très baudelairienne et cependant déjà
proustienne : « Voici l'horreur des choses usuelles, et
l'insomnie des premières heures du soir, pendant qu'au-
dessus de moi on joue des valses et que j'entends le bruit
crispant des vaisselles remuées dans une pièce voisine[2]... »

---

1. Et dont aucun exemplaire n'a été conservé.
2. *Essais et articles*, Pléiade, p. 333.

En 1891, Proust collabore au Mensuel, *où se mêlent résumé des événements du mois écoulé, évocations poétiques, comptes rendus littéraires. La plume et le carbone sont remplacés par la typographie. Mais Proust est le principal rédacteur des pages « culturelles », où les procédés puérils se perpétuent. Ainsi se dissimule-t-il sous divers pseudonymes, dont l'un proclame avec fierté que l'auteur ne recule devant aucune épreuve : « Pierre de Touche*[1]* ». Il publie là son premier récit de fiction.*

Cette pierre de touche, il l'effleure l'année suivante, quand, avec ses camarades de Condorcet, il se lance dans l'aventure d'une nouvelle revue, plus ambitieuse, qu'ils se cotisent pour financer et qu'ils intitulent Le Banquet — *davantage, sans doute, par manque d'une meilleure idée, que par dévotion à Platon.*

Contrairement à ce que prétendra toujours Proust, les associés de la rédaction ne fréquentent plus le collège depuis longtemps. En 1892, quand paraît le premier numéro du Banquet, *Proust suit des cours à la faculté de Droit et est inscrit en deuxième année à l'École libre des sciences politiques ; il a accompli son service militaire deux ans auparavant. Ce n'est sans doute pas un homme mûr, mais on ne saurait non plus le considérer comme un timide adolescent. Il fréquente le monde. Ses camarades et lui se retrouvent dans les mêmes salles de cours, les mêmes théâtres, les mêmes salons — c'est d'ailleurs dans celui de Mme Straus qu'ils recrutent leurs abonnés.*

Car Le Banquet *n'est guère diffusé. Durant son unique année d'existence, le tirage oscillera entre quatre cents et deux cents exemplaires : la revue se veut exigeante, et elle l'est. Dans sa première livraison, un manifeste annonce que les rédacteurs adopteront, « en matière de littérature, les doctrines anarchiques les plus subversives ». C'est un*

---

1. Voir, ici même, « Choses normandes » et « Souvenir » p. 241-246, et *Écrits de jeunesse*, p. 169-203. La découverte du *Mensuel* est due à Marcel Troulay.

*vœu pieux, car ces doctrines n'interdiront ni les traduc-
tions de Shelley, Tennyson ou Ibsen, ni les « rêveries en
prose » du peintre préraphaélite Rossetti, ni les poèmes de
Léon Blum (« Stoïcisme d'automne »), ni les essais sur
« les courants centrifuges dans la monarchie austro-
hongroise », ni, bien sûr, les elliptiques et mondaines
« Études » de Marcel Proust, où l'on croise une Cydalise,
une comtesse Myrto, des maîtresses de Fabrice : on le
voit, rien sur Bakounine ni Ravachol.*

*Mais, plutôt que des attentats contre la littérature et la
raison, le mot d'anarchisme annonce cet œcuménisme,
ce fouillis, ce refus des hiérarchies, que l'on retrouvera
dans* Les Plaisirs et les Jours. *« Nous ne serons pas
symbolistes, mais nous ne serons pas tolstoïsants, proclame encore le premier numéro du* Banquet. *La largeur
de notre éclectisme réconciliera nos tempéraments. Chacun de nous saura bien choisir, pour ses exercices
spirituels, telle suggestion qui lui conviendra. [...] Ceux
qui voudront s'épancher s'épancheront*[1]. *» Proust
s'épanche donc régulièrement dans* Le Banquet, *où il
publie, en un élégant pêle-mêle, tout ce qu'il écrit cette
année-là (nouvelles, études et comptes rendus), et quand
la revue cesse de paraître après huit numéros, il part, avec
les autres rédacteurs, s'épancher à* La Revue blanche.

*C'est une promotion. Fondée à Liège en 1889 par Paul
Leclercq, transférée à Paris en 1890, reprise et financée
par les frères Natanson en 1891,* La Revue blanche *est
alors la plus vivante des publications littéraires françaises. Elle accueille d'authentiques anarchistes (Félix
Fénéon, Victor Barrucand), des poètes et des prosateurs à
la réputation sulfureuse (Alfred Jarry, André Gide, Pierre
Louÿs), les signatures plus ou moins compromettantes de*

---

1. *Le Banquet*, nº 1, p. 6. Sur l'histoire du *Banquet*, voir Fernand
Gregh, *Mon amitié avec Marcel Proust*, Grasset, 1958, p. 28, et Jacques
Deguy, « Étude de la revue *Le Banquet* », *Bulletin d'informations
proustiennes*, nº 4, automne 1976, p. 29-43.

Tristan Bernard, Jules Renard, Maurice Maeterlinck, Paul Verlaine ou Stéphane Mallarmé. La qualité des textes est enluminée par la grâce des illustrations, confiées à de grands artistes : Toulouse-Lautrec, Vuillard, Bonnard, etc.

Dès juillet 1893, Proust donne à La Revue blanche *d'autres « Études » et des nouvelles (« Mondanité de Bouvard et Pécuchet », « Mélancolique villégiature de Mme de Breyves »). Il cessera sa collaboration en juillet 1896, après y avoir publié « Contre l'obscurité », un article qui déplaira à trop d'écrivains hermétiques y délivrant leurs vers[1].*

Cependant, il a peu à peu constitué un fonds de fragments poétiques qu'il songe à réunir sous une même couverture. Serait-ce un livre ? Il le compose comme le sommaire d'une de ces luxueuses revues qu'il lit ou auxquelles il collabore, mêlant les études, les portraits, les nouvelles, les pastiches, les poèmes, les jugements critiques, et, impressionné par l'exemple de La Revue blanche, *rêvant de les entrecouper de dessins et de partitions en fac-similé. En septembre 1893, ce livre-revue prend corps : Proust ne l'appelle encore que « mon volume[2] », mais il sait déjà que Madeleine Lemaire, « la charmante peintresse », comme dit Jean Lorrain[3], l'illustrera[4].* Les Plaisirs et les Jours *auraient-ils seulement vu le jour sans l'appui, sans le prétexte, de ces dessins et de ces aquarelles ?*

Mais le « recueil de petites choses » de l'été 1893 est loin de voir le jour. Mme Lemaire tarde à commencer ses dessins : elle ne s'y est pas encore mise en décembre[5], et

---

1. Sur *La Revue blanche*, voir A. B. Jackson, *La Revue blanche (1889-1903)*, Minard, 1960, et Joan U. Halperin, *Félix Fénéon*, Gallimard, 1991, p. 333-358.
2. *Corr.*, t. I, p. 234.
3. Voir le Dossier, p. 295.
4. *Corr.*, t. I, p. 247.
5. *Corr.*, t. I, p. 262.

elle les exécute ensuite, « faciles à reproduire par un procédé peu coûteux [1] », avec une lenteur qu'aggravent les modifications de Proust, lequel rebâtit sans cesse le sommaire du recueil, y ajoutant les études, les nouvelles qu'il continue d'écrire, en retranchant divers textes qui ne lui plaisent plus [2].

Mais le plus délicat est de trouver un éditeur : Étienne Boussod, éditeur d'art pour lequel Madeleine Lemaire a déjà travaillé, refuse : « C'est une veste d'autant plus personnelle et sur mesure, écrit Proust, qu'il avait accepté avant de connaître mes articles [3]. » Tresse et Stock, Testard, Launette, Marpon, que Proust consulte par l'intermédiaire d'Anatole France ou de Charles Grandjean, bibliothécaire au Sénat, restent indifférents ou rechignent [4]. Enfin, on se tourne vers Georges Calmann-Lévy, qui accepte le volume « les yeux fermés [5] », moins attiré peut-être par le talent de Marcel Proust, que par la recommandation d'Anatole France et la réputation de Madeleine Lemaire.

C'est d'ailleurs elle qui, désormais, règne sur le sort de l'ouvrage. Elle inspire le premier titre du volume, Le Château de Réveillon, *du nom de la propriété qu'elle possède dans la Marne et où Proust séjourne un mois en août 1894 [6]. Elle exige que les dédicaces particulières des pièces soient supprimées [7]. De connivence avec un employé de Calmann-Lévy, Jean Hubert, et en s'appuyant sur l'autorité d'Anatole France, elle tente de circonvenir Proust pour obtenir qu'il retire « certaines pièces un peu*

---

1. *Corr.*, t. I, p. 259.
2. Voir *Corr.*, t. II, p. 491.
3. *Corr.*, t. I, p. 260 et 263.
4. *Corr.*, t. I, p. 262.
5. *Corr.*, t. II, p. 51.
6. Ce titre, que l'on rencontre pour la première fois dans la *Correspondance* en mai 1895 (voir *Corr.*, t. I, p. 390), figure encore sur la seconde épreuve en placards du livre, datée du 28 mars 1896.
7. *Corr.*, t. VII, p. 341.

embrouillées et sans intérêt », *qu'il accourcisse* « *une dédicace un peu longue* », *qu'il corrige certaines faiblesses, sans parler* « *de ces ingénuités que l'on rencontre à chaque ligne, de ces formes de phrases un peu gauches et de ces profusions d'épithètes parfois un peu contradictoires*[1] ». *Elle décide même de la date de publication, car, cependant, elle se laisse distraire par cent villégiatures, elle se consacre à mille travaux annexes, elle accumule les retards, si bien qu'en décembre 1895 Proust confie son impatience à Calmann-Lévy, en imaginant un stratagème destiné à presser la dame :* « *Ici viendra j'espère se placer l'amitié de Mme Lemaire qui me tenant ainsi depuis quatre ans sur les fonts baptismaux des lettres (où je suis très honoré d'avoir une si belle marraine je veux bien, mais enfin il serait temps) ne voudra pas me retarder une année de plus*[2]. »

Les Plaisirs et les Jours *paraissent le 12 juin 1896. C'est un ouvrage luxueux, sous une couverture glacée vert pâle, dont le prix (quinze francs) excède de beaucoup les trois francs cinquante que les lecteurs ont alors coutume de payer leurs livres — Proust ne cessera de répéter que* « *c'est trop cher*[3] ». *On n'a d'ailleurs imprimé que mille cinq cents exemplaires du volume (qui resteront en feuilles chez l'éditeur, où ils attendront, en vain, que les libraires passent commande pour être brochés au fur et à mesure), auxquels il faut ajouter cinquante exemplaires de grand luxe, dont vingt contiennent une aquarelle originale de Madeleine Lemaire*[4].

Si Proust n'a pas financé l'impression du livre, comme il le fera en 1913 pour Du côté de chez Swann, *il ne*

1. *Corr.*, t. II, p. 51-52.
2. *Corr.*, t. I, p. 455.
3. *Corr.*, t. XI, p. 280. Voir, dans le Dossier, l'extrait d'une revue satirique se moquant du prix du volume, p. 298.
4. *Corr.*, t. XVII, p. 290 et G. da Silva Ramos, *Bibliographie proustienne*, Gallimard, 1932, « Cahiers Marcel Proust, 6 », p. 31.

touche pas de droit sur les ventes[1]. *Il n'a d'ailleurs signé aucun traité avec son éditeur, mais passé un « accord tacite ». En vérité, il n'a tout simplement pas eu l'occasion d'aborder la « question argent » avec lui*[2] *et, en 1913, il explique ainsi cette particularité à Bernard Grasset : « Madame Lemaire m'ayant par amitié fait cette centaine d'illustrations, je ne pouvais décemment me faire payer par M. Calmann des dessins qui m'étaient généreusement donnés. Eux d'autre part ne pouvaient me faire payer les frais d'une édition pour laquelle je leur apportais gratuitement ces illustrations. Ils ont donc fait l'édition à leurs frais et je n'aurais pu garder qu'un bon souvenir de ce livre si je n'avais eu l'ennui qu'à cause de son prix et de son format il est allé embellir seulement les bibliothèques de gens qui ne lisent pas et que nombre d'esprits qui avaient plus d'affinités avec le mien que celui des bibliophiles, qui eussent pu se prendre d'amitié, peut-être, pour le mien, ne l'ont jamais lu parce qu'ils ne l'ont jamais acheté*[3]. »

De fait, en 1918, soit vingt-deux ans après sa parution, seuls trois cent vingt-neuf exemplaires de l'édition courante, sur les mille cinq cents imprimés, ont été écoulés, et Calmann-Lévy cherche désespérément à se débarrasser des mille cent soixante et onze exemplaires qui encombrent les caves du brocheur où ils ont été déposés, dût-il les vendre en solde, « à très bas prix[4] ».*

« *Je suis toujours un peu étonné que quelqu'un ait lu les* Plaisirs et les Jours, *constate Proust en 1903. Mon éditeur m'a assuré que personne n'était jamais venu lui demander cet ouvrage. Il faut qu'il exagère un peu*[5]. » *Hélas, non. Car si l'on retranche du nombre des exem-*

1. *Corr.*, t. II, p. 218, et t. VIII, p. 100.
2. *Corr.*, t. IX, p. 240.
3. *Corr.*, t. XII, p. 99-100.
4. *Corr.*, t. XVII, p. 290.
5. *Corr.*, t. III, p. 457.

plaires écoulés ceux que, tout au long de sa vie, Proust lui-
même, se servant de son livre comme d'une carte de visite,
offrit à des amis, à des confrères, à des journalistes, on
arrive à cette conclusion que les lecteurs spontanés de
l'édition Calmann-Lévy ne durent se compter qu'en di-
zaines.

La réaction de la presse, pourtant, n'a pas été négative.
En dehors d'un article de Jean Lorrain, qui offre un duel à
Proust[1], on lit d'élogieux comptes rendus dans La
Liberté, dans Le Gaulois ou dans la Revue encyclopédique[2]. Les grands hommes, sollicités, ne manquent pas
non plus de décerner au jeune auteur un satisfecit
paternel : France, qui s'exprime sur ce sujet dans sa préface au volume, ou Mallarmé, qui « trouvait ça très bien
parce qu'il avait le démon de l'Indulgence[3] ». Mais
combien, comme Pierre Loti, ne coupent même pas les
pages de l'exemplaire que Proust leur a envoyé[4] ?

Il faudra attendre quelques années, et la parution des
premiers volumes d'À la recherche du temps perdu, pour
que Les Plaisirs et les Jours rencontrent des lecteurs plus
attentifs. En 1920, Albert Thibaudet les jugera « médiocres[5] ». Mais, en 1921, François Mauriac aimera ce
« livre désuet et délicieux » et y découvrira Proust « déjà
aimé à la fois des fauves et des doux[6] ». En 1923, enfin,
André Gide publiera un bel article intitulé « En relisant
Les Plaisirs et les Jours » : « Les qualités de ce livre
délicat, paru en 1896, me paraissent si éclatantes, que je
m'étonne qu'on n'en ait pas été d'abord ébloui[7]. »

Dès lors, la survie du livre est assurée, puisqu'il est
placé sur orbite dans le sillage d'une grande comète : la

1. Voir le Dossier, p. 352-353.
2. Voir le Dossier, p. 289-294.
3. *Corr.*, t. XX, p. 153.
4. *Corr.*, t. XI, p. 261-262, et t. XVI, p. 393.
5. *Corr.*, t. XIX, p. 331.
6. *Corr.*, t. XX, p. 113.
7. Voir le Dossier, p. 296.

Recherche. *Tout de suite après la mort de Proust, dans le numéro d'hommage que lui consacre la* Nouvelle Revue française, *les éditions de la NRF annoncent une « réédition dans le format in-16 » (c'est-à-dire d'un prix enfin accessible) des* Plaisirs et les Jours [1]. *L'histoire de cette réimpression permet de mieux comprendre ce que Proust pensait vraiment de son premier livre, et de définir la place qu'il lui voyait tenir dans son œuvre.*

Échaudé par l'échec de la luxueuse publication, Calmann-Lévy ne s'est jamais soucié de retenir un auteur si ruineux. En 1908, il a refusé d'éditer les pastiches que Proust lui proposait [2], et en mai 1918, on l'a vu, il songe à se défaire du stock d'exemplaires invendus des Plaisirs et les Jours. *Pour cela, il s'adresse d'abord à l'auteur, et, conformément aux usages, propose de lui céder le lot à un bon prix. Proust s'offusque, considérant que c'est là une « crasse dégoûtante [3] ». « J'ai refusé naturellement de racheter des milliers de volumes que je ne saurais où mettre, explique-t-il à Clément de Maugny, et suis d'ailleurs tout à fait indifférent à ce qu'il [Calmann] fera d'une œuvre qui diffère du tout au tout de ce que je fais aujourd'hui [4]. »*

Cependant, l'idée que Calmann-Lévy va abandonner l'exploitation commerciale de l'ouvrage doit lui déplaire. Ses anathèmes cachent une secrète tendresse pour ce livre de sa jeunesse. En 1910, déjà, il a évoqué la possibilité d'une réimpression du volume. Mais ce n'était alors que pour mieux le dénigrer, après avoir menacé d'en arracher « ces fragments si peu italiens de Comédie italienne [5] ». *Une autre fois — peut-être à l'époque des traductions de Ruskin —, il a songé à faire reprendre son volume par le*

1. *NRF*, n° 112, 1ᵉʳ janvier 1923, p. 337.
2. *Corr.*, t. VIII, p. 91.
3. *Corr.*, t. XVII, p. 262, 264 et 290.
4. *Corr.*, t. XVIII, p. 45.
5. *Corr.*, t. X, p. 163.

Mercure de France, mais le projet n'a pas abouti[1]. *Après la guerre, alors que le succès d'*À l'ombre des jeunes filles en fleurs *fait de lui un écrivain célèbre, il entreprend de rapatrier ces* Plaisirs et les Jours, *soldés ou pilonnés, chez l'éditeur de la* Recherche.

Il aborde ainsi avec Gaston Gallimard la « question Calmann-Lévy ». Il s'agit de faire récupérer par le premier les droits d'édition virtuellement détenus par le second. Gallimard est enthousiasmé par cette idée — d'autant que Calmann-Lévy, à qui aucun traité n'a donné l'ouvrage, le cède gracieusement[2] *— et il supplie Proust de le laisser réaliser une « édition courante » (à bon marché) des* Plaisirs et les Jours : « *Elle pourrait être faite en quelques semaines. Vous n'aurez aucune épreuve à corriger et puisqu'il est fatal que ce livre soit réimprimé un jour ou l'autre je ne vois aucune raison d'en retarder la publication*[3]. »

Mais Proust oppose une fin de non-recevoir. Il a mis son œuvre à l'abri et lui a trouvé un nouvel éditeur, mais il n'entend pas que ce chant fluet vienne se mêler aux chœurs puissants qu'il orchestre désormais. Pour justifier son refus, il a recours aux sempiternels arguments, renforcés de mensonges et d'approximations : « *Je trouverais déplorable que les* Plaisirs et les Jours, *œuvre de jeunesse, écrite au collège, avant le régiment, paraisse avant que la* Recherche du Temps perdu *ne soit terminée. Ce n'est pas que je méprise les* Plaisirs et les Jours. *Et ce style de débutant est meilleur que celui d'aujourd'hui. Mais ce serait tout déranger que de mettre cela en travers de ce long convoi qu'on a déjà tant de peine à suivre. [...] Une fois tout fini, les* Plaisirs et les Jours *plairont je le crois et vivront de vieux jours*[4]. »

---

1. Marcel Proust, Gaston Gallimard, *Correspondance*, Gallimard, 1989, p. 413.
2. *Correspondance Proust-Gallimard*, p. 361, 363, 413 et 420.
3. *Ibid.*, p. 406.
4. *Ibid.*, p. 408.

Le contrat avec Gallimard pour la réimpression du volume n'est pas signé par Marcel Proust, mais, en 1923, après la mort de celui-ci, par son frère Robert[1]. *Toutefois, la volonté de Marcel ne sera pas respectée, puisque, dès 1924, bien avant la publication du* Temps retrouvé (1927), *paraîtra une nouvelle édition des* Plaisirs et les Jours. *Les lecteurs, la critique, vont enfin pouvoir lire le livre.*

Les premiers sont beaucoup plus nombreux qu'en 1896 : en 1927, Gallimard mettra en vente la trente-cinquième édition[2], *ce qui représente près de dix-huit mille exemplaires écoulés en trois ans : un triomphe.*

Quant à la critique, elle se répartit en deux écoles. La première méprise Les Plaisirs et les Jours, *leur reprochant un « symbolisme assez prétentieux*[3] », *ne leur reconnaissant qu'un caractère documentaire, n'y voyant qu'un « livre épars, trop joli, maladroit et charmant*[4] », *une œuvrette sans conséquence et sans construction. Valery Larbaud résume, sans la partager, l'impression que laisse l'ouvrage chez bien des lecteurs : « un livre au titre vieillot, facilement oubliable, [...] un livre d'amateur mondain, publié, comme en Province, en une autre époque, déjà lointaine, où Paris ressemblait plus à Toulouse, et moins à Londres, qu'à présent*[5] ».

D'autre part, la critique scrute les nouvelles et les poèmes de Proust avec le regard de l'architecte ou du psychanalyste. Elle découvre des échos, des obsessions, des lignes de force. Elle célèbre la cohérence de l'ensemble, sa structure circulaire, l'« itinéraire humain qui se dessine en filigrane derrière la diversité des personnages et

---

1. *Ibid.*, p. 420.
2. *Les Plaisirs et les Jours*, Pléiade, p. 909, n. 3.
3. Ramon Fernandez, *Proust*, Éditions de la Nouvelle Revue critique, 1943, p. 12.
4. André Maurois, *À la recherche de Marcel Proust*, Hachette (1949), 1970, p. 77.
5. « Entrevision », *NRF*, n° 112, 1er janvier 1923, p. 88.

l'apparente insouciance de l'auteur[1] ». *Elle reconnaît dans son mode de composition fragmentaire celui que Proust adoptera lorsqu'il écrira la* Recherche, *et les textes de 1892-1895 deviennent « les premiers éléments d'une mosaïque sur laquelle Marcel Proust n'a pas cessé de travailler pendant vingt ans jusqu'à ce qu'ils s'ordonnent dans son esprit pour former les différents étagements de la* Recherche du temps perdu[2] ».

La seconde école l'emporte bientôt sur la première. Alors, on se demande s'il ne faut pas voir dans Les Plaisirs et les Jours *« une ébauche encore imparfaite et schématique d'*À la recherche du temps perdu[3] », *on veut faire d'eux un modèle réduit, une maquette du chef-d'œuvre, et l'on admire dans leurs « architectures » la même construction, les mêmes préoccupations, les mêmes conclusions : à vingt ans, Proust avait découvert que l'art sauve l'homme de tous ses vices, de toutes ses faiblesses — le snobisme, l'amour, la jalousie, la mort...*

Hélas, tout, dans l'histoire du livre, prouve que Les Plaisirs et les Jours *sont une œuvre composite, où la main de l'auteur n'a mis que cet ordre minimum qu'il faut ménager, au dernier moment, dans une pièce où l'on attend des visiteurs. Certes, comme un diptyque, l'ouvrage se décompose en deux panneaux symétriques, qui s'articulent autour de cette charnière que sont les « Portraits de peintres et de musiciens » : le premier consacré à l'homme en société, à la mondanité et à la mort (« La Mort de Baldassare Silvande », « Violante ou la Mondanité », « Snobs », « Personnages de la comédie mondaine », « Mondanité et mélomanie de Bouvard et Pécuchet ») ; le second exaltant l'homme face à lui-même, la*

1. Bernard Gicquel, « La composition des *Plaisirs et les Jours* », *Bulletin Marcel Proust*, n° 10, 1960, p. 253.
2. Maurice Bardèche, *Marcel Proust romancier*, Les Sept Couleurs, 1971, t. I, p. 32.
3. Yves Sandre, « Notice » des *Plaisirs et les Jours*, Pléiade, p. 903.

nature, la musique, la vie. Mais la nature se glisse plus d'une fois dans la première partie (dernier chapitre de « Baldassare Silvande »), de même que la mondanité s'intercale dans les tableaux bucoliques de la seconde (« Un dîner en ville », « Rencontre au bord du lac »). Dire que le thème de la sexualité honteuse est récurrent dans cet ouvrage, noter que les scènes de transfiguration dans la mort y sont nombreuses, ce n'est ni définir une construction ni déceler une unité : c'est simplement constater que toutes ces pièces sortent de la même fabrique, et que l'homme qui les a créées était hanté par des images, par des pensées, par des raisonnements qui, du reste, paraîtront dans tous ses écrits, jusqu'à sa mort.

Proust n'a pas publié la Recherche avant de l'avoir écrite. Les Plaisirs et les Jours peuvent présenter certaines ressemblances avec l'œuvre maîtresse, ils n'en forment pas moins un recueil indépendant, que l'on peut, que l'on doit lire pour lui-même, en respectant les lois qu'il porte en soi, et sans avoir besoin d'aller chercher dans la Recherche des justifications supplémentaires. Bref, pour bien comprendre Les Plaisirs et les Jours, il faut tenter de se mettre dans la situation du lecteur — de l'un des rares lecteurs — qui le lit en 1896, sans savoir que leur auteur écrira À la recherche du temps perdu et deviendra le plus grand écrivain du XXᵉ siècle. À ce prix — modique —, on a quelque chance de retrouver un peu de l'esprit proustien de cette époque, et de lire, non plus le livre décidément puéril d'un auteur de cinquante ans, mais celui, prometteur, d'un étudiant de vingt.

Ainsi, on le jugera non plus en fonction des critères révolutionnaires imposés par Proust lui-même, mais de ceux qui avaient cours à la fin du XIXᵉ siècle. Alors on verra que Les Plaisirs et les Jours, s'ils sont bien agités par quelques mouvements d'ensemble, qui donnent à tous les morceaux qui le forment un air de famille, répondent *en même temps à un besoin de tout livrer sans trier, et que leur véritable unité est dans leur disparate.*

Cette disparate se dévoile jusque dans l'aspect matériel de l'ouvrage — si peu ouvrage, en vérité —, où la poésie, la prose, la réflexion morale, la satire sociale, le pastiche, le conte à tendance mystique, se mêlent à des images élégantes, à des partitions manuscrites, à ces aquarelles de roses, de jonquilles, de lys, de feuillages, qui donnent au volume l'aspect d'un herbier, ou de l'une de ces tables où, dans le cabinet d'un amateur, sont répandus divers trésors, des revues à petit tirage, des cartes de visite cornées, des fleurs séchées, des gravures tirées d'un portefeuille, des éventails, des camées, des monnaies anciennes, des masques de comédie, des armes à feu curieuses et rouillées. Ce désordre, à la fois savant et négligé, évoque ces « vanités » du XVIIIe siècle, rappelant à l'homme que la vie est brève, qu'au milieu des plaisirs se cachent la souffrance et la mort. Et le pastiche du titre d'Hésiode ne doit pas être lu comme un simple détournement érudit, mais comme l'affirmation d'une triste vérité : les jours *combattent les* plaisirs, *le temps menace l'existence.*

Pour que Les Plaisirs et les Jours, *composés de fragments disparates, eussent malgré tout une unité, il fallait que Proust fondît tous les matériaux qui le formaient dans un tout qui, les englobant, les dépasserait : c'est une technique qu'il admire chez Balzac ou Wagner, lesquels, dit-il, ont donné une unité rétrospective à des morceaux indépendants, en y ajoutant tel leitmotiv, en y introduisant tel personnage, qu'ils avaient empruntés à une autre partie de leur œuvre. De même, dans* Les Plaisirs et les Jours, *certains noms, certains prénoms reviennent d'un texte à l'autre, sans que l'on puisse toujours déterminer, d'ailleurs, s'ils désignent la même personne : Honoré, Pia, Buivres, Alériouvre, etc. Madeleine Lemaire vient également offrir une unité à un livre qui en manquait. Ses illustrations redondantes ne font que reprendre et développer certains caractères du texte, mais dans un style uniformément mièvre.*

Bref, ce volume où la poésie se mêle à la musique et au dessin est bien de son époque, « aboli bibelot d'inanité sonore » en même temps qu'horloge métaphysique et morale comptant les heures de l'existence, et les confondant toutes dans une de ces voluptueuses créations artistiques comme les décadents aimaient à en goûter. C'est le Grenier des frères Goncourt, la pendule de Bougival d'Alphonse Daudet, la chambre de Des Esseintes. C'est un de ces ateliers d'artiste que nous a conservés la photographie, et où l'on voit, dans un amoncellement d'étoffes orientales, des palmiers en pot, des magots en argent, des porte-parapluies creusés dans un pied d'éléphant, des fauteuils Voltaire, des descentes de lit en peau de tigre, des bibliothèques tournantes et des collections de kriss malais.

Mais la table des Plaisirs et les Jours *ressemble aussi au sommaire d'une revue qui, au lieu de demander des collaborations à divers écrivains, s'est contenté de la prose et des vers d'un seul. Il s'est grimé, il a contrefait les voix et les physionomies pour faire croire à la diversité des signatures. Par là, le recueil trahit ses origines et son époque : rappelons-le, la plupart des textes qui le composent étaient destinés au* Banquet *ou à* La Revue blanche, *sœurs et cousines de ces publications où se concentrait le meilleur de la vie littéraire à la fin du XIXe siècle et au début du XXe, le* Mercure de France, Vers et Prose, L'Occident, La Plume...

Cependant, derrière la tentative de conciliation des arts (littérature, musique et peinture) que représentent Les Plaisirs et les Jours, *on peut voir se profiler le grand songe de l'opéra, réunissant sur un même vaisseau les muses préférées, et les conduisant à l'assaut des tempêtes. C'est l'art total que prône Wagner, si souvent cité dans*

Les Plaisirs et les Jours, *et lui aussi beau phénomène d'époque : ses opéras commencent seulement d'être représentés en France,* Lohengrin *a été donné à Paris en 1891,* La Walkyrie *en 1893,* Les Maîtres Chanteurs de Nuremberg *vont l'être en 1897,* Parsifal *attendra 1914. En recourant à tout cet « enrobage », Proust entend reconstituer sur le papier ce qui aurait pu se dérouler sur une scène de théâtre : les « Fragments de comédie italienne » ou « Scénario » témoignent, à leur façon, de cette ambition.*

Une édition complète et idéale des Plaisirs et les Jours *(hélas impossible à réaliser dans le cadre d'une collection au format de poche) se devrait de reproduire en leurs lieux les illustrations de Madeleine Lemaire et les partitions de Reynaldo Hahn. Certes, les unes et les autres ne sont guère à la hauteur de la réputation de Proust. Mais elles sont dans le ton. Proust les a accueillies, les a sollicitées même, comme des lettres d'introduction. Le jeune auteur de 1896 avait besoin d'elles pour faire son entrée dans le monde, de même qu'il avait besoin du patronage d'Anatole France pour être introduit au cénacle des littérateurs. Depuis la réimpression de 1924,* Les Plaisirs et les Jours *sont privés de cette compagnie, à quoi le texte renvoie plus d'une fois. Seule la préface d'Anatole France subsiste, comme si la littérature avait plus de valeur, plus de pérennité, que la musique ou la peinture, comme si l'on souhaitait privilégier ainsi une forme d'expression au détriment des autres. En réinvitant Madeleine Lemaire et Reynaldo Hahn dans ce livre qui était aussi le leur, l'éditeur avisé ferait plus que réparer une injustice : il permettrait à chacun d'admirer l'objet paradoxal, hétéroclite, si peu « proustien », auquel rêvait pourtant Marcel Proust lorsqu'il préparait son premier livre. Grâce à tous ces « hors-d'œuvre », on verrait enfin que le luxe constituait, sinon la raison d'être, du moins la cohérence des* Plaisirs et les Jours.

La musique de Reynaldo Hahn, expressive, est pleine de ces clins d'œil au pianiste, qui se veulent l'équivalent d'un programme de ballet, comme Satie ou Debussy en avaient inscrit dans leurs partitions : « un peu lourd, comme la croupe des chevaux flamands », « avec bonne humeur », « ils sont partis »... Quant aux dessins de Madeleine Lemaire, ils ont aujourd'hui acquis le charme de ces papiers peints fanés qu'on voit pendre en lambeaux, entre un conduit de cheminée noir de suie et des fenêtres ouvertes sur le vide, aux murs des immeubles livrés à la démolition : charme désuet, peut-être, technique appliquée et parfois gracieuse, mais sans commune mesure avec celle des Cuyp, des Watteau, des Van Dyck, que Proust célèbre en alexandrins. D'ailleurs, on a vite cerné ce qui inspire Madeleine Lemaire : le monde, celui qu'elle fréquente, et les jardins où elle dessine. Elle reste curieusement discrète dès que Proust s'en écarte. Dans « Mondanité et mélomanie de Bouvard et Pécuchet », par exemple, décontenancée par le génie qui s'y éveille, elle sème quelques fleurs et quelques pétales que le texte semble tourner en dérision, tant ils sont éloignés de son ambition et de son ironie. C'est par là que Proust échappe, enfin, aux plaisirs et aux jours, et à tout le divertissement *dont il avait voulu les enrober.*

Malgré la nostalgie qu'éprouvait Proust à l'égard de son style de 1892, on peut en dire ce qu'il écrit lui-même à propos de la duchesse de Bohême de « Violante ou la Mondanité » : « D'objet d'art elle devint objet de luxe par cette naturelle inclinaison des choses d'ici-bas à descendre au pire quand un noble effort ne maintient pas leur centre de gravité comme au-dessus d'elles-mêmes[1]. »

Certes, il y a de nombreuses exceptions, dont les lignes que nous venons de citer fournissent un exemple, où la

1. P. 76.

*tension de la phrase est suffisante pour qu'elle vibre
comme la corde d'un arc ou d'un violon. Mais, trop
souvent, la recherche de l'effet, du tour élégant, ou plus
simplement la sincérité d'une émotion, d'un sentiment
vifs, précipitent Proust dans le piège des lieux communs,
de ces « louchonneries » qui le feront tant rire lorsqu'il les
rencontrera chez d'autres — et dont, hélas, nul n'est
exempt. On ne compte plus les « il se mit à fondre en
larmes*[1] *», les « une immense tendresse*[2] *», les « perte
irréparable d'un être adoré*[3] *», qu'il eût condamnés sous
la plume d'autrui. Combien d'afféteries, de tics, de mots
rares ? « Tuileries » est l'exemple extrême de ce système,
où l'on rencontre huit « comme » en vingt lignes. Et des
« charmilles », des « héliotropes », de l'« azur »... C'est
une rhétorique pleine d'automatismes, qui s'exprime
davantage par la comparaison que par la métaphore, et se
charge du plomb des épithètes, si bien que la phrase de
Proust finit par ressembler à ces « cadavres exquis » que
composeront les surréalistes : « L'inutile douceur des
lilas est d'une tristesse infinie*[4] *. »*

*En même temps, Proust se révèle médiocre versifica-
teur. Ses poèmes (comme d'ailleurs la plupart des textes
du recueil) reviennent à ce thème obsédant : les larmes.
Les rimes ne varient guère plus que le leitmotiv. Plusieurs
fois, Proust a recours à la triade « pleurs-fleurs-douleur ».
Puisque « amant » rime avec « charmant », « aimée »
rimera avec « charmée ». Deux fois encore, il accouple
« flot » et « sanglot », et va jusqu'à faire rimer « Amour »
avec... « Amour ». Mallarmé ou Verlaine étaient plus
exigeants.*

Dans À l'ombre des jeunes filles en fleurs, *le jeune
héros présente à Norpois un poème qu'il vient d'écrire.*

1. P. 47.
2. P. 49.
3. P. 53.
4. P. 163.

L'ambassadeur y voit « la mauvaise influence de Ber-gotte » : « C'est déjà le même défaut, ce contresens d'aligner des mots bien sonores en ne se souciant qu'ensuite du fond[1]. » Avec Les Plaisirs et les Jours, *Proust n'aurait-il écrit que « des mots bien sonores » ? N'aurait-il composé que des sonnets d'Oronte soumis au jugement des misanthropes ?*

À l'opposé, il y a la sécheresse, la sobriété des réflexions morales, dont Proust imite la facture chez La Bruyère. Dans de nombreuses pièces des « Fragments de comédie italienne », on retrouve le même rythme, le même ton, et jusqu'à cet art de la pointe (trois ou quatre mots de conclusion piquante, à la fin d'un portrait), technique si admirable dans Les Caractères. *L'exemple canonique est fourni par les portraits de Giton et de Phédon, qui s'achèvent sur l'explication lapidaire des comportements, l'un par « Il est riche », l'autre par « Il est pauvre[2] », que Proust reprend dans un portrait d'Élianthe : « elle est snob[3] ».*

« Mondanité et mélomanie de Bouvard et Pécuchet » paraît également un chef-d'œuvre de cet art bref, où le Proust critique — celui du Contre Sainte-Beuve *— forme avec le Proust satiriste — celui du* Côté de Guermantes *— un irrésistible duo, parvenant à plonger dans la dérision deux des thèmes principaux du recueil — le snobisme et la musique —, en même temps que les penchants de son propre style.*

Ces satires sociales et mondaines, ces textes comiques forment le meilleur du recueil, ce qui parle encore à notre sensibilité de lecteurs, et non plus à notre patience d'archéologue. Parfois, l'étude d'un caractère débouche sur l'analyse d'un sentiment. Dans « La Confession d'une jeune fille », dans « La Fin de la jalousie », dans « Mélan-

1. P. 27 et 45.
2. *Les Caractères,* Folio, p. 142-143.
3. P. 88. Voir le même procédé p. 81, 82.

*colique villégiature de Mme de Breyves », dans « L'Indif-
férent » même, que Proust rejettera pourtant des* Plaisirs
et les Jours, *dans ces récits dont la lucidité risque de
passer pour de la cruauté, le très grand écrivain fait ses
gammes. Et quelques notes encore, frappées sur ce
clavier, résonnent dans des textes plus courts, comme
cette « Rencontre au bord du lac », où le processus de la
cristallisation amoureuse est perverti avec un art qui n'a
guère à envier à celui de Stendhal (« Cette image aimante
de celle qui ne m'aimait pas, même après que j'eus
reconnu mon erreur, changea pour longtemps encore
l'idée que je me faisais d'elle* [1] *»), comme ce « Rêve », où
sont décrites, dans un inquiétant crépuscule, la puissance érotique des songes et la difficulté de ressusciter un
souvenir (« Le petit sillon laissé dans mon souvenir par
les quelques relations que j'avais eues avec elle était
presque effacé, comme après une marée puissante qui
avait laissé derrière elle, en se retirant, des vestiges
inconnus* [2] *»). C'est la voix de Proust qu'on entend là, le
diamant dégagé de sa gangue.*

Sans doute faut-il voir encore, dans les relâchements
qu'on sent ici ou là, la marque d'une époque. Le style de
Proust, dans Les Plaisirs et les Jours, s'applique à
pénétrer plusieurs univers. En cela, il correspond bien à
ce phénomène que décrit Pietro Citati et qui, vers la fin du
XIXe siècle, transforma la plupart des écrivains et des
artistes en « d'immenses ruches bourdonnantes, en de
monstrueux appareils de réception, où se concentraient et
s'amplifiaient les sensations de l'univers », les Monet, les
D'Annunzio, les Pascoli, les Debussy, les Joyce, les Pes-
soa [3] La personnalité qui s'affirme dans Les Plaisirs et
les Jours est celle d'un pasticheur, hésitant, parfois sans

1. P. 186.
2. P. 192-193.
3. Pietro Citati, « D'Annunzio, l'acqua, la notte », *Ritratti di donne*
Milan, Rizzoli, 1992, p. 177.

même s'en apercevoir, entre les voix de Shakespeare, de La
Bruyère, de La Rochefoucauld, de Michelet, de Baudelaire, de Flaubert, de Verlaine, de Mallarmé, de Tolstoï, de
France, de Montesquiou, et de... Proust. Toutes ces
influences contradictoires finissent par déchiqueter les
phrases de l'auteur sur lequel elles s'exercent. Ce qu'on est
convenu d'appeler le « classicisme de la forme » dissi-
mule mal un certain bouillonnement du fond. Proust est à
l'étroit dans ce costume qu'il a emprunté — c'est celui du
siècle passé.

Cependant, c'est à travers cette variété des registres
qu'on comprend pourquoi Proust, lorsqu'il compose la
Recherche, *peut regretter de ne plus maîtriser son style
comme à l'époque des* Plaisirs et les Jours. *Au temps de
sa jeunesse, sa plume était souple. Elle avait un don
d'imitation, plus que de création. Proust pouvait se situer
dans une lignée, confronter ce qu'il écrivait à ce que
publiaient ses camarades du* Banquet *ou de* La Revue
blanche. *Ce ne sera plus possible avec la* Recherche *où il
se retrouvera seul de son espèce sur des terres qu'il est le
premier à explorer.*

Au demeurant, il suffit de comparer de nouveau les
textes de Proust avec ceux que produisaient nombre de
ses contemporains pour percevoir une différence à son
avantage. Qu'on feuillette les poèmes de ses camarades,
Daniel Halévy, Gabriel Trarieux ou Fernand Gregh, ceux
de Montesquiou, bien sûr, ou, pourquoi pas, de Lorrain,
mais aussi certaines pages de Huysmans, de France,
de Barrès ou de Gide, dont Le Traité du Narcisse ou
Le Voyage d'Urien, *par exemple, sont souvent plus
irritants encore que les plus « décadentes » pièces des*
Plaisirs et les Jours. *C'est toute l'époque qui parle ainsi.
Reprochera-t-on à Virgile de ne pas avoir su versifier en
français ?*

Si les textes les plus vivants du recueil sont des récits,
c'est sans doute parce que Proust est avant tout un
narrateur. Mais c'est aussi, peut-être, parce que ces récits
ont été plus longuement mûris que les « Études », parce
qu'ils sont plus personnels. En même temps que le style se
détachait du moule, une thématique s'affirmait. Proust a
dit que « tous les romans de Dostoïevski pourraient
s'appeler Crime et Châtiment[1] ». Ce pourrait également
être le titre des Plaisirs et les Jours[2]. Le plaisir est un
crime que punissent des jours d'angoisse, de remords,
d'agonie. Baldassare Silvande meurt de n'avoir pas su
nourrir sa vocation d'artiste avec suffisamment de
volonté. Violante, trop mondaine, a négligé son pays
natal : elle subira l'affront d'être à son tour négligée par le
monde. Par un enfer de tourments qui s'acharnent sur elle
pendant toute une villégiature, Mme de Breyves paie le
trouble qui l'a saisie lors d'un instant de désir charnel.
Dans « La Confession d'une jeune fille », l'héroïne a tenté
de se suicider parce que sa mère l'a surprise au moment
où elle se donnait à la volupté (dans « Avant la nuit », un
texte écarté des Plaisirs et les Jours, la jeune fille attente à
ses jours parce qu'elle est homosexuelle). Honoré, torturant de sa jalousie une femme qui l'adore, voit mourir ses
sentiments avant de périr lui-même. Et si Proust a rejeté
« L'Indifférent » des Plaisirs et les Jours, c'est peut-être
parce que tout y était bien qui finissait bien : loin de subir
le châtiment qu'aurait dû lui valoir son infatuation pour
un homme indigne d'elle, Madeleine « épousa le duc de
Mortagne qui avait de la beauté et de l'esprit et qui,
jusqu'à la mort de Madeleine, c'est-à-dire pendant plus
de quarante ans, orna sa vie d'une gloire et d'une affection auxquelles elle ne se montra pas insensible[3] ».

---

1. *Essais et articles*, p. 644.
2. Ou encore *Remords et volupté*, comme dans « La Confession d'une
jeune fille », p. 141.
3. P. 268.

Pour ses contes, Proust préfère les sorcières aux fées.

En même temps, Les Plaisirs et les Jours *est le livre où s'affrontent les rêves, la pensée et la vie. La réalité est tellement décevante, que Proust est toujours tenté de lui préférer l'idéal. Il en fait une loi, maintes fois répétée : « J'ai pensé et c'est tout vivre* [1] *», « Il vaut mieux rêver sa vie que la vivre, encore que la vivre ce soit encore la rêver, mais moins mystérieusement et moins clairement à la fois, d'un rêve obscur et lourd, semblable au rêve épars dans la faible conscience des bêtes qui ruminent* [2] *», « Elle a vécu sa vie, mais peut-être seul, je l'ai rêvée* [3] *», « Aussi certains d'arriver à éliminer ces causes destructives de toute jouissance, nous en appelons sans cesse avec une confiance parfois boudeuse mais jamais désillusionnée d'un rêve réalisé, c'est-à-dire déçu, à un avenir rêvé* [4] *. »*

Pour surmonter ce conflit — car comment, au sortir de l'adolescence, pourrait-on se résoudre à ne vivre que dans le rêve ou la pensée, quand tous les désirs, toutes les suggestions matérielles, charnelles, présentent leurs séductions ? —, la mort apparaît souvent comme une tentation. Les Plaisirs et les Jours *semblent même placés sous ce signe fatal, de la dédicace à « La Fin de la jalousie », de « La Mort de Baldassare Silvande » à ces pages sur l'oubli, sur l'indifférence, sur la maladie, sur la résignation, sur l'automne.*

Mais, en dépit des maximes dont Proust parsème son ouvrage, malgré tous ces tableaux de décrépitude, de corruption, de décadence, c'est la vie qui triomphe — et non pas encore l'art ou la littérature, comme dans la Recherche. *Le mot « vie », cité plus de cent vingt fois dans ces pages, est d'ailleurs le plus employé par Proust*

1. P. 77.
2. P. 170-171.
3. P. 176.
4. P. 205.

dans Les Plaisirs et les Jours. *La voie qu'il a choisie est
celle de la réalité. Il applique d'emblée son génie à l'étude
des caractères et des passions réels, à des tableaux
satiriques, à des tableaux de genre, à des esquisses d'après
nature. Il quitte ces « serres chaudes » auxquelles Anatole
France juge opportun de l'associer*[1]. *Comme un peintre, il
plante son chevalet en plein air, fuyant l'atelier et sa
lumière brouillée, où se complaisent encore trop souvent
ses contemporains. Si le rêve vient troubler cette
recherche de l'authenticité des sentiments, c'est qu'il
persécute le dormeur jusque dans la réalité de son éveil, et
lui fait, par exemple, désirer la femme qui, le jour, ne lui
inspirait qu'indifférence*[2]. *Cependant, la question que
pose Proust est cruelle, et ce n'est pas celle d'un songe-
creux : comment rompre avec ces chimères ? Et sa
réponse est claire : rigueur et morale. Ses études sont
prisonnières d'une forme ou d'un décor irréels, qui, par
contagion, semblent les couper de la réalité. Mais derrière
les prénoms italianisants, derrière la joliesse de la nature,
derrière la théâtralisation des comportements, qui sont
d'époque, ne devine-t-on pas le regard lucide, aigu,
imperturbable, humain, d'un moraliste ?*

Et la « leçon » morale des Plaisirs et les Jours *n'est pas
simplement dans ce pessimisme qui, derrière tout plaisir,
aperçoit le châtiment, derrière tout bonheur la souffrance. Proust ne condamne-t-il pas (déjà) le snobisme et
la passion ? Un snob, un évaporé l'eussent-ils fait ? Et
pour lutter contre ces défaites de l'homme, n'a-t-il pas
recours, comme le Victor Hugo de « Tristesse d'Olympio » au « sacré souvenir », à cet « indulgent et puissant
Souvenir qui nous veut du bien*[3] *» ? Le système de
résurrection du passé par l'écriture, tel qu'il sera exposé et
mis en pratique par la* Recherche du temps perdu, *n'a*

1. Voir le Dossier, p. 289.
2. « Rêve », p. 190.
3. P. 206.

*pas encore été découvert. Mais les prémisses sont posées.
Et, à plusieurs reprises, Proust évoque cette exigence
morale supérieure qui doit pousser l'être humain en
dehors de la voie où l'habitude, la paresse, le monde l'ont
entraîné, en le détournant de lui-même. C'est face à soi
que l'écrivain doit se tenir, c'est dans son intériorité qu'il
découvrira les matériaux de la réalité, c'est avec lui-même
qu'il doit dîner à chaque festin que lui offre la vie*[1]. *D'un
côté, la société et le mensonge. De l'autre, la solitude et la
vérité. Proust sait que seule cette seconde voie est féconde,
à condition qu'elle s'efforce de comprendre et d'expliquer
la première.*

*Il est donc loin d'être ce décadent qu'on a décrit ou que
l'on pourrait croire apercevoir dans telle ou telle page des*
Plaisirs et les Jours. *N'est-il pas significatif qu'au
moment même où paraissait son livre, il ait publié, dans*
La Revue blanche, *un article intitulé* « Contre l'obscurité » ? « *Qu'il me soit permis de dire encore du symbolisme, écrit-il, [...] qu'en prétendant négliger les " accidents de temps et d'espace " pour ne nous montrer que des
vérités éternelles, il méconnaît une autre loi de la vie qui
est de réaliser l'universel ou éternel, mais seulement dans
des individus. [...] Que les poètes s'inspirent plus de la
nature, où, si le fond de tout est un et obscur, la forme de
tout est individuelle et claire. Avec le secret de la vie, elle
leur apprendra le dédain de l'obscurité*[2]. »

*Cette prise de position n'est pas fortuite : elle témoigne
au contraire d'une préoccupation constante de sa pensée.
En 1888, déjà, il tient des propos semblables à Daniel
Halévy, et toute son œuvre prouvera que ce ne sont pas
des paroles de circonstance :* « Je ne suis pas décadent.
[...] *Mais j'ai horreur des critiques qui ont une attitude
ironique vis-à-vis des décadents. Je crois qu'il entre dans*

---

1. Voir p. 57 et « L'Étranger », p. 188-190.
2. *Essais et articles*, Pléiade, p. 394.

*leur cas beaucoup d'insincérité, mais inconsciente ou au
moins sans clairvoyance. Les causes de cette insincérité
sont [...] la religion des belles formes de langage, une
perversion des sens, une sensibilité maladive qui trouve
des jouissances très rares dans de lointaines accordances,
dans des musiques plutôt suggérées que réellement exis-
tantes* [1]. »

En définitive, ce qui « sauve » l'auteur des Plaisirs et
les Jours, c'est qu'il exprime le contraire de cette « sensibilité maladive », de ces « jouissances très rares ». Après
avoir moqué et condamné les vaines occupations des
mondains, il se voue aux spectacles primaires, essentiels,
vitaux, ceux que tout homme sincère est en mesure
d'apprécier. Qu'on observe les fleurs, la mer, les arbres, la
montagne, qu'on goûte la nuit, le soleil ou le vent, les
vrais plaisirs — même les larmes — se vivent dans la
solitude, sous le ciel. Et, là-dessous, le plus captivant
spectacle est celui que donne l'homme, avec ses folies, ses
passions, la façon dont il dialogue avec sa propre mort,
les déchirements qu'il connaît dans l'amour, les efforts
qu'accomplit son esprit pour s'élever, toujours, au-dessus
de sa condition. Ainsi, écrira Jacques Rivière en 1920,
« le grand et modeste cheminement à travers le cœur
humain que les classiques avaient amorcé, recom-
mence [2] ».

Mais avant la cathédrale de la Recherche du temps
perdu, Les Plaisirs et les Jours sont un chantier où les
matériaux sont entassés en vrac. L'éclectisme, plus que le
dilettantisme, est leur loi. Le classique s'y mêle au
décadent, l'antique, l'archaïque, le romantique, le par-
nassien et le symboliste s'accordent, le réaliste, le naturaliste côtoient le psychologique. C'est le carrefour d'une

1. Lettre de mai 1888, *Correspondance avec Daniel Halévy*, De
Fallois, 1992, p. 39.
2. Jacques Rivière, *Quelques progrès dans l'étude du cœur humain*,
Gallimard, 1985, p. 66.

époque, d'une fin de siècle, où se rassemblent toutes les énergies qui l'ont animée, prêtes à se déchaîner pour s'entre-déchirer, ou pour donner naissance à un univers nouveau. Après ce livre, qui referme bien des portes, il ne reste plus à Proust qu'une solution — et c'est celle qu'il adoptera : se taire pendant plusieurs années, travailler à se rendre digne du vœu qu'il formulait dans sa dédicace à Willie Heath, en écrivant une œuvre « assez limpide pour que les Muses daignent s'y mirer ».

THIERRY LAGET.

Les Plaisirs et les Jours

À MON AMI WILLIE HEATH

Mort à Paris le 3 octobre 1893

> « *Du sein de Dieu où tu reposes... révèle-moi ces vérités qui dominent la mort, empêchent de la craindre et la font presque aimer*[1]. »

Les anciens Grecs apportaient à leurs morts des gâteaux, du lait et du vin[2]. *Séduits par une illusion plus raffinée, sinon plus sage, nous leur offrons des fleurs et des livres. Si je vous donne celui-ci, c'est d'abord parce que c'est un livre d'images. Malgré les « légendes », il sera, sinon lu, au moins regardé par tous les admirateurs de la grande artiste qui m'a fait avec simplicité ce cadeau magnifique, celle dont on pourrait dire, selon le mot de Dumas, « que c'est elle qui a créé le plus de roses après Dieu*[3] ». *M. Robert de Montesquiou aussi l'a célébrée, dans des vers inédits encore, avec cette ingénieuse gravité, cette éloquence sentencieuse et subtile, cet ordre rigoureux qui parfois chez lui rappellent le XVIIe siècle. Il lui dit, en parlant des fleurs :*

« Poser pour vos pinceaux les engage à fleurir.

*Vous êtes leur Vigée et vous êtes la Flore
Qui les immortalise, où l'autre fait mourir*[4] *! »*

Ses admirateurs sont une élite, et ils sont une foule. J'ai voulu qu'ils voient à la première page le nom de celui qu'ils n'ont pas eu le temps de connaître et qu'ils auraient admiré. Moi-même, cher ami, je vous ai connu bien peu de temps. C'est au Bois que je vous retrouvais souvent le matin, m'ayant aperçu et m'attendant sous les arbres, debout, mais reposé, semblable à un de ces seigneurs qu'a peints Van Dyck et dont vous aviez l'élégance pensive[1]. Leur élégance, en effet, comme la vôtre, réside moins dans les vêtements que dans le corps, et leur corps lui-même semble l'avoir reçue et continuer sans cesse à la recevoir de leur âme : c'est une élégance morale. Tout d'ailleurs contribuait à accentuer cette mélancolique ressemblance, jusqu'à ce fond de feuillages à l'ombre desquels Van Dyck a souvent arrêté la promenade d'un roi[2] ; comme tant d'entre ceux qui furent ses modèles, vous deviez bientôt mourir, et dans vos yeux comme dans les leurs, on voyait alterner les ombres du pressentiment et la douce lumière de la résignation[3]. Mais si la grâce de votre fierté appartenait de droit à l'art d'un Van Dyck, vous releviez plutôt du Vinci par la mystérieuse intensité de votre vie spirituelle. Souvent le doigt levé, les yeux impénétrables et souriants en face de l'énigme que vous taisiez, vous m'êtes apparu comme le saint Jean-Baptiste de Léonard[4]. Nous formions alors le rêve, presque le projet, de vivre de plus en plus l'un avec l'autre, dans un cercle de femmes et d'hommes magnanimes et choisis, assez loin de la bêtise, du vice et de la méchanceté pour nous sentir à l'abri de leurs flèches vulgaires.

Votre vie, telle que vous la vouliez, serait une de ces œuvres à qui il faut une haute inspiration. Comme de la foi et du génie, nous pouvons la recevoir de l'amour. Mais c'était la mort qui devait vous la donner. En elle aussi et même en ses approches résident des forces cachées, des aides secrètes, une « grâce » qui n'est pas dans la vie.

Comme les amants quand ils commencent à aimer,
comme les poètes dans le temps où ils chantent, les
malades se sentent plus près de leur âme. La vie est chose
dure qui serre de trop près, perpétuellement nous fait mal
à l'âme. À sentir ses liens un moment se relâcher, on peut
éprouver de clairvoyantes douceurs. Quand j'étais tout
enfant, le sort d'aucun personnage de l'histoire sainte ne
me semblait aussi misérable que celui de Noé, à cause du
déluge qui le tint enfermé dans l'arche pendant quarante
jours. Plus tard, je fus souvent malade, et pendant de
longs jours je dus rester aussi dans l'« arche ». Je compris
alors que jamais Noé ne put si bien voir le monde que de
l'arche, malgré qu'elle fût close et qu'il fît nuit sur la terre.
Quand commença ma convalescence, ma mère, qui ne
m'avait pas quitté, et, la nuit même restait auprès de moi,
« ouvrit la porte de l'arche » et sortit. Pourtant comme la
colombe « elle revint encore ce soir-là ». Puis je fus tout à
fait guéri, et comme la colombe « elle ne revint plus [1] ». Il
fallut recommencer à vivre, à se détourner de soi, à
entendre des paroles plus dures que celles de ma mère ;
bien plus, les siennes, si perpétuellement douces jusque-
là, n'étaient plus les mêmes, mais empreintes de la
sévérité de la vie et du devoir qu'elle devait m'apprendre.
Douce colombe du déluge, en vous voyant partir comment penser que le patriarche n'ait pas senti quelque
tristesse se mêler à la joie du monde renaissant ? Douceur
de la suspension de vivre, de la vraie « Trêve de Dieu » qui
interrompt les travaux [2], les désirs mauvais, « Grâce » de
la maladie qui nous rapproche des réalités d'au-delà de la
mort — et ses grâces aussi, grâces de « ces vains
ornements et ces voiles qui pèsent », des cheveux qu'une
importune main « a pris soin d'assembler [3] », suaves
fidélités d'une mère et d'un ami qui si souvent nous sont
apparus comme le visage même de notre tristesse ou
comme le geste de la protection implorée par notre
faiblesse, et qui s'arrêteront au seuil de la convalescence,

souvent j'ai souffert de vous sentir si loin de moi, vous
toutes, descendance exilée de la colombe de l'arche. Et qui
même n'a connu de ces moments, cher Willie, où il
voudrait être où vous êtes. On prend tant d'engagements
envers la vie qu'il vient une heure où, découragé de
pouvoir jamais les tenir tous, on se tourne vers les
tombes, on appelle la mort, « la mort qui vient en aide aux
destinées qui ont peine à s'accomplir ». Mais si elle nous
délie des engagements que nous avons pris envers la vie,
elle ne peut nous délier de ceux que nous avons pris envers
nous-même, et du premier surtout, qui est de vivre pour
valoir et mériter.

Plus grave qu'aucun de nous, vous étiez aussi plus
enfant qu'aucun, non pas seulement par la pureté du
cœur, mais par une gaieté candide et délicieuse. Charles
de Grancey[1] avait le don que je lui enviais de pouvoir,
avec des souvenirs de collège, réveiller brusquement ce
rire qui ne s'endormait jamais bien longtemps, et que
nous n'entendrons plus.

Si quelques-unes de ces pages ont été écrites à vingt-
trois ans, bien d'autres (Violante, presque tous les Fragments de Comédie italienne, etc.) datent de ma vingtième
année. Toutes ne sont que la vaine écume d'une vie agitée,
mais qui maintenant se calme. Puisse-t-elle être un jour
assez limpide pour que les Muses daignent s'y mirer et
qu'on voie courir à la surface le reflet de leurs sourires et
de leurs danses.

Je vous donne ce livre. Vous êtes, hélas ! le seul de mes
amis dont il n'ait pas à redouter les critiques. J'ai au
moins la confiance que nulle part la liberté du ton ne vous
y eût choqué. Je n'ai jamais peint l'immoralité que chez
des êtres d'une conscience délicate. Aussi, trop faibles
pour vouloir le bien, trop nobles pour jouir pleinement
dans le mal, ne connaissant que la souffrance, je n'ai pu
parler d'eux qu'avec une pitié trop sincère pour qu'elle ne
purifiât pas ces petits essais. Que l'ami véritable, le

Maître illustre et bien-aimé qui leur ont ajouté, l'un la poésie de sa musique, l'autre la musique de son incomparable poésie[1], que M. Darlu aussi, le grand philosophe dont la parole inspirée, plus sûre de durer qu'un écrit, a, en moi comme en tant d'autres, engendré la pensée[2], me pardonnent d'avoir réservé pour vous ce gage dernier d'affection, se souvenant qu'aucun vivant, si grand soit-il ou si cher, ne doit être honoré qu'après un mort.

Juillet 1894.

LA MORT
DE
BALDASSARE SILVANDE
VICOMTE DE SYLVANIE

I

> « Apollon gardait les troupeaux d'Admète, disent
> les poètes ; chaque homme aussi est un dieu dé-
> guisé qui contrefait le fou[1]. »
>
> EMERSON

« Monsieur Alexis, ne pleurez pas comme cela, M. le
vicomte de Sylvanie[2] va peut-être vous donner un
cheval.

— Un grand cheval, Beppo, ou un poney ?

— Peut-être un grand cheval comme celui de M.
Cardenio[3]. Mais ne pleurez donc pas comme cela... le
jour de vos treize ans ! »

L'espoir de recevoir un cheval et le souvenir qu'il
avait treize ans firent briller, à travers les larmes, les
yeux d'Alexis. Mais il n'était pas consolé puisqu'il
fallait aller voir son oncle Baldassare Silvande,
vicomte de Sylvanie. Certes, depuis le jour où il avait
entendu dire que la maladie de son oncle était inglué-
rissable, Alexis l'avait vu plusieurs fois. Mais depuis,
tout avait bien changé. Baldassare s'était rendu

compte de son mal et savait maintenant qu'il avait au
plus trois ans a vivre. Alexis, sans comprendre d'ailleurs comment cette certitude n'avait pas tué de
chagrin ou rendu fou son oncle, se sentait incapable de
supporter la douleur de le voir. Persuadé qu'il allait lui
parler de sa fin prochaine, il ne se croyait pas la force,
non seulement de le consoler, mais même de retenir ses
sanglots. Il avait toujours adoré son oncle, le plus
grand, le plus beau, le plus jeune, le plus vif, le plus
doux de ses parents. Il aimait ses yeux gris, ses
moustaches blondes, ses genoux, lieu profond et doux
de plaisir et de refuge quand il était plus petit, et qui
lui semblaient alors inaccessibles comme une cita-
delle, amusants comme des chevaux de bois et plus
inviolables qu'un temple. Alexis, qui désapprouvait
hautement la mise sombre et sévère de son père et
rêvait à un avenir où, toujours à cheval, il serait
élégant comme une dame et splendide comme un roi,
reconnaissait en Baldassare l'idéal le plus élevé qu'il se
formait d'un homme ; il savait que son oncle était
beau, qu'il lui ressemblait, il savait aussi qu'il était
intelligent, généreux, qu'il avait une puissance égale à
celle d'un évêque ou d'un général. À la vérité, les critiques de ses parents lui avaient appris que le vicomte
avait des défauts. Il se rappelait même la violence de sa
colère le jour où son cousin Jean Galeas s'était moqué de
lui, combien l'éclat de ses yeux avait trahi les jouissances de sa vanité quand le duc de Parme lui avait fait
offrir la main de sa sœur (il avait alors, en essayant de
dissimuler son plaisir, serré les dents et fait une grimace
qui lui était habituelle et qui déplaisait à Alexis) et le
ton méprisant dont il parlait à Lucretia qui faisait
profession de ne pas aimer sa musique.

Souvent, ses parents faisaient allusion à d'autres
actes de son oncle qu'Alexis ignorait, mais qu'il entendait vivement blâmer.

Mais tous les défauts de Baldassare, sa grimace vulgaire, avaient certainement disparu. Quand son oncle avait su que dans deux ans peut-être il serait mort, combien les moqueries de Jean Galeas, l'amitié du duc de Parme et sa propre musique avaient dû lui devenir indifférentes. Alexis se le représentait aussi beau, mais solennel et plus parfait encore qu'il ne l'était auparavant. Oui, solennel et déjà plus tout à fait de ce monde. Aussi à son désespoir se mêlait un peu d'inquiétude et d'effroi.

Les chevaux étaient attelés depuis longtemps, il fallait partir ; il monta dans la voiture, puis redescendit pour aller demander un dernier conseil à son précepteur. Au moment de parler, il devint très rouge :

« Monsieur Legrand, vaut-il mieux que mon oncle croie ou ne croie pas que je sais qu'il sait qu'il doit mourir ?

— Qu'il ne le croie pas, Alexis !

— Mais, s'il m'en parle ?

— Il ne vous en parlera pas.

— Il ne m'en parlera pas ? » dit Alexis étonné, car c'était la seule alternative qu'il n'eût pas prévue : chaque fois qu'il commençait à imaginer sa visite à son oncle, il l'entendait lui parler de la mort avec la douceur d'un prêtre.

« Mais, enfin, s'il m'en parle ?

— Vous direz qu'il se trompe.

— Et si je pleure ?

— Vous avez trop pleuré ce matin, vous ne pleurerez pas chez lui.

— Je ne pleurerai pas ! s'écria Alexis avec désespoir, mais il croira que je n'ai pas de chagrin, que je ne l'aime pas... mon petit oncle ! »

Et il se mit à fondre en larmes. Sa mère, impatientée d'attendre, vint le chercher ; ils partirent.

Quand Alexis eut donné son petit paletot à un valet en livrée verte et blanche, aux armes de Sylvanie, qui se tenait dans le vestibule, il s'arrêta un moment avec sa mère à écouter un air de violon qui venait d'une chambre voisine. Puis, on les conduisit dans une immense pièce ronde entièrement vitrée où le vicomte se tenait souvent. En entrant, on voyait en face de soi la mer, et, en tournant la tête, des pelouses, des pâturages et des bois ; au fond de la pièce, il y avait deux chats, des roses, des pavots et beaucoup d'instruments de musique. Ils attendirent un instant.

Alexis se jeta sur sa mère, elle crut qu'il voulait l'embrasser, mais il lui demanda tout bas, sa bouche collée à son oreille :

« Quel âge a mon oncle ?

— Il aura trente-six ans au mois de juin. »

Il voulut demander : « Crois-tu qu'il aura jamais trente-six ans ? » mais il n'osa pas.

Une porte s'ouvrit, Alexis trembla, un domestique dit :

« Monsieur le vicomte vient à l'instant. »

Bientôt le domestique revint faisant entrer deux paons et un chevreau que le vicomte emmenait partout avec lui. Puis on entendit de nouveaux pas et la porte s'ouvrit encore.

« Ce n'est rien, se dit Alexis dont le cœur battait chaque fois qu'il entendait du bruit, c'est sans doute un domestique, oui, bien probablement un domestique. » Mais en même temps, il entendait une voix douce :

« Bonjour, mon petit Alexis, je te souhaite une bonne fête. »

Et son oncle en l'embrassant lui fit peur. Il s'en aperçut sans doute et sans plus s'occuper de lui, pour lui laisser le temps de se remettre, il se mit à causer gaiement avec la mère d'Alexis, sa belle-sœur, qui, depuis la mort de sa mère, était l'être qu'il aimait le plus au monde.

Maintenant, Alexis, rassuré, n'éprouvait plus qu'une immense tendresse pour ce jeune homme encore si charmant, à peine plus pâle, héroïque au point de jouer la gaieté dans ces minutes tragiques. Il aurait voulu se jeter à son cou et n'osait pas, craignant de briser l'énergie de son oncle qui ne pourrait plus rester maître de lui. Le regard triste et doux du vicomte lui donnait surtout envie de pleurer. Alexis savait que toujours ses yeux avaient été tristes et même, dans les moments les plus heureux, semblaient implorer une consolation pour des maux qu'il ne paraissait pas ressentir. Mais, à ce moment, il crut que la tristesse de son oncle, courageusement bannie de sa conversation, s'était réfugiée dans ses yeux qui, seuls, dans toute sa personne, étaient alors sincères avec ses joues mai-gries.

« Je sais que tu aimerais conduire une voiture à deux chevaux, mon petit Alexis, dit Baldassare, on t'amè-nera demain un cheval. L'année prochaine, je complé-terai la paire et, dans deux ans, je te donnerai la voiture. Mais, peut-être, cette année, pourras-tu tou-jours monter le cheval, nous l'essayerons à mon retour. Car je pars décidément demain, ajouta-t-il, mais pas pour longtemps. Avant un mois je serai revenu et nous irons ensemble en matinée, tu sais, voir la comédie où je t'ai promis de te conduire. »

Alexis savait que son oncle allait passer quelques semaines chez un de ses amis, il savait aussi qu'on permettait encore à son oncle d'aller au théâtre ; mais tout pénétré qu'il était de cette idée de la mort qui l'avait profondément bouleversé avant d'aller chez son oncle, ses paroles lui causèrent un étonnement doulou-reux et profond.

« Je n'irai pas, se dit-il. Comme il souffrirait d'entendre les bouffonneries des acteurs et le rire du public ! »

« Quel est ce joli air de violon que nous avons entendu en entrant ? demanda la mère d'Alexis.

— Ah ! vous l'avez trouvé joli ? dit vivement Baldassare d'un air joyeux. C'est la romance dont je vous avais parlé. »

« Joue-t-il la comédie ? se demanda Alexis. Comment le succès de sa musique peut-il encore lui faire plaisir ? »

À ce moment, la figure du vicomte prit une expression de douleur profonde ; ses joues avaient pâli, il fronça les lèvres et les sourcils, ses yeux s'emplirent de larmes.

« Mon Dieu ! s'écria intérieurement Alexis, ce rôle est au-dessus de ses forces. Mon pauvre oncle ! Mais aussi pourquoi craint-il tant de nous faire de la peine ? Pourquoi prendre à ce point sur lui ? »

Mais les douleurs de la paralysie générale qui serraient parfois Baldassare comme dans un corset de fer jusqu'à lui laisser sur le corps des marques de coups, et dont l'acuité venait de contracter malgré lui son visage, s'étaient dissipées.

Il se remit à causer avec bonne humeur, après s'être essuyé les yeux.

« Il me semble que le duc de Parme est moins aimable pour toi depuis quelque temps ? demanda maladroitement la mère d'Alexis.

— Le duc de Parme ! s'écria Baldassare furieux, le duc de Parme moins aimable ! mais à quoi pensez-vous, ma chère ? Il m'a encore écrit ce matin pour mettre son château d'Illyrie à ma disposition si l'air des montagnes pouvait me faire du bien. »

Il se leva vivement, mais réveilla en même temps sa douleur atroce, il dut s'arrêter un moment ; à peine elle fut calmée, il appela :

« Donnez-moi la lettre qui est près de mon lit. »
Et il lut vivement :

   « Mon cher Baldassare,

« Combien je m'ennuie de ne pas vous voir, etc.,
etc. »

Au fur et à mesure que se développait l'amabilité du
prince, la figure de Baldassare s'adoucissait, brillait
d'une confiance heureuse. Tout à coup, voulant sans
doute dissimuler une joie qu'il ne jugeait pas très
élevée, il serra les dents et fit la jolie petite grimace
vulgaire qu'Alexis avait crue à jamais bannie de sa face
pacifiée par la mort.

En plissant comme autrefois la bouche de Baldassare, cette petite grimace dessilla les yeux d'Alexis qui
depuis qu'il était près de son oncle avait cru, avait
voulu contempler le visage d'un mourant à jamais
détaché des réalités vulgaires et où ne pouvait plus
flotter qu'un sourire héroïquement contraint, tristement tendre, céleste et désenchanté. Maintenant il ne
douta plus que Jean Galeas, en taquinant son oncle,
l'aurait mis, comme auparavant, en colère, que dans la
gaieté du malade, dans son désir d'aller au théâtre il
n'entrait ni dissimulation ni courage, et qu'arrivé si
près de la mort, Baldassare continuait à ne penser qu'à
la vie.

En rentrant chez lui, Alexis fut vivement frappé par
cette pensée que lui aussi mourrait un jour, et que s'il
avait encore devant lui beaucoup plus de temps que
son oncle, le vieux jardinier de Baldassare et sa
cousine, la duchesse d'Alériouvres [1], ne lui survivraient
certainement pas longtemps. Pourtant, assez riche
pour se retirer, Rocco continuait à travailler sans cesse
pour gagner plus d'argent encore, et tâchait d'obtenir
un prix pour ses roses. La duchesse, malgré ses

soixante-dix ans, prenait grand soin de se teindre, et, dans les journaux, payait des articles où l'on célébrait la jeunesse de sa démarche, l'élégance de ses réceptions, les raffinements de sa table et de son esprit.

Ces exemples ne diminuèrent pas l'étonnement où l'attitude de son oncle avait plongé Alexis, mais lui en inspiraient un pareil qui, gagnant de proche en proche, s'étendit comme une stupéfaction immense sur le scandale universel de ces existences dont il n'exceptait pas la sienne propre, marchant à la mort à reculons, en regardant la vie.

Résolu à ne pas imiter une aberration si choquante, il décida, à l'imitation des anciens prophètes dont on lui avait enseigné la gloire, de se retirer dans le désert avec quelques-uns de ses petits amis et en fit part à ses parents.

Heureusement, plus puissante que leurs moqueries, la vie dont il n'avait pas encore épuisé le lait fortifiant et doux tendit son sein pour le dissuader. Et il se remit à y boire avec une avidité joyeuse dont son imagination crédule et riche écoutait naïvement les doléances et réparait magnifiquement les déboires.

II

« La chair est triste, hélas [1]... »

STÉPHANE MALLARMÉ

Le lendemain de la visite d'Alexis, le vicomte de Sylvanie était parti pour le château voisin où il devait passer trois ou quatre semaines et où la présence de nombreux invités pouvait distraire la tristesse qui suivait souvent ses crises.

Bientôt tous les plaisirs s'y résumèrent pour lui dans la compagnie d'une jeune femme qui les lui doublait en les partageant. Il crut sentir qu'elle l'aimait, mais garda pourtant quelque réserve avec elle : il la savait absolument pure, attendant impatiemment d'ailleurs l'arrivée de son mari ; puis il n'était pas sûr de l'aimer véritablement et sentait vaguement quel péché ce serait de l'entraîner à mal faire. À quel moment leurs rapports avaient-ils été dénaturés, il ne put jamais se le rappeler. Maintenant, comme en vertu d'une entente tacite, et dont il ne pouvait déterminer l'époque, il lui baisait les poignets et lui passait la main autour du cou. Elle paraissait si heureuse qu'un soir il fit plus : il commença par l'embrasser ; puis il la caressa longuement et de nouveau l'embrassa sur les yeux, sur la joue, sur la lèvre, dans le cou, aux coins du nez. La bouche de la jeune femme allait en souriant au-devant des caresses, et ses regards brillaient dans leurs profondeurs comme une eau tiède de soleil. Les caresses de Baldassare cependant étaient devenues plus hardies ; à un moment il la regarda ; il fut frappé de sa pâleur, du désespoir infini qu'exprimaient son front mort, ses yeux navrés et las qui pleuraient, en regards plus tristes que des larmes, comme la torture endurée pendant une mise en croix ou après la perte irréparable d'un être adoré. Il la considéra un instant ; et alors dans un effort suprême elle leva vers lui ses yeux suppliants qui demandaient grâce, en même temps que sa bouche avide, d'un mouvement inconscient et convulsif, redemandait des baisers.

Repris tous deux par le plaisir qui flottait autour d'eux dans le parfum de leurs baisers et le souvenir de leurs caresses, ils se jetèrent l'un sur l'autre en fermant désormais les yeux, ces yeux cruels qui leur montraient la détresse de leurs âmes, ils ne voulaient pas la voir et lui surtout fermait les yeux de toutes ses forces comme un bourreau pris de remords [1] et qui sent que son bras tremblerait au moment de frapper sa victime, si au lieu de l'imaginer encore excitante pour sa rage et le forçant à l'assouvir, il pouvait la regarder en face et ressentir un moment sa douleur.

La nuit était venue et elle était encore dans sa chambre, les yeux vagues et sans larmes. Elle partit sans lui dire un mot, en baisant sa main avec une tristesse passionnée.

Lui pourtant ne pouvait dormir et s'il s'assoupissait un moment, frissonnait en sentant levés sur lui les yeux suppliants et désespérés de la douce victime. Tout à coup, il se la représenta telle qu'elle devait être maintenant, ne pouvant dormir non plus et se sentant si seule. Il s'habilla, marcha doucement jusqu'à sa chambre, n'osant pas faire de bruit pour ne pas la réveiller si elle dormait, n'osant pas non plus rentrer dans sa chambre à lui où le ciel et la terre et son âme l'étouffaient de leur poids. Il resta là, au seuil de la chambre de la jeune femme, croyant à tout moment qu'il ne pourrait se contenir un instant de plus et qu'il allait entrer ; puis, épouvanté à la pensée de rompre ce doux oubli qu'elle dormait d'une haleine dont il percevait la douceur égale, pour la livrer cruellement au remords et au désespoir, hors des prises de qui elle trouvait un moment le repos, il resta là au seuil, tantôt assis, tantôt à genoux, tantôt couché. Au matin, il rentra dans sa chambre, frileux et calmé, dormit longtemps et se réveilla plein de bien-être.

Ils s'ingénièrent réciproquement à rassurer leurs consciences, ils s'habituèrent aux remords qui diminuèrent, au plaisir qui devint aussi moins vif, et, quand il retourna en Sylvanie, il ne garda comme elle qu'un souvenir doux et un peu froid de ces minutes enflammées et cruelles.

III

« Sa jeunesse lui fait du bruit, il n'entend pas[1]. »

MME DE SÉVIGNÉ

Quand Alexis, le jour de ses quatorze ans, alla voir son oncle Baldassare, il ne sentit pas se renouveler, comme il s'y était attendu, les violentes émotions de l'année précédente. Les courses incessantes sur le cheval que son oncle lui avait donné, en développant ses forces, avaient lassé tout son énervement et avivaient en lui ce sentiment continu de la bonne santé, qui s'ajoute alors à la jeunesse, comme la conscience obscure de la profondeur de ses ressources et de la puissance de son allégresse. À sentir, sous la brise éveillée par son galop, sa poitrine gonflée comme une voile, son corps brûlant comme un feu d'hiver et son front aussi frais que les feuillages fugitifs qui le ceignaient au passage, à raidir en rentrant son corps sous l'eau froide ou à le délasser longuement pendant les digestions savoureuses, il exaltait en lui ces puissances de la vie qui, après avoir été l'orgueil tumultueux de Baldassare, s'étaient à jamais retirées de lui pour aller réjouir des âmes plus jeunes, qu'un jour pourtant elles déserteraient aussi.

Rien en Alexis ne pouvait plus défaillir de la faiblesse de son oncle, mourir à sa fin prochaine. Le bourdonnement joyeux de son sang dans ses veines et de ses désirs dans sa tête l'empêchait d'entendre les plaintes exténuées du malade. Alexis était entré dans cette période ardente où le corps travaille si robustement à élever ses palais entre lui et l'âme qu'elle semble bientôt avoir disparu jusqu'au jour où la maladie ou le chagrin ont lentement miné la douloureuse fissure au bout de laquelle *elle* réapparaît. Il s'était habitué à la maladie mortelle de son oncle comme à tout ce qui dure autour de nous, et bien qu'il vécût encore, parce qu'il lui avait fait pleurer une fois ce que nous font pleurer les morts, il avait agi avec lui comme avec un mort, il avait commencé à oublier.

Quand son oncle lui dit ce jour-là : « Mon petit Alexis, je te donne la voiture en même temps que le second cheval », il avait compris que son oncle pensait : « parce que sans cela tu risquerais de ne jamais avoir la voiture », et il savait que c'était une pensée extrêmement triste. Mais il ne la sentait pas comme telle, parce que actuellement il n'y avait plus de place en lui pour la tristesse profonde.

Quelques jours après, il fut frappé dans une lecture par le portrait d'un scélérat que les plus touchantes tendresses d'un mourant qui l'adorait n'avaient pas ému.

Le soir venu, la crainte d'être le scélérat dans lequel il avait cru se reconnaître l'empêcha de s'endormir. Mais le lendemain, il fit une si belle promenade à cheval, travailla si bien, se sentit d'ailleurs tant de tendresse pour ses parents vivants qu'il recommença à jouir sans scrupules et à dormir sans remords.

Cependant le vicomte de Sylvanie, qui commençait à ne plus pouvoir marcher, ne sortait plus guère du château. Ses amis et ses parents passaient toute la journée avec lui, et il pouvait avouer la folie la plus blâmable, la dépense la plus absurde, faire montre du paradoxe ou laisser entrevoir le défaut le plus choquant sans que ses parents lui fissent des reproches, que ses amis se permissent une plaisanterie ou une contradiction. Il semblait que tacitement on lui eût ôté la responsabilité de ses actes et de ses paroles. Il semblait surtout qu'on voulût l'empêcher d'entendre à force de les ouater de douceur, sinon de les vaincre par des caresses, les derniers grincements de son corps que quittait la vie.

Il passait de longues et charmantes heures couché en tête à tête avec soi-même, le seul convive qu'il eût négligé d'inviter à souper pendant sa vie [1]. Il éprouvait à parer son corps dolent, à accouder sa résignation à la fenêtre en regardant la mer, une joie mélancolique. Il environnait des images de ce monde dont il était encore tout plein, mais que l'éloignement, en l'en détachant déjà, lui rendait vagues et belles, la scène de sa mort, depuis longtemps préméditée mais sans cesse retouchée, ainsi qu'une œuvre d'art, avec une tristesse ardente. Déjà s'esquissaient dans son imagination ses adieux à la duchesse Oliviane, sa grande amie platonique, sur le salon de laquelle il régnait, malgré que tous les plus grands seigneurs, les plus glorieux artistes et les plus gens d'esprit d'Europe y fussent réunis. Il lui semblait déjà lire le récit de leur dernier entretien :

« ... Le soleil était couché, et la mer qu'on apercevait à travers les pommiers était mauve. Légers comme de claires couronnes flétries et persistants comme des regrets, de petits nuages bleus et roses flottaient à l'horizon. Une file mélancolique de peupliers plongeait dans l'ombre, la tête résignée dans un rose d'église ; les derniers rayons, sans toucher leurs troncs, teignaient leurs branches, accrochant à ces balustrades d'ombre des guirlandes de lumière. La brise mêlait les trois odeurs de la mer, des feuilles humides et du lait. Jamais la campagne de Sylvanie n'avait adouci de plus de volupté la mélancolie du soir.

« " Je vous ai beaucoup aimé, mais je vous ai peu donné, mon pauvre ami, lui dit-elle.

« — Que dites-vous, Oliviane ? Comment, vous

m'avez peu donné ? Vous m'avez d'autant plus donné
que je vous demandais moins et bien plus en vérité que
si les sens avaient eu quelque part dans notre tendresse. Surnaturelle comme une madone, douce
comme une nourrice, je vous ai adorée et vous m'avez
bercé. Je vous aimais d'une affection dont aucune
espérance de plaisir charnel ne venait déconcerter la
sagacité sensible. Ne m'apportiez-vous pas en échange
une amitié incomparable, un thé exquis, une conversation naturellement ornée, et combien de touffes de
roses fraîches. Vous seule avez su de vos mains maternelles et expressives rafraîchir mon front brûlant de
fièvre, couler du miel entre mes lèvres flétries, mettre
dans ma vie de nobles images[1].

« " Chère amie, donnez-moi vos mains que je les
baise... " »

Seule l'indifférence de Pia, petite princesse syracusaine, qu'il aimait encore avec tous ses sens et avec son
cœur et qui s'était éprise pour Castruccio d'un amour
invincible et furieux, le rappelait de temps en temps à
une réalité plus cruelle, mais qu'il s'efforçait d'oublier.
Jusqu'aux derniers jours, il avait encore été quelquefois dans des fêtes où, en se promenant à son bras, il
croyait humilier son rival ; mais là même, pendant
qu'il marchait à côté d'elle, il sentait ses yeux profonds
distraits d'un autre amour que seule sa pitié pour le
malade lui faisait essayer de dissimuler. Et maintenant, cela même il ne le pouvait plus. L'incohérence
des mouvements de ses jambes était devenue telle qu'il
ne pouvait plus sortir. Mais elle venait souvent le voir,
et comme si elle était entrée dans la grande conspira-
tion de douceur des autres, elle lui parlait sans cesse
avec une tendresse ingénieuse que ne démentait plus
jamais comme autrefois le cri de son indifférence ou
l'aveu de sa colère. Et plus que de toutes les autres, il

sentait l'apaisement de cette douceur s'étendre sur lui et le ravir.

Mais voici qu'un jour, comme il se levait de sa chaise pour aller à table, son domestique étonné le vit marcher beaucoup mieux. Il fit demander le médecin qui attendit pour se prononcer. Le lendemain il marchait bien. Au bout de huit jours, on lui permit de sortir. Ses parents et ses amis conçurent alors un immense espoir. Le médecin crut que peut-être une simple maladie nerveuse guérissable avait affecté d'abord les symptômes de la paralysie générale, qui maintenant, en effet, commençaient à disparaître. Il présenta ses doutes à Baldassare comme une certitude et lui dit :

« Vous êtes sauvé ! »

Le condamné à mort laissa paraître une joie émue en apprenant sa grâce. Mais, au bout de quelque temps, le mieux s'étant accentué, une inquiétude aiguë commença à percer sous sa joie qu'avait déjà affaiblie une si courte habitude. À l'abri des intempéries de la vie, dans cette propice atmosphère de douceur ambiante, de calme forcé et de libre méditation, avait obscurément commencé de germer en lui le désir de la mort. Il était loin de s'en douter encore et sentit seulement un vague effroi à la pensée de recommencer à vivre, à essuyer les coups dont il avait perdu l'habitude et de perdre les caresses dont on l'avait entouré. Il sentit aussi confusément qu'il serait mal de s'oublier dans le plaisir ou dans l'action, maintenant qu'il avait fait connaissance avec lui-même, avec le fraternel étranger qui, tandis qu'il regardait les barques sillonner la mer, avait conversé avec lui pendant des heures, et si loin, et si près, en lui-même. Comme si maintenant il sentait un nouvel amour natal encore inconnu s'éveiller en lui, ainsi qu'en un jeune homme qui aurait été trompé sur le lieu de sa patrie première, il éprouvait la nostalgie

de la mort, où c'était d'abord comme pour un éternel
exil qu'il s'était senti partir.

Il émit une idée, et Jean Galeas, qui le savait guéri, le
contredit violemment et le plaisanta. Sa belle-sœur,
qui depuis deux mois venait le matin et le soir resta
deux jours sans venir le voir. C'en était trop ! Il y avait
trop longtemps qu'il s'était déshabitué du bât de la vie,
il ne voulait plus le reprendre. C'est qu'elle ne l'avait
pas ressaisi par ses charmes. Ses forces revinrent et
avec elles tous ses désirs de vivre ; il sortit, recommença à vivre et mourut une deuxième fois à lui-
même. Au bout d'un mois, les symptômes de la
paralysie générale reparurent. Peu à peu, comme
autrefois, la marche lui devint difficile, impossible,
assez progressivement pour qu'il pût s'habituer à son
retour vers la mort et avoir le temps de détourner la
tête. La rechute n'eut même pas la vertu qu'avait eue
la première attaque vers la fin de laquelle il avait
commencé à se détacher de la vie, non pour la voir
encore dans sa réalité, mais pour la regarder, comme
un tableau. Maintenant, au contraire, il était de plus en
plus vaniteux, irascible, brûlé du regret des plaisirs
qu'il ne pouvait plus goûter.

Sa belle-sœur, qu'il aimait tendrement, mettait
seule un peu de douceur dans sa fin en venant plusieurs
fois par jour avec Alexis.

Une après-midi qu'elle allait voir le vicomte, presque au moment d'arriver chez lui, ses chevaux prirent
peur ; elle fut projetée violemment à terre, foulée par
un cavalier, qui passait au galop, et emportée chez
Baldassare sans connaissance, le crâne ouvert.

Le cocher, qui n'avait pas été blessé, vint tout de
suite annoncer l'accident au vicomte, dont la figure
jaunit. Ses dents s'étaient serrées, ses yeux luisaient
débordant de l'orbite, et, dans un accès de colère
terrible, il invectiva longtemps le cocher ; mais il

semblait que les éclats de sa violence essayaient de dissimuler un appel douloureux qui, dans leurs intervalles, se laissait doucement entendre. On eût dit qu'un malade se plaignait à côté du vicomte furieux. Bientôt cette plainte, faible d'abord, étouffa les cris de sa colère, et il tomba en sanglotant sur une chaise.

Puis il voulut se faire laver la figure pour que sa belle-sœur ne fût pas inquiétée par les traces de son chagrin. Le domestique secoua tristement la tête, la malade n'avait pas repris connaissance. Le vicomte passa deux jours et deux nuits désespérés auprès de sa belle-sœur. À chaque instant, elle pouvait mourir. La seconde nuit, on tenta une opération hasardeuse. Le matin du troisième jour, la fièvre était tombée, et la malade regardait en souriant Baldassare qui, ne pouvant plus contenir ses larmes, pleurait de joie sans s'arrêter. Quand la mort était venue à lui peu à peu il n'avait pas voulu la voir ; maintenant il s'était trouvé subitement en sa présence. Elle l'avait épouvanté en menaçant ce qu'il avait de plus cher ; il l'avait suppliée, il l'avait fléchie.

Il se sentait fort et libre, fier de sentir que sa propre vie ne lui était pas précieuse autant que celle de sa belle-sœur, et qu'il éprouvait autant de mépris pour elle que l'autre lui avait inspiré de pitié. C'était la mort maintenant qu'il regardait en face, et non les scènes qui entoureraient sa mort. Il voulait rester tel jusqu'à la fin, ne plus être repris par le mensonge, qui, en voulant lui faire une belle et célèbre agonie, aurait mis le comble à ses profanations en souillant les mystères de sa mort comme il lui avait dérobé les mystères de sa vie.

IV

> « Demain, puis demain, puis demain glisse ainsi
> à petits pas jusqu'à la dernière syllabe que le
> temps écrit dans son livre. Et tous nos hiers ont
> éclairé pour quelques fous le chemin de la mort
> poudreuse. Éteins-toi ! Éteins-toi, court flambeau !
> La vie n'est qu'une ombre errante, un pauvre
> comédien qui se pavane et se lamente pendant son
> heure sur le théâtre et qu'après on n'entend plus.
> C'est un conte, dit par un idiot, plein de fracas et de
> furie, et qui ne signifie rien [1]. »
>
> SHAKESPEARE, *Macbeth*

Les émotions, les fatigues de Baldassare pendant la maladie de sa belle-sœur avaient précipité la marche de la sienne. Il venait d'apprendre de son confesseur qu'il n'avait plus un mois à vivre ; il était dix heures du matin, il pleuvait à verse. Une voiture s'arrêta devant le château. C'était la duchesse Oliviane. Il s'était dit alors qu'il ornait harmonieusement les scènes de sa mort :

« ... Ce sera par une claire soirée. Le soleil sera couché, et la mer qu'on apercevra entre les pommiers sera mauve. Légers comme de claires couronnes flétries et persistants comme des regrets, de petits nuages bleus et roses flotteront à l'horizon... »

Ce fut à dix heures du matin, sous un ciel bas et sale, par une pluie battante, que vint la duchesse Oliviane ; et fatigué par son mal, tout entier à des intérêts plus élevés, et ne sentant plus la grâce des choses qui jadis lui avaient paru le prix, le charme et la gloire raffinée de la vie, il demanda qu'on dît à la duchesse qu'il était trop faible. Elle fit insister, mais il ne voulut pas la recevoir. Ce ne fut même pas par devoir : elle ne lui était plus rien. La mort avait vite fait de rompre ces liens dont il redoutait tant depuis quelques semaines l'esclavage. En essayant de penser à elle, il ne vit rien apparaître aux yeux de son esprit : ceux de son imagination et de sa vanité s'étaient clos.

Pourtant, une semaine à peu près avant sa mort, l'annonce d'un bal chez la duchesse de Bohême où Pia devait conduire le cotillon avec Castruccio qui partait le lendemain pour le Danemark, réveilla furieusement sa jalousie. Il demanda qu'on fît venir Pia ; sa belle-sœur résista un peu ; il crut qu'on l'empêchait de la voir, qu'on le persécutait, se mit en colère, et pour ne pas le tourmenter, on la fit chercher aussitôt.

Quand elle arriva, il était tout à fait calme, mais d'une tristesse profonde. Il l'attira près de son lit et lui parla tout de suite du bal de la duchesse de Bohême. Il lui dit :

« Nous n'étions pas parents, vous ne porterez pas mon deuil, mais je veux vous adresser une prière : N'allez pas à ce bal, promettez-le-moi. »

Ils se regardaient dans les yeux, se montrant au bord des prunelles leurs âmes, leurs âmes mélancoliques et passionnées que la mort n'avait pu réunir.

Il comprit son hésitation, contracta douloureusement ses lèvres et doucement lui dit :

« Oh ! ne promettez plutôt pas ! ne manquez pas à une promesse faite à un mourant. Si vous n'êtes pas sûre de vous, ne promettez pas.

— Je ne peux pas vous le promettre, je ne l'ai pas vu depuis deux mois et ne le reverrai peut-être jamais ; je resterais inconsolable pour l'éternité de n'avoir pas été à ce bal.

— Vous avez raison, puisque vous l'aimez, qu'on peut mourir... et que vous vivez encore de toutes vos forces... Mais vous ferez un peu pour moi ; sur le temps que vous passerez à ce bal, prélevez celui que, pour dérouter les soupçons, vous auriez été obligée de passer avec moi. Invitez mon âme à se souvenir quelques instants avec vous, ayez quelque pensée pour moi.

— J'ose à peine vous le promettre, le bal durera si peu. En ne le quittant pas, j'aurai à peine le temps de le voir. Je vous donnerai un moment tous les jours qui suivront.

— Vous ne le pourrez pas, vous m'oublierez ; mais si, après un an, hélas ! plus peut-être, une lecture triste, une mort, une soirée pluvieuse vous font penser à moi, quelle charité vous me ferez ! Je ne pourrai plus jamais, jamais vous voir... qu'en âme, et pour cela il faudrait que nous pensions l'un à l'autre ensemble. Moi je penserai à vous toujours pour que mon âme vous soit sans cesse ouverte s'il vous plaisait d'y entrer. Mais que l'invitée se fera longtemps attendre ! Les pluies de novembre auront pourri les fleurs de ma tombe, juin les aura brûlées et mon âme pleurera toujours d'impatience. Ah ! j'espère qu'un jour la vue d'un souvenir, le retour d'un anniversaire, la pente de vos pensées mènera votre mémoire aux alentours de ma tendresse ; alors ce sera comme si je vous avais entendue, aperçue, un enchantement aura tout fleuri pour votre venue. Pensez au mort. Mais, hélas ! puis-je espérer que la mort et votre gravité accompliront ce que la vie avec ses ardeurs, et nos larmes, et nos gaietés, et nos lèvres n'avaient pu faire. »

V

> « Voilà un noble cœur qui se brise.
> « Bonne nuit, aimable prince, et que des essaims
> d'anges bercent en chantant ton sommeil [1]. »
> SHAKESPEARE, *Hamlet*

Cependant une fièvre violente accompagnée de délire ne quittait plus le vicomte ; on avait dressé son lit dans la vaste rotonde où Alexis l'avait vu le jour de ses treize ans, l'avait vu si joyeux encore, et d'où le malade pouvait regarder à la fois la mer, la jetée du port et de l'autre côté les pâturages et les bois. De temps en temps, il se mettait à parler ; mais ses paroles ne portaient plus la trace des pensées d'en haut qui, pendant les dernières semaines, l'avaient purifié de leur visite. Dans des imprécations violentes contre une personne invisible qui le plaisantait, il répétait sans cesse qu'il était le premier musicien du siècle et le plus grand seigneur de l'univers. Puis, soudain calmé, il disait à son cocher de le mener dans un bouge, de faire seller les chevaux pour la chasse. Il demandait du papier à lettres pour convier à dîner tous les souverains d'Europe à l'occasion de son mariage avec la sœur du duc de Parme ; effrayé de ne pouvoir payer une dette de jeu, il prenait le couteau à papier placé près de son lit et le braquait devant lui comme un revolver. Il envoyait des messagers s'informer si l'homme de police qu'il avait rossé la nuit dernière n'était pas mort et il disait en riant, à une personne dont il croyait tenir la main, des mots obscènes. Ces anges exterminateurs qu'on appelle Volonté, Pensée, n'étaient plus là pour faire rentrer dans l'ombre les mauvais esprits de ses sens et les basses émanations de sa mémoire. Au bout

de trois jours, vers cinq heures, il se réveilla comme
d'un mauvais rêve dont on n'est pas responsable, mais
dont on se souvient vaguement. Il demanda si des amis
ou des parents avaient été près de lui pendant ces
heures où il n'avait donné l'image que de la partie
infime, la plus ancienne et la plus morte de lui-même,
et il pria, s'il était repris par le délire, qu'on les fît
immédiatement sortir et qu'on ne les laissât rentrer
que quand il aurait repris connaissance.

Il leva les yeux autour de lui dans la chambre, et
regarda en souriant son chat noir qui, monté sur un
vase de Chine, jouait avec un chrysanthème et respirait
la fleur avec un geste de mime. Il fit sortir tout le
monde et s'entretint longuement avec le prêtre qui le
veillait. Pourtant, il refusa de communier et demanda
au médecin de dire que l'estomac n'était plus en état
de supporter l'hostie. Au bout d'une heure il fit dire à
sa belle-sœur et à Jean Galeas de rentrer. Il dit :

« Je suis résigné, je suis heureux de mourir et d'aller
devant Dieu. »

L'air était si doux qu'on ouvrit les fenêtres qui
regardaient la mer sans la voir, et à cause du vent trop
vif on laissa fermées celles d'en face, devant qui
s'étendaient les pâturages et les bois.

Baldassare fit traîner son lit près des fenêtres
ouvertes. Un bateau, mené à la mer par des marins qui
sur la jetée tiraient la corde, partait. Un beau mousse
d'une quinzaine d'années se penchait à l'avant, tout au
bord ; à chaque vague, on croyait qu'il allait tomber
dans l'eau, mais il se tenait ferme sur ses jambes
solides. Il tendait le filet pour ramener le poisson et
tenait une pipe chaude entre ses lèvres salées par le
vent. Et le même vent qui enflait la voile venait
rafraîchir les joues de Baldassare et fit voler un papier
dans la chambre. Il détourna la tête pour ne plus voir
cette image heureuse des plaisirs qu'il avait passionné-

ment aimés et qu'il ne goûterait plus. Il regarda le port : un trois-mâts appareillait.

« C'est le bateau qui part pour les Indes », dit Jean Galeas.

Baldassare ne distinguait pas les gens debout sur le pont qui levaient des mouchoirs, mais il devinait la soif d'inconnu qui altérait leurs yeux ; ceux-là avaient encore beaucoup à vivre, à connaître, à sentir. On leva l'ancre, un cri s'éleva, et le bateau s'ébranla sur la mer sombre vers l'Occident où, dans une brume dorée, la lumière mêlait les petits bateaux et les nuages et murmurait aux voyageurs des promesses irrésistibles et vagues [1].

Baldassare fit fermer les fenêtres de ce côté de la rotonde et ouvrir celles qui donnaient sur les pâturages et les bois. Il regarda les champs, mais il entendait encore le cri d'adieu poussé sur le trois-mâts, et il voyait le mousse, la pipe entre les dents, qui tendait ses filets.

La main de Baldassare remuait fiévreusement. Tout à coup il entendit un petit bruit argentin, imperceptible et profond comme un battement de cœur. C'était le son des cloches d'un village extrêmement éloigné, qui, par la grâce de l'air si limpide ce soir-là et de la brise propice, avait traversé bien des lieues de plaines et de rivières avant d'arriver jusqu'à lui pour être recueilli par son oreille fidèle. C'était une voix présente et bien ancienne ; maintenant il entendait son cœur battre avec leur vol harmonieux, suspendu au moment où elles semblent aspirer le son, et s'exhalant après longuement et faiblement avec elles. À toutes les époques de sa vie, dès qu'il entendait le son lointain des cloches, il se rappelait malgré lui leur douceur dans l'air du soir, quand, petit enfant encore, il rentrait au château, par les champs.

À ce moment, le médecin fit approcher tout le monde, ayant dit :

« C'est la fin ! »

Baldassare reposait, les yeux fermés, et son cœur écoutait les cloches que son oreille paralysée par la mort voisine n'entendait plus. Il revit sa mère quand elle l'embrassait en rentrant, puis quand elle le couchait le soir et réchauffait ses pieds dans ses mains, restant près de lui s'il ne pouvait pas s'endormir ; il se rappela son *Robinson Crusoé* et les soirées au jardin quand sa sœur chantait, les paroles de son précepteur qui prédisait qu'il serait un jour un grand musicien, et l'émotion de sa mère alors, qu'elle s'efforçait en vain de cacher. Maintenant il n'était plus temps de réaliser l'attente passionnée de sa mère et de sa sœur qu'il avait si cruellement trompée. Il revit le grand tilleul sous lequel il s'était fiancé [1] et le jour de la rupture de ses fiançailles, où sa mère seule avait su le consoler. Il crut embrasser sa vieille bonne et tenir son premier violon. Il revit tout cela dans un lointain lumineux doux et triste comme celui que les fenêtres du côté des champs regardaient sans le voir.

Il revit tout cela, et pourtant deux secondes ne s'étaient pas écoulées depuis que le docteur écoutant son cœur avait dit :

« C'est la fin ! »

Il se releva en disant :

« C'est fini [2] ! »

Alexis, sa mère et Jean Galeas se mirent à genoux avec le duc de Parme qui venait d'arriver. Les domestiques pleuraient devant la porte ouverte [3].

Octobre 1894.

VIOLANTE

ou

LA MONDANITÉ

> « Ayez peu de commerce avec les jeunes gens et les personnes du monde... Ne désirez point de paraître devant les grands[1]. »
>
> *Imitation de Jésus-Christ*, LIV. I, CH. VIII

CHAPITRE PREMIER

ENFANCE MÉDITATIVE DE VIOLANTE

La vicomtesse de Styrie était généreuse et tendre et toute pénétrée d'une grâce qui charmait. L'esprit du vicomte son mari était extrêmement vif, et les traits de sa figure d'une régularité admirable. Mais le premier grenadier venu était plus sensible et moins vulgaire. Ils élevèrent loin du monde, dans le rustique domaine de Styrie, leur fille Violante, qui, belle et vive comme son père, charitable et mystérieusement séduisante autant que sa mère, semblait unir les qualités de ses parents dans une proportion parfaitement harmonieuse. Mais les aspirations changeantes de son cœur et de sa pensée ne rencontraient pas en elle une volonté qui, sans les limiter, les dirigeât, l'empêchât de devenir leur jouet charmant et fragile. Ce manque de volonté inspirait à la mère de Violante des inquiétudes qui eussent pu, avec le temps, être fécondes, si dans un accident de chasse, la vicomtesse n'avait péri violemment avec son mari, laissant Violante orpheline à l'âge de quinze ans. Vivant presque seule, sous la garde vigilante mais maladroite du vieil Augustin, son précepteur et l'intendant du château de Styrie, Violante, à défaut d'amis, se fit de ses rêves des compagnons charmants et à qui elle promettait alors de rester fidèle toute sa vie. Elle les promenait dans les allées du parc, par la campagne, les accoudait à la terrasse qui, fermant le domaine de Styrie, regarde la mer. Élevée par eux comme au-dessus d'elle-même, initiée par eux, Violante sentait tout le visible et pressentait un peu de l'invisible. Sa joie était infinie, interrompue de tristesses qui passaient encore la joie en douceur.

CHAPITRE II

SENSUALITÉ

> « Ne vous appuyez point sur un roseau qu'agite le vent et n'y mettez pas votre confiance, car toute chair est comme l'herbe et sa gloire passe comme la fleur des champs[1]. »
>
> *Imitation de Jésus-Christ*

Sauf Augustin et quelques enfants du pays, Violante ne voyait personne. Seule une sœur puînée de sa mère, qui habitait Julianges, château situé à quelques heures de distance, visitait quelquefois Violante. Un jour qu'elle allait ainsi voir sa nièce, un de ses amis l'accompagna. Il s'appelait Honoré et avait seize ans. Il ne plut pas à Violante, mais revint. En se promenant dans une allée du parc, il lui apprit des choses fort inconvenantes dont elle ne se doutait pas. Elle en éprouva un plaisir très doux, mais dont elle eut honte aussitôt. Puis, comme le soleil s'était couché et qu'ils avaient marché longtemps, ils s'assirent sur un banc, sans doute pour regarder les reflets dont le ciel rose adoucissait la mer. Honoré se rapprocha de Violante pour qu'elle n'eût froid, agrafa sa fourrure sur son cou avec une ingénieuse lenteur et lui proposa d'essayer de mettre en pratique avec son aide les théories qu'il venait de lui enseigner dans le parc. Il voulut lui parler tout bas, approcha ses lèvres de l'oreille de Violante qui ne la retira pas ; mais ils entendirent du bruit dans la feuillée. « Ce n'est rien, dit tendrement Honoré. — C'est ma tante », dit Violante. C'était le vent. Mais Violante qui s'était levée, rafraîchie fort à propos par ce vent, ne voulut point se rasseoir et prit congé d'Honoré, malgré ses prières. Elle eut des remords, une crise de nerfs, et deux jours de suite fut très longue à s'endormir. Son souvenir lui était un oreiller brûlant qu'elle retournait sans cesse. Le surlendemain, Honoré demanda à la voir. Elle fit répondre qu'elle était partie en promenade. Honoré n'en crut rien et n'osa plus revenir. L'été suivant, elle repensa à Honoré avec tendresse, avec chagrin aussi, parce qu'elle le savait parti sur un navire comme matelot. Quand le soleil s'était couché dans la mer, assise sur le banc où il l'avait, il y a un an, conduite, elle s'efforçait à se rappeler les lèvres tendues d'Honoré, ses yeux verts à demi fermés, ses regards voyageurs comme des rayons et qui venaient poser sur elle un peu de chaude lumière vivante. Et par les nuits douces, par les nuits vastes et secrètes, quand la certitude que personne ne pouvait la voir exaltait son désir, elle entendait la voix d'Honoré lui dire à l'oreille les choses défendues. Elle l'évoquait tout entier, obsédant et offert comme une tentation. Un soir à dîner, elle regarda en soupirant l'intendant qui était assis en face d'elle.

« Je suis bien triste, mon Augustin, dit Violante. Personne ne m'aime, dit-elle encore.

— Pourtant, repartit Augustin, quand, il y a huit jours, j'étais allé à Julianges ranger la bibliothèque, j'ai entendu dire de vous : " Qu'elle est belle ! "

— Par qui ? » dit tristement Violante.

Un faible sourire relevait à peine et bien mollement un coin de sa bouche comme on essaye de relever un rideau pour laisser entrer la gaieté du jour.

« Par ce jeune homme de l'an dernier, M. Honoré...

— Je le croyais sur mer, dit Violante.

— Il est revenu », dit Augustin.

Violante se leva aussitôt, alla presque chancelante jusqu'à sa chambre écrire à Honoré qu'il vînt la voir. En prenant la plume, elle eut un sentiment de bonheur, de puissance encore inconnu, le sentiment qu'elle arrangeait un peu sa vie selon son caprice et pour sa volupté, qu'aux rouages de leurs deux destinées qui semblaient les emprisonner mécaniquement loin l'un de l'autre, elle pouvait tout de même donner un petit coup de pouce, qu'il apparaîtrait la nuit, sur la terrasse, autrement que dans la cruelle extase de son désir inassouvi, que ses tendresses inentendues — son perpétuel roman intérieur — et les choses avaient vraiment des avenues qui communiquaient et où elle allait s'élancer vers l'impossible qu'elle allait rendre viable en le créant. Le lendemain elle reçut la réponse d'Honoré, qu'elle alla lire en tremblant sur le banc où il l'avait embrassée.

     « Mademoiselle,

« Je reçois votre lettre une heure avant le départ de mon navire. Nous n'avions relâché que pour huit jours, et je ne reviendrai que dans quatre ans. Daignez garder le souvenir de

          « Votre respectueux et tendre

                              « HONORÉ. »

Alors, contemplant cette terrasse où il ne viendrait plus, où personne ne pourrait combler son désir, cette mer aussi qui l'enlevait à elle et lui donnait en échange, dans l'imagination de la jeune fille, un peu de son grand charme mystérieux et triste, charme des choses qui ne sont pas à nous, qui reflètent trop de cieux et baignent trop de rivages, Violante fondit en larmes.

« Mon pauvre Augustin, dit-elle le soir, il m'est arrivé un grand malheur. »

Le premier besoin des confidences naissait pour elle des premières déceptions de sa sensualité, aussi naturellement qu'il naît d'ordinaire des premières satisfactions de l'amour. Elle ne connaissait pas encore l'amour. Peu de temps après, elle en souffrit, qui est la seule manière dont on apprenne à le connaître.

CHAPITRE III

PEINES D'AMOUR

Violante fut amoureuse, c'est-à-dire qu'un jeune Anglais qui s'appelait Laurence fut pendant plusieurs mois l'objet de ses pensées les plus insignifiantes, le but de ses plus importantes actions. Elle avait chassé une fois avec lui et ne comprenait pas pourquoi le désir de le revoir assujettissait sa pensée, la poussait sur les chemins à sa rencontre, éloignait d'elle le sommeil, détruisait son repos et son bonheur. Violante était éprise, elle fut dédaignée. Laurence aimait le monde, elle l'aima pour le suivre. Mais Laurence n'y avait pas de regards pour cette campagnarde de vingt ans. Elle tomba malade de chagrin et de jalousie, alla oublier

Laurence aux Eaux de ..., mais elle demeurait blessée dans son amour-propre de s'être vu préférer tant de femmes qui ne la valaient pas, et, décidée à conquérir, pour triompher d'elles, tous leurs avantages.

« Je te quitte, mon bon Augustin, dit-elle, pour aller près de la cour d'Autriche.

— Dieu nous en préserve, dit Augustin. Les pauvres du pays ne seront plus consolés par vos charités quand vous serez au milieu de tant de personnes méchantes. Vous ne jouerez plus avec nos enfants dans les bois. Qui tiendra l'orgue à l'église ? Nous ne vous verrons plus peindre dans la campagne, vous ne nous composerez plus de chansons.

— Ne t'inquiète pas, Augustin, dit Violante, garde-moi seulement beaux et fidèles mon château, mes paysans de Styrie. Le monde ne m'est qu'un moyen. Il donne des armes vulgaires, mais invincibles, et si quelque jour je veux être aimée, il me faut les posséder. Une curiosité m'y pousse aussi et comme un besoin de mener une vie un peu plus matérielle et moins réfléchie que celle-ci. C'est à la fois un repos et une école que je veux. Dès que ma situation sera faite et mes vacances finies, je quitterai le monde pour la campagne, nos bonnes gens simples et ce que je préfère à tout, mes chansons. À un moment précis et prochain, je m'arrêterai sur cette pente et je reviendrai dans notre Styrie, vivre auprès de toi, mon cher.

— Le pourrez-vous ? dit Augustin.

— On peut ce qu'on veut, dit Violante.

— Mais vous ne voudrez peut-être plus la même chose, dit Augustin.

— Pourquoi ? demanda Violante.

— Parce que vous aurez changé », dit Augustin.

CHAPITRE IV

LA MONDANITÉ

Les personnes du monde sont si médiocres, que Violante n'eut qu'à daigner se mêler à elles pour les éclipser presque toutes. Les seigneurs les plus inaccessibles, les artistes les plus sauvages allèrent au-devant d'elle et la courtisèrent. Elle seule avait de l'esprit, du goût, une démarche qui éveillait l'idée de toutes les perfections. Elle lança des comédies, des parfums et des robes. Les couturières, les écrivains, les coiffeurs mendièrent sa protection. La plus célèbre modiste d'Autriche lui demanda la permission de s'intituler sa faiseuse, le plus illustre prince d'Europe lui demanda la permission de s'intituler son amant. Elle crut devoir leur refuser à tous deux cette marque d'estime qui eût consacré définitivement leur élégance. Parmi les jeunes gens qui demandèrent à être reçus chez Violante, Laurence se fit remarquer par son insistance. Après lui avoir causé tant de chagrin, il lui inspira par là quelque dégoût. Et sa bassesse l'éloigna d'elle plus que n'avaient fait tous ses mépris. « Je n'ai pas le droit de m'indigner, se disait-elle. Je ne l'avais pas aimé en considération de sa grandeur d'âme et je sentais très bien, sans oser me l'avouer, qu'il était vil. Cela ne m'empêchait pas de l'aimer, mais seulement d'aimer autant la grandeur d'âme. Je pensais qu'on pouvait être vil et tout à la fois aimable. Mais dès qu'on n'aime plus, on en revient à préférer les gens de cœur. Que cette passion pour ce méchant était étrange puisqu'elle était toute de tête, et n'avait pas l'excuse d'être égarée par les sens. L'amour platonique est peu de chose. »

Nous verrons qu'elle put considérer un peu plus tard que l'amour sensuel était moins encore.

Augustin vint la voir, voulut la ramener en Styrie.

« Vous avez conquis une véritable royauté, lui dit-il. Cela ne vous suffit-il pas ? Que ne redevenez-vous la Violante d'autrefois.

— Je viens précisément de la conquérir, Augustin, repartit Violante, laisse-moi au moins l'exercer quelques mois. »

Un événement qu'Augustin n'avait pas prévu dispensa pour un temps Violante de songer à la retraite. Après avoir repoussé vingt altesses sérénissimes, autant de princes souverains et un homme de génie qui demandaient sa main, elle épousa le duc de Bohême qui avait des agréments extrêmes et cinq millions de ducats. L'annonce du retour d'Honoré faillit rompre le mariage à la veille qu'il fût célébré. Mais un mal dont il était atteint le défigurait et rendit ses familiarités odieuses à Violante. Elle pleura sur la vanité de ses désirs qui volaient jadis si ardents vers la chair alors en fleur et qui maintenant était déjà pour jamais flétrie. La duchesse de Bohême continua de charmer comme avait fait Violante de Styrie, et l'immense fortune du duc ne servit qu'à donner un cadre digne d'elle à l'objet d'art qu'elle était. D'objet d'art elle devint objet de luxe par cette naturelle inclinaison des choses d'ici-bas à descendre au pire quand un noble effort ne maintient pas leur centre de gravité comme au-dessus d'elles-mêmes. Augustin s'étonnait de tout ce qu'il apprenait d'elle. « Pourquoi la duchesse, lui écrivait-il, parle-t-elle sans cesse de choses que Violante méprisait tant ? »

« Parce que je plairais moins avec des préoccupations qui, par leur supériorité même, sont antipathiques et incompréhensibles aux personnes qui vivent dans le monde, répondit Violante. Mais je m'ennuie, mon bon Augustin. »

Il vint la voir, lui expliqua pourquoi elle s'ennuyait :

« Votre goût pour la musique, pour la réflexion, pour la charité, pour la solitude, pour la campagne, ne s'exerce plus. Le succès vous occupe, le plaisir vous retient. Mais on ne trouve le bonheur qu'à faire ce qu'on aime avec les tendances profondes de son âme.

— Comment le sais-tu, toi qui n'as pas vécu ? dit Violante.

— J'ai pensé et c'est tout vivre, dit Augustin. Mais j'espère que bientôt vous serez prise du dégoût de cette vie insipide. »

Violante s'ennuya de plus en plus, elle n'était plus jamais gaie. Alors, l'immoralité du monde, qui jusque-là l'avait laissée indifférente, eut prise sur elle et la blessa cruellement, comme la dureté des saisons terrasse les corps que la maladie rend incapables de lutter. Un jour qu'elle se promenait seule dans une avenue presque déserte, d'une voiture qu'elle n'avait pas aperçue tout d'abord une femme descendit qui alla droit à elle. Elle l'aborda, et lui ayant demandé si elle était bien Violante de Bohême, elle lui raconta qu'elle avait été l'amie de sa mère et avait eu le désir de revoir la petite Violante qu'elle avait tenue sur ses genoux. Elle l'embrassa avec émotion, lui prit la taille et se mit à l'embrasser si souvent que Violante, sans lui dire adieu, se sauva à toutes jambes. Le lendemain soir, Violante se rendit à une fête donnée en l'honneur de la princesse de Misène, qu'elle ne connaissait pas. Elle reconnut dans la princesse la dame abominable de la veille. Et une douairière, que jusque-là Violante avait estimée, lui dit :

« Voulez-vous que je vous présente à la princesse de Misène ?

— Non ! dit Violante.

— Ne soyez pas timide, dit la douairière. Je suis sûre que vous lui plairez. Elle aime beaucoup les jolies femmes. »

Violante eut à partir de ce jour deux mortelles ennemies, la princesse de Misène et la douairière, qui la représentèrent partout comme un monstre d'orgueil et de perversité. Violante l'apprit, pleura sur elle-même et sur la méchanceté des femmes. Elle avait depuis longtemps pris son parti de celle des hommes. Bientôt elle dit chaque soir à son mari :

« Nous partirons après-demain pour ma Styrie et nous ne la quitterons plus. »

Puis il y avait une fête qui lui plairait peut-être plus que les autres, une robe plus jolie à montrer. Les besoins profonds d'imaginer, de créer, de vivre seule et par la pensée, et aussi de se dévouer, tout en la faisant souffrir de ce qu'ils n'étaient pas contentés, tout en l'empêchant de trouver dans le monde l'ombre même d'une joie s'étaient trop émoussés, n'étaient plus assez impérieux pour la faire changer de vie, pour la forcer à renoncer au monde et à réaliser sa véritable destinée. Elle continuait à offrir le spectacle somptueux et désolé d'une existence faite pour l'infini et peu à peu restreinte au presque néant, avec seulement sur elle les ombres mélancoliques de la noble destinée qu'elle eût pu remplir et dont elle s'éloignait chaque jour davantage. Un grand mouvement de pleine charité qui aurait lavé son cœur comme une marée, nivelé toutes les inégalités humaines qui obstruent un cœur mondain, était arrêté par les mille digues de l'égoïsme, de la coquetterie et de l'ambition. La bonté ne lui plaisait plus que comme une élégance. Elle ferait bien encore des charités d'argent, des charités de sa peine même et de son temps, mais toute une partie d'elle-même était réservée, ne lui appartenait plus. Elle lisait ou rêvait encore le matin dans son lit, mais avec un esprit faussé, qui s'arrêtait maintenant au-dehors des choses et se considérait lui-même, non pour s'approfondir, mais pour s'admirer voluptueusement et coquettement comme en face d'un miroir. Et si alors on lui avait annoncé une visite, elle n'aurait pas eu la volonté de la renvoyer pour continuer à rêver ou à lire. Elle en était arrivée à ne plus goûter la nature qu'avec des sens pervertis, et le charme des saisons n'existait plus pour elle que pour parfumer ses élégances et leur donner leur tonalité. Les charmes de l'hiver devinrent le plaisir d'être frileuse, et la gaieté de la chasse ferma son cœur aux tristesses de l'automne. Parfois elle voulait essayer de retrouver, en marchant seule dans une forêt, la source naturelle des vraies joies. Mais, sous les feuillées ténébreuses, elle promenait des robes éclatantes. Et le plaisir d'être élégante corrompait pour elle la joie d'être seule et de rêver.

« Partons-nous demain ? demandait le duc.

— Après-demain », répondait Violante.

Puis le duc cessa de l'interroger. À Augustin qui se lamentait, Violante écrivit : « Je reviendrai quand je serai un peu plus vieille. » — « Ah ! répondit Augustin, vous leur donnez délibérément votre jeunesse ; vous ne reviendrez jamais dans votre Styrie. » Elle n'y revint jamais. Jeune, elle était restée dans le monde pour exercer la royauté d'élégance que presque encore enfant elle avait conquise. Vieille, elle y resta pour la défendre. Ce fut en vain. Elle la perdit. Et quand elle mourut, elle était encore en train d'essayer de la reconquérir. Augustin avait compté sur le dégoût. Mais il avait compté sans une force qui, si elle est nourrie d'abord par la vanité, vainc le dégoût, le mépris, l'ennui même : c'est l'habitude.

Août 1892.

FRAGMENTS

DE

COMÉDIE ITALIENNE

> « De même que l'écrevisse, le bélier, le scorpion,
> la balance et le verseau perdent toute bassesse
> quand ils apparaissent comme signes du zodiaque,
> ainsi on peut voir sans colère ses propres vices
> dans des personnages éloignés[1]... »

EMERSON

I

LES MAÎTRESSES
DE FABRICE

La maîtresse de Fabrice[2] était intelligente et belle ; il
ne pouvait s'en consoler. « Elle ne devrait pas se
comprendre ! s'écriait-il en gémissant, sa beauté m'est
gâtée par son intelligence ; m'éprendrais-je encore de
la Joconde chaque fois que je la regarde, si je devais
dans le même temps entendre la dissertation d'un
critique, même exquis ? » Il la quitta, prit une autre
maîtresse qui était belle et sans esprit. Mais elle
l'empêchait continuellement de jouir de son charme
par un manque de tact impitoyable. Puis elle prétendit
à l'intelligence, lut beaucoup, devint pédante et fut
aussi intellectuelle que la première avec moins d'aisance et des maladresses ridicules. Il la pria de garder
le silence : même quand elle ne parlait pas, sa beauté
reflétait cruellement sa stupidité. Enfin, il fit la connaissance d'une femme chez qui l'intelligence ne se
trahissait que par une grâce plus subtile, qui se

contentait de vivre et ne dissipait pas dans des conversations trop précises le mystère charmant de sa nature.
Elle était douce comme les bêtes gracieuses et agiles
aux yeux profonds, et troublait comme, au matin, le
souvenir poignant et vague de nos rêves. Mais elle ne
prit point la peine de faire pour lui ce qu'avaient fait
les deux autres : l'aimer[1].

II

LES AMIES
DE LA COMTESSE MYRTO

Myrto[2], spirituelle, bonne et jolie, mais qui donne
dans le chic, préfère à ses autres amies Parthénis, qui
est duchesse et plus brillante qu'elle ; pourtant elle se
plaît avec Lalagé, dont l'élégance égale exactement la
sienne, et n'est pas indifférente aux agréments de
Cléanthis, qui est obscure et ne prétend pas à un rang
éclatant. Mais qui Myrto ne peut souffrir, c'est Doris[3] ;
la situation mondaine de Doris est un peu moindre que
celle de Myrto, et elle recherche Myrto, comme Myrto
fait de Parthénis, pour sa plus grande élégance.

Si nous remarquons chez Myrto ces préférences et
cette antipathie, c'est que la duchesse Parthénis non
seulement procure un avantage à Myrto, mais encore
ne peut l'aimer que pour elle-même ; que Lalagé peut
l'aimer pour elle-même et qu'en tout cas étant collè-
gues et de même grade, elles ont besoin l'une de
l'autre ; c'est enfin qu'à chérir Cléanthis, Myrto sent
avec orgueil qu'elle est capable de se désintéresser,
d'avoir un goût sincère, de comprendre et d'aimer,
qu'elle est assez élégante pour se passer au besoin de
l'élégance. Tandis que Doris ne s'adresse qu'à ses

désirs de chic, sans être en mesure de les satisfaire ;
qu'elle vient chez Myrto, comme un roquet près d'un
mâtin dont les os sont comptés, pour tâter de ses
duchesses, et si elle peut, en enlever une ; que, déplai-
sant comme Myrto par une disproportion fâcheuse
entre son rang et celui où elle aspire, elle lui présente
enfin l'image de son vice. L'amitié que Myrto porte à
Parthénis, Myrto la reconnaît avec déplaisir dans les
égards que lui marque Doris. Lalagé, Cléanthis même
lui rappelaient ses rêves ambitieux, et Parthénis au
moins commençait de les réaliser : Doris ne lui parle
que de sa petitesse. Aussi, trop irritée pour jouer le rôle
amusant de protectrice, elle éprouve à l'endroit de
Doris les sentiments qu'elle, Myrto, inspirerait précisément à Parthénis, si Parthénis n'était pas au-dessus du
snobisme : elle la hait.

III

HELDÉMONE, ADELGISE,
ERCOLE

Témoin d'une scène un peu légère, Ercole n'ose la
raconter à la duchesse Adelgise, mais n'a pas même
scrupule devant la courtisane Heldémone[1].

« Ercole, s'écrie Adelgise, vous ne croyez pas que je
puisse entendre cette histoire ? Ah ! je suis bien sûre
que vous agiriez autrement avec la courtisane Heldémone ; vous me respectez : vous ne m'aimez pas. »

« Ercole, s'écrie Heldémone, vous n'avez pas la
pudeur de me taire cette histoire ? Je vous en fais juge ;
en useriez-vous ainsi avec la duchesse Adelgise ? Vous
ne me respectez pas : vous ne pouvez donc m'aimer. »

IV

L'INCONSTANT

Fabrice qui veut, qui croit aimer Béatrice à jamais, songe qu'il a voulu, qu'il a cru de même quand il aimait, pour six mois, Hippolyta, Barbara ou Clélie. Alors il essaye de trouver dans les qualités réelles de Béatrice une raison de croire que, sa passion finie, il continuera à fréquenter chez elle, la pensée qu'un jour il vivrait sans la voir étant incompatible avec un sentiment qui a l'illusion de son éternité. Puis, égoïste avisé, il ne voudrait pas se dévouer ainsi, tout entier, avec ses pensées, ses actions, ses intentions de chaque minute, et ses projets pour tous les avenirs, à la compagne de quelques-unes seulement de ses heures. Béatrice a beaucoup d'esprit et juge bien : « Quel plaisir, quand j'aurai cessé de l'aimer, j'éprouverai à causer avec elle des autres, d'elle-même, de mon défunt amour pour elle... » (qui revivrait ainsi, converti en amitié plus durable, il espère). Mais, sa passion pour Béatrice finie, il reste deux ans sans aller chez elle, sans en avoir envie, sans souffrir de ne pas en avoir envie. Un jour qu'il est forcé d'aller la voir, il maugrée, reste dix minutes. C'est qu'il rêve nuit et jour à Giulia, qui est singulièrement dépourvue d'esprit, mais dont les cheveux pâles sentent bon comme une herbe fine, et dont les yeux sont innocents comme deux fleurs.

V

La vie est étrangement facile et douce avec certaines personnes d'une grande distinction naturelle, spiri-tuelles, affectueuses, mais qui sont capables de tous les vices, encore qu'elles n'en exercent aucun publique-ment et qu'on n'en puisse affirmer d'elles un seul. Elles ont quelque chose de souple et de secret. Puis, leur perversité donne du piquant aux occupations les plus innocentes, comme se promener la nuit, dans des jardins.

VI

CIRES PERDUES

I

Je vous vis tout à l'heure pour la première fois, Cydalise, et j'admirai d'abord vos cheveux blonds, qui mettaient comme un petit casque d'or sur votre tête enfantine, mélancolique et pure. Une robe d'un velours rouge un peu pâle adoucissait encore cette tête singu-lière dont les paupières baissées paraissaient devoir sceller à jamais le mystère. Mais vous élevâtes vos regards ; ils s'arrêtèrent sur moi, Cydalise, et dans les yeux que je vis alors semblait avoir passé la fraîche pureté des matins, des eaux courantes aux premiers beaux jours. C'étaient comme des yeux qui n'auraient jamais rien regardé de ce que tous les yeux humains ont accoutumé à refléter, des yeux vierges encore

d'expérience terrestre. Mais à vous mieux regarder,
vous exprimiez surtout quelque chose d'aimant et de
souffrant, comme d'une à qui ce qu'elle aurait voulu
eût été refusé, dès avant sa naissance, par les fées. Les
étoffes mêmes prenaient sur vous une grâce douloureuse, s'attristaient sur vos bras surtout, vos bras juste
assez découragés pour rester simples et charmants.
Puis j'imaginais de vous comme d'une princesse venue
de très loin, à travers les siècles, qui s'ennuyait ici pour
toujours avec une langueur résignée, princesse aux
vêtements d'une harmonie ancienne et rare et dont la
contemplation serait vite devenue pour les yeux une
douce et enivrante habitude. J'aurais voulu vous faire
raconter vos rêves, vos ennuis. J'aurais voulu vous voir
tenir dans la main quelque hanap, ou plutôt une de ces
buires d'une forme si fière et si triste et qui, vides
aujourd'hui dans nos musées, élevant avec une grâce
inutile une coupe épuisée, furent autrefois, comme
vous, la fraîche volupté des tables de Venise dont un
peu des dernières violettes et des dernières roses
semble flotter encore dans le courant limpide du verre
écumeux et troublé [1].

II

« Comment pouvez-vous préférer Hippolyta aux
cinq autres que je viens de dire et qui sont les plus
incontestables beautés de Vérone ? D'abord, elle a le
nez trop long et trop busqué. » — Ajoutez qu'elle a la
peau trop fine, et la lèvre supérieure trop mince, ce qui
tire trop sa bouche par le haut quand elle rit, en fait un
angle très aigu. Pourtant son rire m'impressionne
infiniment, et les profils les plus purs me laissent froid
auprès de la ligne de son nez trop busquée à votre avis,
pour moi si émouvante et qui rappelle l'oiseau. Sa tête

aussi est un peu d'un oiseau, si longue du front à la nuque blonde, plus encore ses yeux perçants et doux. Souvent, au théâtre, elle est accoudée à l'appui de sa loge ; son bras ganté de blanc jaillit tout droit, jusqu'au menton, appuyé sur les phalanges de la main. Son corps parfait enfle ses coutumières gazes blanches comme des ailes repliées. On pense à un oiseau qui rêve sur une patte élégante et grêle. Il est charmant aussi de voir son éventail de plume palpiter près d'elle et battre de son aile blanche. Je n'ai jamais pu rencontrer ses fils ou ses neveux, qui tous ont comme elle le nez busqué, les lèvres minces, les yeux perçants, la peau trop fine, sans être troublé en reconnaissant sa race sans doute issue d'une déesse et d'un oiseau. À travers la métamorphose qui enchaîne aujourd'hui quelque désir ailé à cette forme de femme, je reconnais la petite tête royale du paon, derrière qui ne ruisselle plus le flot bleu de mer, vert de mer, ou l'écume de son plumage mythologique. Elle donne l'idée du fabuleux avec le frisson de la beauté.

VII

SNOBS

I

Une femme ne se cache pas d'aimer le bal, les courses, le jeu même. Elle le dit, ou l'avoue simplement, ou s'en vante. Mais n'essayez pas de lui faire dire qu'elle aime le chic, elle se récrierait, se fâcherait tout de bon. C'est la seule faiblesse qu'elle cache soigneusement, sans doute parce que seule elle humilie la vanité. Elle veut bien dépendre des cartes, non des ducs. Parce qu'elle fait une folie, elle ne se croit inférieure à personne ; son snobisme implique au contraire qu'il y a des gens à qui elle est inférieure, ou le peut devenir, en se relâchant. Aussi l'on voit telle femme qui proclame le chic une chose tout à fait stupide, y employer une finesse, un esprit, une intelligence, dont elle eût pu écrire un joli conte ou varier ingénieusement les plaisirs et les peines de son amant.

II

Les femmes d'esprit ont si peur qu'on puisse les accuser d'aimer le chic qu'elles ne le nomment jamais ; pressées dans la conversation, elles s'engagent dans une périphrase pour éviter le nom de cet amant qui les compromettrait. Elles se jettent au besoin sur le nom d'Élégance, qui détourne les soupçons et qui semble attribuer au moins à l'arrangement de leur vie une raison d'art plutôt que de vanité. Seules, celles qui n'ont pas encore le chic ou qui l'ont perdu, le nomment dans leur ardeur d'amantes inassouvies ou délaissées. C'est ainsi que certaines jeunes femmes qui se lancent ou certaines vieilles femmes qui retombent parlent volontiers du chic que les autres ont, ou, encore mieux, qu'ils n'ont pas. À vrai dire, si parler du chic que les autres n'ont pas les réjouit plus, parler du chic que les autres ont les nourrit davantage, et fournit à leur imagination affamée comme un aliment plus réel. J'en ai vu, à qui la pensée des alliances d'une duchesse donnait des frissons de plaisir avant que d'envie. Il y a, paraît-il, dans la province, des boutiquières dont la cervelle enferme comme une cage étroite des désirs de chic ardents comme des fauves. Le facteur leur apporte le *Gaulois*[1]. Les nouvelles élégantes sont dévorées en un instant. Les inquiètes provinciales sont repues. Et

pour une heure des regards rassérénés vont briller
dans leurs prunelles élargies par la jouissance et
l'admiration.

III
CONTRE UNE SNOB

Si vous n'étiez pas du monde et si l'on vous disait
qu'Élianthe[1], jeune, belle, riche, aimée d'amis et
d'amoureux comme elle est, rompt avec eux tout d'un
coup, implore sans relâche les faveurs et souffre sans
impatience les rebuffades d'hommes, parfois laids,
vieux et stupides, qu'elle connaît à peine, travaille
pour leur plaire comme au bagne, en est folle, en
devient sage, se rend à force de soins leur amie, s'ils
sont pauvres leur soutien, sensuels leur maîtresse, vous
penseriez : quel crime a donc commis Élianthe et qui
sont ces magistrats redoutables qu'il lui faut à tout
prix acheter, à qui elle sacrifie ses amitiés, ses amours,
la liberté de sa pensée, la dignité de sa vie, sa fortune,
son temps, ses plus intimes répugnances de femme ?
Pourtant Élianthe n'a commis aucun crime. Les juges
qu'elle s'obstine à corrompre ne songeaient guère à elle
et l'auraient laissée couler tranquillement sa vie riante
et pure. Mais une terrible malédiction est sur elle : elle
est snob.

IV
À UNE SNOB

Votre âme est bien, comme parle Tolstoï, une forêt
obscure. Mais les arbres en sont d'une espèce particulière, ce sont des arbres généalogiques. On vous dit
vaine ? Mais l'univers n'est pas vide pour vous, il est

plein d'armoiries. C'est une conception du monde
assez éclatante et symbolique. N'avez-vous pas aussi
vos chimères qui ont la forme et la couleur de celles
qu'on voit peintes sur les blasons ? N'êtes-vous pas
instruite ? Le *Tout-Paris,* le *Gotha,* le *High Life* vous ont
appris le *Bouillet* [1]. En lisant le récit des batailles que
les ancêtres avaient gagnées, vous avez retrouvé le
nom des descendants que vous invitez à dîner et par
cette mnémotechnie vous avez retenu toute l'histoire
de France. De là une certaine grandeur dans votre rêve
ambitieux auquel vous avez sacrifié votre liberté, vos
heures de plaisir ou de réflexion, vos devoirs, vos
amitiés, l'amour même. Car la figure de vos nouveaux
amis s'accompagne dans votre imagination d'une longue suite de portraits d'aïeux. Les arbres généalogiques que vous cultivez avec tant de soin, dont vous
cueillez chaque année les fruits avec tant de joie,
plongent leurs racines dans la plus antique terre
française. Votre rêve solidarise le présent au passé.
L'âme des croisades anime pour vous de banales
figures contemporaines et si vous relisez si fiévreusement vos carnets de visite, n'est-ce pas qu'à chaque
nom vous sentez s'éveiller, frémir et presque chanter,
comme une morte levée de sa dalle blasonnée, la
fastueuse vieille France ?

VIII

ORANTHE

Vous ne vous êtes pas couché cette nuit et ne vous
êtes pas encore lavé ce matin ?

Pourquoi le proclamer, Oranthe ?

Brillamment doué comme vous l'êtes, pensez-vous

n'être pas assez distingué par là du reste du monde et
qu'il vous faille jouer encore un aussi triste personnage ?

Vos créanciers vous harcèlent, vos infidélités pous-
sent votre femme au désespoir, revêtir un habit serait
pour vous endosser une livrée, et personne ne saurait
vous contraindre à paraître dans le monde autrement
qu'échevelé. Assis à dîner vous n'ôtez pas vos gants
pour montrer que vous ne mangez pas, et la nuit si
vous avez la fièvre, vous faites atteler votre victoria
pour aller au bois de Boulogne.

Vous ne pouvez lire Lamartine que par une nuit de
neige et écouter Wagner qu'en faisant brûler du cinname [1].

Pourtant vous êtes honnête homme, assez riche pour
ne pas faire de dettes si vous ne les croyiez nécessaires
à votre génie, assez tendre pour souffrir de causer à
votre femme un chagrin que vous trouveriez bourgeois
de lui épargner, vous ne fuyez pas les compagnies, vous
savez y plaire, et votre esprit, sans que vos longues
boucles fussent nécessaires, vous y ferait assez remarquer. Vous avez bon appétit, mangez bien avant d'aller
dîner en ville, et enragez pourtant d'y rester à jeun.
Vous prenez la nuit, dans les promenades où votre
originalité vous oblige, les seules maladies dont vous
souffriez. Vous avez assez d'imagination pour faire
tomber de la neige ou brûler du cinname sans le
secours de l'hiver ou d'un brûle-parfum, assez lettré et
assez musicien pour aimer Lamartine et Wagner en
esprit et en vérité. Mais quoi ! à l'âme d'un artiste vous
joignez tous les préjugés bourgeois dont, sans réussir à
nous donner le change, vous ne nous montrez que
l'envers.

IX
CONTRE LA FRANCHISE

Il est sage de redouter également Percy, Laurence et Augustin. Laurence récite des vers, Percy fait des conférences, Augustin dit des vérités. Personne franche, voilà le titre de ce dernier, et sa profession, c'est ami véritable.

Augustin entre dans un salon ; je vous le dis en vérité, tenez-vous sur vos gardes et n'allez pas oublier qu'il est votre ami véritable. Songez qu'à l'instar de Percy et de Laurence, il ne vient jamais impunément, et qu'il n'attendra pas plus pour vous les dire que vous lui demandiez quelques-unes de vos vérités, que ne faisait Laurence pour vous dire un monologue ou Percy ce qu'il pense de Verlaine. Il ne se laisse ni attendre ni interrompre, parce qu'il est franc comme Laurence est conférencier, non dans votre intérêt, mais pour son plaisir. Certes votre déplaisir avive son plaisir, comme votre attention celui de Laurence. Mais ils s'en passe-raient au besoin. Voilà donc trois impudents coquins à qui l'on devrait refuser tout encouragement, régal, sinon aliment de leur vice. Bien au contraire, ils ont leur public spécial qui les fait vivre. Celui d'Augustin le diseur de vérités est même très étendu. Ce public, égaré par la psychologie conventionnelle du théâtre et l'absurde maxime : « Qui aime bien châtie bien », se refuse à reconnaître que la flatterie n'est parfois que l'épanchement de la tendresse et la franchise la bave de la mauvaise humeur. Augustin exerce-t-il sa méchanceté sur un ami ? ce public-là oppose vague-ment dans son esprit la rudesse romaine à l'hypocrisie

byzantine et s'écrie avec un geste fier, les yeux allumés
par l'allégresse de se sentir meilleur, plus fruste, plus
indélicat : « Ce n'est pas lui qui vous parlerait tendrement... Honorons-le : Quel ami véritable !... »

X

Un milieu élégant est celui où l'opinion de chacun
est faite de l'opinion des autres. Est-elle faite du
contre-pied de l'opinion des autres ? c'est un milieu
littéraire.

*

L'exigence du libertin qui veut une virginité est
encore une forme de l'éternel hommage que rend
l'amour à l'innocence [1].

*

En quittant les **, vous allez voir les ***, et la bêtise,
la méchanceté, la misérable situation des ** est mise à
nu. Pénétré d'admiration pour la clairvoyance des ***,
vous rougissez d'avoir d'abord eu quelque considération pour les **. Mais quand vous retournez chez eux,
ils percent de part en part les *** et à peu près avec les
mêmes procédés. Aller de l'un chez l'autre, c'est visiter
les deux camps ennemis. Seulement comme l'un
n'entend jamais la fusillade de l'autre, il se croit le seul
armé. Quand on s'est aperçu que l'armement est le
même et que les forces ou plutôt la faiblesse, sont à peu
près pareilles, on cesse alors d'admirer celui qui tire et
de mépriser celui qui est visé. C'est le commencement

de la sagesse. La sagesse même serait de rompre avec tous les deux.

XI

SCÉNARIO

Honoré est assis dans sa chambre. Il se lève et se regarde dans la glace :

SA CRAVATE. — Voici bien des fois que tu charges de langueur et que tu amollis rêveusement mon nœud expressif et un peu défait. Tu es donc amoureux, cher ami ; mais pourquoi es-tu triste ?...

SA PLUME. — Oui, pourquoi es-tu triste ? Depuis une semaine tu me surmènes, mon maître, et pourtant j'ai bien changé de genre de vie ! Moi qui semblais promise à des tâches plus glorieuses, je crois que je n'écrirai plus que des billets doux, si j'en juge par ce papier à lettres que tu viens de faire faire. Mais ces billets doux seront tristes, comme me le présagent les désespoirs nerveux dans lesquels tu me saisis et me reposes tout à coup. Tu es amoureux, cher ami, mais pourquoi es-tu triste ?

DES ROSES, DES ORCHIDÉES, DES HORTENSIAS, DES CHE-VEUX DE VÉNUS, DES ANCOLIES, *qui remplissent la chambre*. — Tu nous as toujours aimées, mais jamais tu ne nous appelas autant à la fois à te charmer par nos poses fières et mièvres, notre geste éloquent et la voix touchante de nos parfums. Certes, nous te présentons les grâces fraîches de la bien-aimée. Tu es amoureux, mais pourquoi es-tu triste ?...

DES LIVRES. — Nous fûmes toujours tes prudents conseillers, toujours interrogés, toujours inécoutés. Mais si nous ne t'avons pas fait agir, nous t'avons fait comprendre, tu as couru tout de même à la défaite ; mais au moins tu ne t'es pas battu dans l'ombre et comme dans un cauchemar : ne nous relègue pas à l'écart comme de vieux précepteurs dont on ne veut plus. Tu nous as tenus dans tes mains enfantines. Tes yeux encore purs s'étonnèrent en nous contemplant. Si tu ne nous aimes pas pour nous-mêmes, aime-nous pour tout ce que nous te rappelons de toi, de tout ce que tu as été, de tout ce que tu aurais pu être, et avoir pu l'être n'est-ce pas un peu, tandis que tu y songeais, l'avoir été ?

Viens écouter notre voix familière et sermonneuse ; nous ne te dirons pas pourquoi tu es amoureux, mais nous te dirons pourquoi tu es triste, et si notre enfant se désespère et pleure, nous lui raconterons des histoires, nous le bercerons comme autrefois quand la voix de sa mère prêtait à nos paroles sa douce autorité, devant le feu qui flambait de toutes ses étincelles, de tous tes espoirs et de tous tes rêves.

HONORÉ. — Je suis amoureux d'elle et je crois que je serai aimé. Mais mon cœur me dit que moi qui fus si changeant, je serai toujours amoureux d'elle, et ma bonne fée sait que je n'en serai aimé qu'un mois. Voilà pourquoi, avant d'entrer dans le paradis de ces joies brèves, je m'arrête sur le seuil pour essuyer mes yeux.

SA BONNE FÉE. — Cher ami, je viens du ciel t'apporter ta grâce, et ton bonheur dépendra de toi. Si, pendant un mois, au risque de gâter par tant d'artifices les joies que tu te promettais des débuts de cet amour, tu dédaignes celle que tu aimes, si tu sais pratiquer la coquetterie et affecter l'indifférence, ne pas venir au rendez-vous que vous prendrez et détourner tes lèvres de sa poitrine qu'elle te tendra comme une gerbe de roses, votre amour fidèle et partagé s'édifiera pour l'éternité sur l'incorruptible base de ta patience.

HONORÉ, *sautant de joie.* — Ma bonne fée, je t'adore et je t'obéirai.

LA PETITE PENDULE DE SAXE. — Ton amie est inexacte, mon aiguille a déjà dépassé la minute où tu la rêvais depuis si longtemps et où la bien-aimée devait venir. Je crains bien de rythmer encore longtemps de mon tic-tac monotone ta mélancolique et voluptueuse attente ; tout en sachant le temps, je ne comprends rien à la vie, les heures tristes prennent la place des minutes joyeuses, se confondent en moi comme des abeilles dans une ruche...

La sonnette retentit ; un domestique va ouvrir la porte.

LA BONNE FÉE. — Songe à m'obéir et que l'éternité de ton amour en dépend.

La pendule bat fiévreusement, les parfums des roses s'inquiètent et les orchidées tourmentées se penchent anxieusement vers Honoré ; une a l'air méchant. Sa plume inerte le considère avec la tristesse de ne pouvoir bouger. Les livres n'interrompent point leur grave murmure. Tout lui dit : Obéis à la fée et songe que l'éternité de ton amour en dépend...

HONORÉ, *sans hésiter.* — Mais j'obéirai, comment pouvez-vous douter de moi ?

La bien-aimée entre ; les roses, les orchidées, les cheveux de Vénus, la plume et le papier, la pendule de Saxe, Honoré haletant vibrent comme une harmonie d'elle.

Honoré se précipite sur sa bouche en s'écriant : « Je t'aime !... »

ÉPILOGUE. — Ce fut comme s'il avait soufflé sur la flamme du désir de la bien-aimée. Feignant d'être choquée de l'inconvenance de ce procédé, elle s'enfuit et il ne la revit jamais que le torturant d'un regard indifférent et sévère...

XII

ÉVENTAIL

Madame, j'ai peint pour vous cet éventail.

Puisse-t-il selon votre désir évoquer dans votre retraite les formes vaines et charmantes qui peuplèrent votre salon, si riche alors de vie gracieuse, à jamais fermé maintenant.

Les lustres, dont toutes les branches portent de grandes fleurs pâles, éclairent des objets d'art de tous les temps et de tous les pays. Je pensais à l'esprit de notre temps en promenant avec mon pinceau les regards curieux de ces lustres sur la diversité de vos bibelots. Comme eux, il a contemplé les exemplaires de la pensée ou de la vie des siècles à travers le monde. Il a démesurément étendu le cercle de ses excursions. Par plaisir, par ennui, il les a variées comme des promenades, et maintenant, découragé de trouver, non pas même le but, mais le bon chemin, sentant ses forces défaillir, et que son courage l'abandonne, il se couche la face contre terre pour ne plus rien voir, comme une brute. Je les ai pourtant peints avec tendresse, les rayons de vos lustres; ils ont caressé avec une amoureuse mélancolie tant de choses et tant d'êtres, et maintenant ils se sont éteints à jamais. Malgré les petites dimensions du cadre, vous reconnaîtrez peut-être les personnes du premier plan, et que le peintre impartial a mis en même valeur, comme votre sympathie égale, les grands seigneurs, les femmes belles et les hommes de talent. Conciliation téméraire aux yeux du monde, insuffisante au contraire, et injuste selon la raison, mais qui fit de votre société un petit univers moins divisé, plus harmonieux que l'autre, vivant pourtant, et qu'on ne verra plus. Aussi je ne voudrais pas que mon éventail fût regardé par un indifférent, qui n'aurait pas fréquenté dans des salons comme le vôtre et qui s'étonnerait de voir « la politesse » réunir des ducs sans morgue et des romanciers sans prétention. Mais peut-être ne comprendrait-il pas non plus, cet étranger, les vices de ce rapprochement dont l'excès ne facilite bientôt qu'un échange, celui des ridicules. Sans doute, il trouverait d'un réalisme pessimiste le spectacle que donne la bergère de droite où un grand écrivain, avec les apparences d'un snob, écoute un grand seigneur qui semble pérorer sur le poème qu'il feuillette et auquel l'expression de son regard, si j'ai su la faire assez niaise, montre assez qu'il ne comprend rien.

Près de la cheminée vous reconnaîtrez C...

Il débouche un flacon et explique à sa voisine qu'il y a fait concentrer les parfums les plus violents et les plus étranges.

B..., désespéré de ne pouvoir renchérir sur lui, et pensant que la plus sûre manière de devancer la mode, c'est d'être démodé avec éclat, respire deux sous de violettes et considère C... avec mépris.

Vous-même n'eûtes-vous pas de ces retours artificiels à la nature ? J'aurais voulu, si ces détails n'eussent été trop minuscules pour rester distincts, figurer dans un coin retiré de votre bibliothèque musicale d'alors, vos opéras de Wagner, vos symphonies de Franck et de d'Indy mises au rancart, et sur votre piano quelques cahiers encore ouverts de Haydn, de Haendel ou de Palestrina[1].

Je n'ai pas craint de vous figurer sur le canapé rose[2]. T... y est assis auprès de vous. Il vous décrit sa nouvelle chambre savamment goudronnée pour lui suggérer les sensations d'un voyage en mer, vous dévoile toutes les quintessences de sa toilette et de son ameublement.

Votre sourire dédaigneux témoigne que vous prisez peu cette imagination infirme à qui une chambre nue ne suffit pas pour y faire passer toutes les visions de l'univers, et qui conçoit l'art et la beauté d'une façon si pitoyablement matérielle [1].

Vos plus délicieuses amies sont là. Me le pardonneraient-elles si vous leur montriez l'éventail ? Je ne sais. La plus étrangement belle, qui dessinait devant nos yeux émerveillés comme un Whistler vivant, ne se serait reconnue et admirée que portraiturée par Bouguereau [2]. Les femmes réalisent la beauté sans la comprendre.

Elles diront peut-être : Nous aimons simplement une beauté qui n'est pas la vôtre. Pourquoi serait-elle, moins que la vôtre, la beauté.

Qu'elles me laissent dire au moins : combien peu de femmes comprennent l'esthétique dont elles relèvent. Telle vierge de Botticelli, n'était la mode, trouverait ce peintre gauche et sans art [3].

Acceptez cet éventail avec indulgence. Si quelqu'une des ombres qui s'y sont posées après avoir voltigé dans mon souvenir, jadis, ayant sa part de la vie, vous a fait pleurer, reconnaissez-la sans amertume en considérant que c'est une ombre et que vous n'en souffrirez plus.

J'ai pu les porter innocemment, ces ombres, sur ce frêle papier auquel votre geste donnera des ailes, parce qu'elles sont, pour pouvoir faire du mal, trop irréelles et trop falotes...

Pas plus peut-être qu'au temps où vous les conviiez à venir pendant quelques heures anticiper sur la mort et vivre de la vie vaine des fantômes, dans la joie factice de votre salon, sous les lustres dont les branches s'étaient couvertes de grandes fleurs pâles.

XIII

OLIVIAN

Pourquoi vous voit-on chaque soir, Olivian, vous rendre à la Comédie ? Vos amis n'ont-ils pas plus d'esprit que Pantalon, Scaramouche ou Pasquarello ? et ne serait-il pas plus aimable de souper avec eux ? Mais vous pourriez faire mieux. Si le théâtre est la ressource des causeurs dont l'ami est muet ou la maîtresse insipide, la conversation, même exquise, est le plaisir des hommes sans imagination. Ce qu'on n'a pas besoin de montrer aux chandelles à l'homme d'esprit, parce qu'il le voit en causant, on perd son temps à essayer de vous le dire, Olivian. La voix de l'imagination et de l'âme est la seule qui fasse retentir heureusement l'imagination et l'âme tout entière, et un peu du temps que vous avez tué à plaire, si vous l'aviez fait vivre, si vous l'aviez nourri d'une lecture ou d'une songerie, au coin de votre feu l'hiver ou l'été dans votre parc, vous garderiez le riche souvenir d'heures plus profondes et plus pleines. Ayez le courage de prendre la pioche et le râteau. Un jour, vous aurez plaisir à sentir un parfum doux s'élever de votre mémoire, comme d'une brouette jardinière remplie jusqu'aux bords.

Pourquoi voyagez-vous si souvent ? Les carrosses de voiture vous emmènent bien lentement où votre rêve vous conduirait si vite. Pour être au bord de la mer, vous n'avez qu'à fermer les yeux. Laissez ceux qui n'ont que les yeux du corps déplacer toute leur suite et s'installer avec elle à Pouzzoles ou à Naples. Vous voulez, dites-vous, y terminer un livre ? Où travaille-rez-vous mieux qu'à la ville ? Entre ses murs, vous pouvez faire passer les plus vastes décors qu'il vous plaira ; vous y éviterez plus facilement qu'à Pouzzoles les déjeuners de la princesse de Bergame et vous serez moins souvent tenté de vous promener sans rien faire. Pourquoi surtout vous acharner à vouloir jouir du présent, pleurer de n'y pas réussir ? Homme d'imagination, vous ne pouvez jouir que par le regret ou dans l'attente, c'est-à-dire du passé ou de l'avenir.

Voilà pourquoi, Olivian, vous êtes mécontent de votre maîtresse, de vos villégiatures et de vous-même. La raison de ces maux, vous l'avez peut-être déjà remarquée ; mais alors pourquoi vous y complaire au lieu de chercher à les guérir ? C'est que vous êtes bien misérable, Olivian. Vous n'étiez pas encore un homme, et déjà vous êtes un homme de lettres.

XIV

PERSONNAGES
DE LA COMÉDIE MONDAINE

De même que dans les comédies Scaramouche est toujours vantard et Arlequin toujours balourd, que la conduite de Pasquino n'est qu'intrigue, celle de Pantalon qu'avarice et que crédulité [1] ; de même la société a décrété que Guido est spirituel mais perfide, et n'hésiterait pas pour faire un bon mot à sacrifier un ami ; que Girolamo capitalise, sous les dehors d'une rude franchise, des trésors de sensibilité ; que Castruccio, dont on peut flétrir les vices, est l'ami le plus sûr et le fils le plus délicat ; qu'Iago, malgré dix beaux livres, n'est qu'un amateur, tandis que quelques mauvais articles de journaux ont aussitôt sacré Ercole un écrivain ; que Cesare doit tenir à la police, être reporter ou espion.

Cardenio est snob et Pippo n'est qu'un faux bonhomme, malgré ses protestations d'amitié. Quant à
Fortunata, c'est chose à jamais convenue, elle est
bonne [1]. La rondeur de son embonpoint garantit assez
la bienveillance de son caractère : comment une si
grosse dame serait-elle une méchante personne ?

Chacun d'ailleurs, déjà très différent par nature du
caractère que la société a été chercher dans le magasin
général de ses costumes et caractères, et lui a prêté une
fois pour toutes, s'en écarte d'autant plus que la
conception *a priori* de ses qualités, en lui ouvrant un
large crédit de défauts inverses, crée à son profit une
sorte d'impunité. Son personnage immuable d'ami sûr
en général permet à Castruccio de trahir chacun de ses
amis en particulier. L'ami seul en souffre : « Quel
scélérat devait-il être pour être lâché par Castruccio,
cet ami si fidèle ! » Fortunata peut répandre à longs
flots les médisances. Qui serait assez fou pour en
chercher la source jusque sous les plis de son corsage,
dont l'ampleur vague sert à tout dissimuler. Girolamo
peut pratiquer sans crainte la flatterie à qui sa franchise habituelle donne un imprévu plus charmant. Il
peut pousser avec un ami sa rudesse jusqu'à la férocité,
puisqu'il est entendu que c'est dans son intérêt qu'il le
brutalise. Cesare me demande des nouvelles de ma
santé, c'est pour en faire un rapport au doge. Il ne m'en
a pas demandé : comme il sait cacher son jeu ! Guido
m'aborde, il me complimente sur ma bonne mine.
« Personne n'est aussi spirituel que lui, mais il est
vraiment trop méchant », s'écrient en chœur les personnes présentes. Cette divergence entre le caractère
véritable de Castruccio, de Guido, de Cardenio,
d'Ercole, de Pippo, de Cesare et de Fortunata et le type
qu'ils incarnent irrévocablement aux yeux sagaces de
la société, est sans danger pour eux, puisque cette
divergence, la société ne veut pas la voir. Mais elle

n'est pas sans terme. Quoi que fasse Girolamo, c'est un bourru bienfaisant. Quoi que dise Fortunata, elle est bonne. La persistance absurde, écrasante, immuable du type dont ils peuvent s'écarter sans cesse sans en déranger la sereine fixité s'impose à la longue avec une force attractive croissante à ces personnes d'une originalité faible, et d'une conduite peu cohérente que finit par fasciner ce point de mire seul identique au milieu de leurs universelles variations. Girolamo, en disant à un ami « ses vérités », lui sait gré de lui servir ainsi de comparse et de lui permettre de jouer, en le « gourmandant pour son bien », un rôle honorable, presque éclatant, et maintenant bien près d'être sincère. Il mêle à la violence de ses diatribes une pitié indulgente bien naturelle envers un inférieur qui fait ressortir sa gloire; il éprouve pour lui une reconnaissance véritable, et finalement la cordialité que le monde lui a si longtemps prêtée qu'il a fini par la garder. Fortunata, que son embonpoint croissant, sans flétrir son esprit ni altérer sa beauté, désintéresse pourtant un peu plus des autres en étendant la sphère de sa propre personnalité, sent s'adoucir en elle l'acrimonie qui seule l'empêchait de remplir dignement les fonctions vénérables et charmantes que le monde lui avait déléguées. L'esprit des mots « bienveillance », « bonté », « rondeur », sans cesse prononcés devant elle, derrière elle, a lentement imbibé ses paroles, habituellement élogieuses maintenant et auxquelles sa vaste tournure confère comme une plus flatteuse autorité. Elle a le sentiment vague et profond d'exercer une magistrature considérable et pacifique. Parfois elle semble déborder sa propre individualité et apparaît alors comme l'assemblée plénière, houleuse et pourtant molle, des juges bienveillants qu'elle préside et dont l'assentiment l'agite au loin... Et quand, dans les soirées où l'on cause, chacun, sans s'embarrasser des contradictions

de la conduite de ces personnages, sans remarquer leur
lente adaptation au type imposé, range avec ordre
leurs actions dans le tiroir bien à sa place et soigneusement défini de leur caractère idéal, chacun sent avec
une satisfaction émue qu'incontestablement le niveau
de la conversation s'élève. Certes, on interrompt bientôt ce travail pour ne pas appesantir jusqu'au sommeil
des têtes peu habituées à l'abstraction (on est homme
du monde). Alors, après avoir flétri le snobisme de l'un,
la malveillance de l'autre, le libertinage ou la dureté
d'un troisième, on se sépare, et chacun, certain d'avoir
payé largement son tribut à la bienveillance, à la
pudeur, et à la charité, va se livrer sans remords, dans
la paix d'une conscience qui vient de donner ses
preuves, aux vices élégants qu'il cumule.

Ces réflexions, inspirées par la société de Bergame,
appliquées à une autre, perdraient leur part de vérité.
Quand Arlequin quitta la scène bergamasque pour la
française, de balourd il devint bel esprit[1]. C'est ainsi
que dans certaines sociétés Liduvina passe pour une
femme supérieure et Girolamo pour un homme
d'esprit. Il faut ajouter aussi que parfois un homme se
présente pour qui la société ne possède pas de caractère tout fait ou au moins de caractère disponible, un
autre tenant l'emploi. Elle lui en donne d'abord qui ne
lui vont pas. Si c'est vraiment un homme original et
qu'aucun ne soit à sa taille, incapable de se résigner à
essayer de le comprendre et faute de caractère à sa
mesure, elle l'exclut ; à moins qu'il puisse jouer avec
grâce les jeunes premiers, dont on manque toujours.

MONDANITÉ ET MÉLOMANIE
DE BOUVARD ET PÉCUCHET*

I
MONDANITÉ

« Maintenant que nous avons une situation, dit Bouvard, pourquoi ne mènerions-nous pas la vie du monde ? »

C'était assez l'avis de Pécuchet, mais il fallait pouvoir y briller et pour cela étudier les sujets qu'on y traite.

La littérature contemporaine est de première importance.

Ils s'abonnèrent aux diverses revues qui la répandent, les lisaient à haute voix, s'efforçaient à écrire des critiques, recherchant surtout l'aisance et la légèreté du style, en considération du but qu'ils se proposaient.

Bouvard objecta que le style de la critique, écrite même en badinant, ne convient pas dans le monde. Et

---

* Bien entendu les opinions prêtées ici aux deux célèbres personnages de Flaubert ne sont nullement celles de l'auteur.

ils instituèrent des conversations sur ce qu'ils avaient lu, dans la manière des gens du monde.

Bouvard s'accoudait à la cheminée, taquinait avec précaution, pour ne pas les salir, des gants clairs sortis tout exprès, appelant Pécuchet « Madame » ou « Général », pour compléter l'illusion.

Mais souvent ils en restaient là ; ou l'un d'eux s'emballant sur un auteur, l'autre essayait en vain de l'arrêter. Au reste, ils dénigraient tout. Leconte de Lisle était trop impassible, Verlaine trop sensitif [1]. Ils rêvaient, sans le rencontrer, d'un juste milieu.

« Pourquoi Loti rend-il toujours le même son ?

— Ses romans sont tous écrits sur la même note.

— Sa lyre n'a qu'une corde [2], concluait Bouvard.

— Mais André Laurie n'est pas plus satisfaisant, car il nous promène chaque année ailleurs et confond la littérature avec la géographie. Son style seul vaut quelque chose [3]. Quant à Henri de Régnier, c'est un fumiste ou un fou, nulle autre alternative [4].

— Tire-toi de là, mon bonhomme, disait Bouvard, et tu fais sortir la littérature contemporaine d'une rude impasse.

— Pourquoi les forcer ? disait Pécuchet en roi débonnaire ; ils ont peut-être du sang, ces poulains-là. Laissons-leur la bride sur le cou : la seule crainte, c'est qu'ainsi emballés, ils ne dépassent le but ; mais l'extravagance même est la preuve d'une nature riche.

— Pendant ce temps, les barrières seront brisées, criait Pécuchet ; — et, remplissant de ses dénégations la chambre solitaire, il s'échauffait : — Du reste, dites tant que vous voudrez que ces lignes inégales sont des vers, je me refuse à y voir autre chose que de la prose, et sans signification, encore ! »

Mallarmé n'a pas plus de talent, mais c'est un brillant causeur. Quel malheur qu'un homme aussi doué devienne fou chaque fois qu'il prend la plume [5].

Singulière maladie et qui leur paraissait inexplicable.
Maeterlinck effraye, mais par des moyens matériels et
indignes du théâtre ; l'art émeut à la façon d'un crime,
c'est horrible ! D'ailleurs, sa syntaxe est misérable.

Ils en firent spirituellement la critique en parodiant
dans la forme d'une conjugaison son dialogue : « J'ai
dit que la femme était entrée. — Tu as dit que la femme
était entrée. — Vous avez dit que la femme était entrée.
— Pourquoi a-t-on dit que la femme était entrée[1] ? »

Pécuchet voulait envoyer ce petit morceau à la *Revue
des Deux Mondes*[2], mais il était plus avisé, selon
Bouvard, de le réserver pour le débiter dans un salon à
la mode. Ils seraient classés du premier coup selon leur
mérite. Ils pourraient très bien le donner plus tard à
une revue. Et les premiers confidents de ce trait
d'esprit, le lisant ensuite, seraient flattés rétrospective-
ment d'en avoir eu la primeur.

Lemaitre, malgré tout son esprit, leur semblait
inconséquent, irrévérencieux, tantôt pédant et tantôt
bourgeois ; il exécutait trop souvent la palinodie. Son
style surtout était lâché, mais la difficulté d'improviser
à dates fixes et si rapprochées doit l'absoudre[3]. Quant
à France, il écrit bien, mais pense mal, au contraire de
Bourget, qui est profond, mais possède une forme
affligeante[4]. La rareté d'un talent complet les désolait.

Cela ne doit pourtant pas être bien difficile, songeait
Bouvard, d'exprimer ses idées clairement. Mais la
clarté ne suffit pas, il faut la grâce (unie à la force), la
vivacité, l'élévation, la logique. Bouvard ajoutait l'ironie. Selon Pécuchet, elle n'est pas indispensable, fatigue souvent et déroute sans profit pour le lecteur. Bref,
tout le monde écrit mal. Il fallait, selon Bouvard, en
accuser la recherche excessive de l'originalité ; selon
Pécuchet, la décadence des mœurs.

« Ayons le courage de cacher nos conclusions dans le
monde, dit Bouvard ; nous passerions pour des détrac-

teurs, et, effrayant chacun, nous déplairions à tout le monde. Rassurons au lieu d'inquiéter. Notre originalité nous nuira déjà assez. Même tâchons de la dissimuler. On peut ne pas y parler littérature. »

Mais d'autres choses y sont importantes.

« Comment faut-il saluer ? Avec tout le corps ou de la tête seulement, lentement ou vite, comme on est placé ou en réunissant les talons, en s'approchant ou de sa place, en rentrant le bas du dos ou en le transformant en pivot ? Les mains doivent-elles tomber le long du corps, garder le chapeau, être gantées ? La figure doit-elle rester sérieuse ou sourire pendant la durée du salut ? Mais comment reprendre immédiatement sa gravité le salut fini ? »

Présenter aussi est difficile.

Par le nom de qui faut-il commencer ? Faut-il désigner de la main la personne qu'on nomme, ou d'un signe de tête, ou garder l'immobilité avec un air indifférent ? Faut-il saluer de la même manière un vieillard et un jeune homme, un serrurier et un prince, un acteur et un académicien ? L'affirmative satisfaisait aux idées égalitaires de Pécuchet, mais choquait le bon sens de Bouvard.

Comment donner son titre à chacun ?

On dit monsieur à un baron, à un vicomte, à un comte ; mais « bonjour, monsieur le marquis », leur semblait plat, et « bonjour, marquis », trop cavalier, étant donné leur âge. Ils se résigneraient à dire « prince » et « monsieur le duc » bien que ce dernier usage leur parût révoltant. Quand ils arrivaient aux Altesses, ils se troublaient ; Bouvard, flatté de ses relations futures, imaginait mille phrases où cette appellation apparaissait sous toutes ses formes ; il l'accompagnait d'un petit sourire rougissant, en inclinant un peu la tête, et en sautillant sur ses jambes. Mais Pécuchet déclarait qu'il s'y perdrait, s'embrouil-

lerait toujours, ou éclaterait de rire au nez du prince.
Bref, pour moins de gêne, ils n'iraient pas dans le
faubourg Saint-Germain. Mais il entre partout, de loin
seulement semble un tout compact et isolé!... D'ailleurs, on respecte encore plus les titres dans la haute
banque, et quant à ceux des rastaquouères, ils sont
innombrables. Mais, selon Pécuchet, on devait être
intransigeant avec les faux nobles et affecter de ne
point leur donner de particules même sur les enve-
loppes des lettres ou en parlant à leurs domestiques.
Bouvard, plus sceptique, n'y voyait qu'une manie plus
récente, mais aussi respectable que celle des anciens
seigneurs. D'ailleurs, la noblesse, d'après eux, n'existait plus depuis qu'elle avait perdu ses privilèges. Elle
est cléricale, arriérée, ne lit pas, ne fait rien, s'amuse
autant que la bourgeoisie; ils trouvaient absurde de la
respecter. Sa fréquentation seule était possible, parce
qu'elle n'excluait pas le mépris. Bouvard déclara que
pour savoir où ils fréquenteraient, vers quelles ban-
lieues ils se hasarderaient une fois l'an, où seraient
leurs habitudes, leurs vices, il fallait d'abord dresser
un plan exact de la société parisienne. Elle comprenait,
suivant lui, le faubourg Saint-Germain, la finance, les
rastaquouères, la société protestante, le monde des
arts et des théâtres, le monde officiel et savant. Le
Faubourg, à l'avis de Pécuchet, cachait sous des dehors
rigides le libertinage de l'Ancien Régime. Tout noble a
des maîtresses, une sœur religieuse, conspire avec le
clergé. Ils sont braves, s'endettent, ruinent et flagellent
les usuriers, sont inévitablement les champions de
l'honneur. Ils règnent par l'élégance, inventent des
modes extravagantes, sont des fils exemplaires,
affectueux avec le peuple et durs aux banquiers.
Toujours l'épée à la main ou une femme en croupe, ils
rêvent au retour de la monarchie, sont terriblement
oisifs, mais pas fiers avec les bonnes gens, faisant fuir les

traîtres et insultant les poltrons, méritent par un certain air chevaleresque notre inébranlable sympathie.

Au contraire, la finance considérable et renfrognée inspire le respect mais l'aversion. Le financier est soucieux dans le bal le plus fou. Un de ses innombrables commis vient toujours lui donner les dernières nouvelles de la Bourse, même à quatre heures du matin ; il cache à sa femme ses coups les plus heureux, ses pires désastres. On ne sait jamais si c'est un potentat ou un escroc ; il est tour à tour l'un et l'autre sans prévenir, et, malgré son immense fortune, déloge impitoyablement le petit locataire en retard sans lui faire l'avance d'un terme, à moins qu'il ne veuille en faire un espion ou coucher avec sa fille. D'ailleurs, il est toujours en voiture, s'habille sans grâce, porte habituellement un lorgnon.

Ils ne se sentaient pas un plus vif amour de la société protestante ; elle est froide, guindée, ne donne qu'à ses pauvres, se compose exclusivement de pasteurs. Le temple ressemble trop à la maison, et la maison est triste comme le temple. On y a toujours un pasteur à déjeuner ; les domestiques font des remontrances aux maîtres en citant des versets de la Bible ; ils redoutent trop la gaieté pour ne rien avoir à cacher et font sentir dans la conversation avec les catholiques une rancune perpétuelle de la révocation de l'édit de Nantes et de la Saint-Barthélemy [1].

Le monde des arts, aussi homogène, est bien différent ; tout artiste est farceur, brouillé avec sa famille, ne porte jamais de chapeau haute forme, parle une langue spéciale. Leur vie se passe à jouer des tours aux huissiers qui viennent pour les saisir et à trouver des déguisements grotesques pour des bals masqués. Néanmoins, ils produisent constamment des chefs-d'œuvre, et chez la plupart l'abus du vin et des femmes

est la condition même de l'inspiration, sinon du génie ;
ils dorment le jour, se promènent la nuit, travaillent on
ne sait quand, et la tête toujours en arrière, laissant
flotter au vent une cravate molle, roulent perpétuellement des cigarettes.

Le monde des théâtres est à peine distinct de ce
dernier ; on n'y pratique à aucun degré la vie de
famille, on y est fantasque et inépuisablement généreux. Les artistes, quoique vaniteux et jaloux, rendent
sans cesse service à leurs camarades, applaudissent à
leurs succès, adoptent les enfants des actrices poitri-
naires ou malheureuses, sont précieux dans le monde,
bien que, n'ayant pas reçu d'instruction, ils soient
souvent dévots et toujours superstitieux. Ceux des
théâtres subventionnés sont à part, entièrement dignes
de notre admiration, mériteraient d'être placés à table
avant un général ou un prince, ont dans l'âme les
sentiments exprimés dans les chefs-d'œuvre qu'ils
représentent sur nos grandes scènes. Leur mémoire est
prodigieuse et leur tenue parfaite[1].

Quant aux juifs, Bouvard et Pécuchet, sans les
proscrire (car il faut être libéral), avouaient détester se
trouver avec eux ; ils avaient tous vendu des lorgnettes
en Allemagne dans leur jeune âge[2], gardaient exactement à Paris — et avec une piété à laquelle en gens
impartiaux ils rendaient d'ailleurs justice — des pratiques spéciales, un vocabulaire inintelligible, des bou-
chers de leur race. Tous ont le nez crochu, l'intelligence
exceptionnelle, l'âme vile et seulement tournée vers
l'intérêt ; leurs femmes, au contraire, sont belles, un
peu molles, mais capables des plus grands sentiments.
Combien de catholiques devraient les imiter ! Mais
pourquoi leur fortune était-elle toujours incalculable
et cachée ? D'ailleurs, ils formaient une sorte de vaste
société secrète, comme les jésuites et la franc-maçon-
nerie. Ils avaient, on ne savait où, des trésors inépuisa-

bles, au service d'ennemis vagues, dans un but épou-
vantable et mystérieux.

II

MÉLOMANIE

Déjà dégoûtés de la bicyclette et de la peinture,
Bouvard et Pécuchet se mirent sérieusement à la
musique. Mais tandis qu'éternellement ami de la
tradition et de l'ordre, Pécuchet laissait saluer en lui le
dernier partisan des chansons grivoises et du *Domino
noir*[1], révolutionnaire s'il en fut, Bouvard, faut-il le
dire, « se montra résolument wagnérien ». À vrai dire,
il ne connaissait pas une partition du « braillard de
Berlin » (comme le dénommait cruellement Pécuchet,
toujours patriote et mal informé[2]), car on ne peut les
entendre en France, où le Conservatoire crève dans la
routine, entre Colonne qui bafouille et Lamoureux qui
épelle[3], ni à Munich, où la tradition ne s'est pas
conservée, ni à Bayreuth que les snobs ont insupporta-
blement infecté[4]. C'est un non-sens que de les essayer
au piano : l'illusion de la scène est nécessaire, ainsi que
l'enfouissement de l'orchestre, et, dans la salle,
l'obscurité. Pourtant, prêt à foudroyer les visiteurs, le
prélude de *Parsifal* était perpétuellement ouvert sur le
pupitre de son piano, entre les photographies du porte-
plume de César Franck et du *Printemps* de Botticelli[5].

De la partition de la *Walkyrie*, soigneusement le
« Chant du Printemps[6] » avait été arraché. Dans la
table des opéras de Wagner, à la première page,
Lohengrin, *Tannhäuser* avaient été biffés, d'un trait
indigné, au crayon rouge. *Rienzi* seul subsistait des
premiers opéras. Le renier est devenu banal, l'heure est

venue, flairait subtilement Bouvard, d'inaugurer l'opinion contraire [1]. Gounod le faisait rire, et Verdi crier [2]. Moindre assurément qu'Erik Satie [3], qui peut aller là contre ? Beethoven, pourtant, lui semblait considérable à la façon d'un Messie. Bouvard lui-même pouvait, sans s'humilier, saluer en Bach un précurseur [4]. Saint-Saëns manque de fond et Massenet de forme, répétait-il sans cesse à Pécuchet, aux yeux de qui Saint-Saëns, au contraire, n'avait que du fond et Massenet que de la forme [5].

« C'est pour cela que l'un nous instruit et que l'autre nous charme, mais sans nous élever [6], insistait Pécuchet. »

Pour Bouvard, tous deux étaient également méprisables. Massenet trouvait quelques idées, mais vulgaires, d'ailleurs les idées ont fait leur temps. Saint-Saëns possédait quelque facture, mais démodée. Peu renseignés sur Gaston Lemaire [7], mais jouant du contraste à leurs heures, ils opposaient éloquemment Chausson et Chaminade [8]. Pécuchet, d'ailleurs, et malgré les répugnances de son esthétique, Bouvard lui-même, car tout Français est chevaleresque et fait passer les femmes avant tout, cédaient galamment à cette dernière la première place parmi les compositeurs du jour.

C'était en Bouvard le démocrate encore plus que le musicien qui proscrivait la musique de Charles Levadé [9] ; n'est-ce pas s'opposer au progrès que s'attarder encore aux vers de Mme de Girardin [10] dans le siècle de la vapeur, du suffrage universel et de la bicyclette ? D'ailleurs, tenant pour la théorie de l'art pour l'art, pour le jeu sans nuances et le chant sans inflexions, Bouvard déclarait ne pouvoir l'entendre chanter. Il lui trouvait le type mousquetaire, les façons goguenardes, les faciles élégances d'un sentimentalisme suranné.

Mais l'objet de leurs plus vifs débats était Reynaldo

Hahn[1]. Tandis que son intimité avec Massenet, lui
attirant sans cesse les cruels sarcasmes de Bouvard, le
désignait impitoyablement comme victime aux prédi-
lections passionnées de Pécuchet, il avait le don d'exas-
pérer ce dernier par son admiration pour Verlaine,
partagée d'ailleurs par Bouvard. « Travaillez sur Jacques Normand, Sully Prudhomme, le vicomte de Borrelli[2]. Dieu merci, dans le pays des trouvères, les
poètes ne manquent pas », ajoutait-il patriotiquement.
Et, partagé entre les sonorités tudesques du nom de
Hahn et la désinence méridionale de son prénom
Reynaldo, préférant l'exécuter en haine de Wagner
plutôt que l'absoudre en faveur de Verdi, il concluait
rigoureusement en se tournant vers Bouvard :

« Malgré l'effort de tous vos beaux messieurs, notre
beau pays de France est un pays de clarté, et la
musique française sera claire ou ne sera pas, énonçait-
il en frappant sur la table pour plus de force.

« Foin de vos excentricités d'au-delà de la Manche et
de vos brouillards d'outre-Rhin, ne regardez donc pas
toujours de l'autre côté des Vosges ! — ajoutait-il en
regardant Bouvard avec une fixité sévère et pleine de
sous-entendus, — excepté pour la défense de la patrie.
Que la *Walkyrie* puisse plaire même en Allemagne, j'en
doute... Mais, pour des oreilles françaises, elle sera
toujours le plus infernal des supplices — et le plus
cacophonique[3] ! ajoutez le plus humiliant pour notre
fierté nationale. D'ailleurs cet opéra n'unit-il pas à ce
que la dissonance a de plus atroce ce que l'inceste a de
plus révoltant ! Votre musique, monsieur, est pleine de
monstres, et on ne sait plus qu'inventer ! Dans la
nature même, — mère pourtant de la simplicité, —
l'horrible seul vous plaît. M. Delafosse n'écrit-il pas des
mélodies sur les chauves-souris, où l'extravagance du
compositeur compromettra la vieille réputation du
pianiste[4] ? que ne choisissait-il quelque gentil oiseau ?

Des mélodies sur les moineaux seraient au moins bien parisiennes ; l'hirondelle a de la légèreté et de la grâce, et l'alouette est si éminemment française que César, dit-on, en faisait piquer de toutes rôties sur le casque de ses soldats [1]. Mais des chauves-souris !!! Le Français, toujours altéré de franchise et de clarté, toujours exécrera ce ténébreux animal. Dans les vers de M. de Montesquiou, passe encore, fantaisie de grand seigneur blasé, qu'à la rigueur on peut lui permettre, mais en musique ! à quand le *Requiem des Kangourous* ?... — Cette bonne plaisanterie déridait Bouvard. — Avouez que je vous ai fait rire, disait Pécuchet (sans fatuité répréhensible, car la conscience de leur mérite est tolérable chez les gens d'esprit), topons-là, vous êtes désarmé ! »

MÉLANCOLIQUE VILLÉGIATURE
DE
MADAME DE BREYVES

> « Ariane, ma sœur, de quelle amour blessée
> Vous mourûtes aux bords où vous fûtes laissée[1] ! »

I

Françoise de Breyves hésita longtemps, ce soir-là, pour savoir si elle irait à la soirée de la princesse Élisabeth d'A..., à l'Opéra, ou à la comédie des Livray.

Chez les amis où elle venait de dîner, on était sorti de table depuis plus d'une heure. Il fallait prendre un parti.

Son amie Geneviève, qui devait revenir avec elle, tenait à la soirée de Mme d'A..., tandis que, sans bien savoir pourquoi, Mme de Breyves aurait préféré faire une des deux autres choses, ou même une troisième, rentrer se coucher. On annonça sa voiture. Elle n'était toujours pas décidée.

« Vraiment, dit Geneviève, tu n'es pas gentille, puisque je crois que Rezké[2] chantera et que cela m'amuse. On dirait que cela peut avoir de graves conséquences pour toi d'aller chez Élisabeth. D'abord, je te dirai que tu n'es pas allée cette année à une seule de ses grandes soirées, et liée avec elle comme tu l'es, ce n'est pas très gentil. »

Françoise, depuis la mort de son mari, qui l'avait laissée veuve à vingt ans — il y avait quatre ans de cela —, ne faisait presque rien sans Geneviève et aimait à lui faire plaisir. Elle ne résista pas plus longtemps à sa prière, et, après avoir dit adieu aux maîtres de la maison et aux invités désolés d'avoir si peu joui d'une des femmes les plus recherchées de Paris, dit au valet de pied :

« Chez la princesse d'A... »

II

La soirée de la princesse fut très ennuyeuse. À un moment Mme de Breyves demanda à Geneviève :

« Qui est donc ce jeune homme qui t'a menée au buffet ?

— C'est M. de Laléande que je ne connais d'ailleurs pas du tout. Veux-tu que je te le présente ? il me l'avait demandé, j'ai répondu dans le vague, parce qu'il est très insignifiant et ennuyeux, et comme il te trouve très jolie il ne te lâcherait plus.

— Oh alors ! non, dit Françoise, il est un peu laid du reste et vulgaire, malgré d'assez beaux yeux.

— Tu as raison, dit Geneviève. Et puis tu le rencontreras souvent, cela pourrait te gêner si tu le connaissais. »

Elle ajouta en plaisantant :

« Maintenant si tu désires être intime avec lui, tu perds une bien belle occasion.

— Oui, une bien belle occasion, dit Françoise, — et elle pensait déjà à autre chose.

— Après tout, dit Geneviève, prise sans doute du remords d'avoir été un si infidèle mandataire et

d'avoir gratuitement privé ce jeune homme d'un plaisir, c'est une des dernières soirées de la saison, cela
n'aurait rien de bien grave et ce serait peut-être plus
gentil.

— Eh bien soit, s'il revient par ici. »

Il ne revint pas. Il était à l'autre bout du salon, en
face d'elles.

« Il faut nous en aller, dit bientôt Geneviève.

— Encore un instant, dit Françoise. »

Et par caprice, surtout de coquetterie envers ce
jeune homme qui devait en effet la trouver bien jolie,
elle se mit à le regarder un peu longtemps, puis
détournait les yeux et les fixait de nouveau sur lui. En
le regardant, elle s'efforçait d'être caressante, elle ne
savait pourquoi, pour rien, pour le plaisir, le plaisir de
la charité, et de l'orgueil un peu, et aussi de l'inutile, le
plaisir de ceux qui écrivent un nom sur un arbre pour
un passant qu'ils ne verront jamais, de ceux qui jettent
une bouteille à la mer. Le temps passait, il était déjà
tard ; M. de Laléande se dirigea vers la porte, qui resta
ouverte après qu'il fut sorti, et Mme de Breyves
l'apercevait au fond du vestibule qui tendait son
numéro au vestiaire.

« Il est temps de partir, tu as raison », dit-elle à
Geneviève.

Elles se levèrent. Mais le hasard d'un mot qu'un ami
de Geneviève avait à lui dire laissa Françoise seule au
vestiaire. Il n'y avait là à ce moment que M. de
Laléande qui ne pouvait trouver sa canne. Françoise
s'amusa une dernière fois à le regarder. Il passa près
d'elle, remua légèrement le coude de Françoise avec le
sien, et, les yeux brillants, dit, au moment où il était
contre elle, ayant toujours l'air de chercher :

« Venez chez moi, 5, rue Royale. »

Elle avait si peu prévu cela et maintenant M. de
Laléande continuait si bien à chercher sa canne,

qu'elle ne sut jamais très exactement dans la suite si ce
n'avait pas été une hallucination. Elle avait surtout
très peur, et le prince d'A... passant à ce moment elle
l'appela, voulait prendre rendez-vous avec lui pour
faire le lendemain une promenade, parlait avec volubi-
lité. Pendant cette conversation M. de Laléande s'en
était allé. Geneviève arriva au bout d'un instant et les
deux femmes partirent. Mme de Breyves ne raconta
rien et resta choquée et flattée, au fond très indifférente. Au bout de deux jours, y ayant repensé par
hasard, elle commença de douter de la réalité des
paroles de M. de Laléande. Essayant de se rappeler,
elle ne le put pas complètement, crut les avoir enten-
dues comme dans un rêve et se dit que le mouvement
du coude était une maladresse fortuite. Puis elle ne
pensa plus spontanément à M. de Laléande et quand
par hasard elle entendait prononcer son nom, elle se
rappelait rapidement sa figure et avait tout à fait
oublié la presque hallucination au vestiaire.

Elle le revit à la dernière soirée qui fut donnée cette
année-là (juin finissait), n'osa pas demander qu'on le
lui présentât, et pourtant, malgré qu'elle le trouvât
presque laid, le sût pas intelligent, elle aurait bien
aimé le connaître. Elle s'approcha de Geneviève et lui
dit :

« Présente-moi tout de même M. de Laléande. Je
n'aime pas à être impolie. Mais ne dis pas que c'est moi
qui le demande. Cela m'engagerait trop.

— Tout à l'heure si nous le voyons, il n'est pas là
pour le moment.

— Eh bien, cherche-le.

— Il est peut-être parti.

— Mais non, dit très vite Françoise, il ne peut pas
être parti, il est trop tôt. Oh ! déjà minuit. Voyons, ma
petite Geneviève, ça n'est pourtant pas bien difficile.

L'autre soir, c'était toi qui voulais. Je t'en prie, cela a un intérêt pour moi. »

Geneviève la regarda un peu étonnée et alla à la recherche de M. de Laléande ; il était parti.

« Tu vois que j'avais raison, dit Geneviève, en revenant auprès de Françoise.

— Je m'assomme ici, dit Françoise, j'ai mal à la tête, je t'en prie, partons tout de suite. »

III

Françoise ne manqua plus une fois l'Opéra, accepta avec un espoir vague tous les dîners où elle fut encore invitée. Quinze jours se passèrent, elle n'avait pas revu M. de Laléande et souvent s'éveillait la nuit en pensant aux moyens de le revoir. Tout en se répétant qu'il était ennuyeux et pas beau, elle était plus préoccupée par lui que par tous les hommes les plus spirituels et les plus charmants. La saison finie, il ne se présenterait plus d'occasion de le revoir, elle était résolue à en créer et cherchait.

Un soir, elle dit à Geneviève :

« Ne m'as-tu pas dit que tu connaissais un M. de Laléande ?

— Jacques de Laléande ? Oui et non, il m'a été présenté, mais il ne m'a jamais laissé de cartes, je ne suis pas du tout en relation avec lui.

— C'est que je te dirai, j'ai un petit intérêt, même assez grand, pour des choses qui ne me concernent pas et qu'on ne me permettra sans doute pas de te dire avant un mois (d'ici là elle aurait convenu avec lui d'un mensonge pour n'être pas découverte, et cette pensée d'un secret où seuls ils seraient tous les deux lui était douce), à faire sa connaissance et à me trouver avec lui. Je t'en prie, tâche de me trouver un moyen parce que la saison est finie, il n'y aura plus rien et je ne pourrai plus me le faire présenter. »

Les étroites pratiques de l'amitié, si purifiantes quand elles sont sincères, abritaient Geneviève aussi bien que Françoise des curiosités stupides qui sont l'infâme volupté de la plupart des gens du monde. Aussi de tout son cœur, sans avoir eu un instant l'intention ni le désir, pas même l'idée d'interroger son amie, Geneviève cherchait, se fâchait seulement de ne pas trouver.

« C'est malheureux que Mme d'A... soit partie. Il y a bien M. de Grumello, mais après tout, cela n'avance à rien, quoi lui dire ? Oh ! j'ai une idée. M. de Laléande joue du violoncelle assez mal, mais cela ne fait rien. M. de Grumello l'admire, et puis il est si bête et sera si content de te faire plaisir. Seulement toi qui l'avais toujours tenu à l'écart et qui n'aimes pas lâcher les gens après t'en être servie, tu ne vas pas vouloir être obligée de l'inviter l'année prochaine. »

Mais déjà Françoise, rouge de joie, s'écriait :

« Mais cela m'est bien égal, j'inviterai tous les rastaquouères de Paris s'il le faut. Oh ! fais-le vite, ma petite Geneviève, que tu es gentille ! »

Et Geneviève écrivit :

« Monsieur, vous savez comme je cherche toutes les occasions de faire plaisir à mon amie, Mme de Breyves, que vous avez sans doute déjà rencontrée. Elle a exprimé devant moi, à plusieurs reprises, comme nous parlions violoncelle, le regret de n'avoir jamais entendu M. de Laléande qui est un si bon ami à vous. Voudriez-vous le faire jouer pour elle et pour moi ? Maintenant qu'on est si libre, cela ne vous dérangera pas trop et ce serait tout ce qu'il y a de plus aimable. Je vous envoie tous mes meilleurs souvenirs,

« ALÉRIOUVRE BUIVRES. »

« Portez ce mot tout de suite chez M. de Grumello, dit Françoise à un domestique ; n'attendez pas de réponse, mais faites-le remettre devant vous. »

Le lendemain, Geneviève faisait porter à Mme de Breyves la réponse suivante de M. de Grumello :

« Madame,

« J'aurais été plus charmé que vous ne pouvez le penser de satisfaire votre désir et celui de Mme de Breyves, que je connais un peu et pour qui j'éprouve la sympathie la plus respectueuse et la plus vive. Aussi je suis désespéré qu'un bien malheureux hasard ait fait partir M. de Laléande il y a juste deux jours pour Biarritz où il va, hélas ! passer plusieurs mois.

« Daignez accepter, Madame, etc.

« GRUMELLO. »

Françoise se précipita toute blanche vers sa porte pour la fermer à clef, elle en eut à peine le temps. Déjà des sanglots venaient se briser à ses lèvres, ses larmes coulaient. Jusque-là tout occupée à imaginer des romans pour le voir et le connaître, certaine de les réaliser dès qu'elle le voudrait, elle avait vécu de ce désir et de cet espoir sans peut-être s'en rendre bien compte. Mais par mille imperceptibles racines qui avaient plongé dans toutes ses plus inconscientes minutes de bonheur ou de mélancolie, y faisant circuler une sève nouvelle, sans qu'elle sût d'où elle venait, ce désir s'était implanté en elle. Voici qu'on l'arrachait pour le rejeter dans l'impossible. Elle se sentit déchirée, dans une horrible souffrance de tout cet elle-même

déraciné tout d'un coup, et à travers les mensonges
subitement éclaircis de son espoir, dans la profondeur
de son chagrin, elle vit la réalité de son amour.

IV

Françoise se retira davantage chaque jour de toutes
les joies. Aux plus intenses, à celles mêmes qu'elle
goûtait dans son intimité avec sa mère ou avec Geneviève, dans ses heures de musique, de lecture ou de
promenade, elle ne prêtait plus qu'un cœur possédé
par un chagrin jaloux et qui ne le quittait pas un
instant. La peine était infinie que lui causaient et
l'impossibilité d'aller à Biarritz, et, cela eût-il été
possible, sa détermination absolue de n'y point aller
compromettre par une démarche insensée tout le
prestige qu'elle pouvait avoir aux yeux de M. de
Laléande. Pauvre petite victime à la torture sans
qu'elle sût pourquoi, elle s'effrayait à la pensée que ce
mal allait peut-être ainsi durer des mois avant que le
remède vînt, sans la laisser dormir calme, rêver libre.
Elle s'inquiétait aussi de ne pas savoir s'il ne repasse-
rait pas par Paris, bientôt peut-être, sans qu'elle le sût.
Et la peur de laisser passer une seconde fois le bonheur
si près l'enhardit, elle envoya un domestique s'informer chez le concierge de M. de Laléande. Il ne savait
rien. Alors, comprenant que plus une voile d'espoir
n'apparaîtrait au ras de cette mer de chagrin qui
s'élargissait à l'infini [1], après l'horizon de laquelle il
semblait qu'il n'y eût plus rien et que le monde
finissait, elle sentit qu'elle allait faire des choses folles,
elle ne savait quoi, lui écrire peut-être, et devenue son
propre médecin, pour se calmer un peu, elle se permit

à soi-même de tâcher de lui faire apprendre qu'elle avait voulu le voir et écrivit ceci à M. de Grumello :

« Monsieur,

« Mme de Buivres me dit votre aimable pensée. Comme je vous remercie et suis touchée ! Mais une chose m'inquiète. M. de Laléande ne m'a-t-il pas trouvée indiscrète ! Si vous ne le savez pas, demandez-le-lui et répondez-moi, quand vous la saurez, toute la vérité. Cela me rend très curieuse et vous me ferez plaisir. Merci encore, Monsieur.

« Croyez à mes meilleurs sentiments,

« VORAGYNES BREYVES[1]. »

Une heure après, un domestique lui portait cette lettre :

« Ne vous inquiétez pas, Madame, M. de Laléande n'a pas su que vous vouliez l'entendre. Je lui avais demandé les jours où il pourrait venir jouer chez moi sans dire pour qui. Il m'a répondu de Biarritz qu'il ne reviendrait pas avant le mois de janvier. Ne me remerciez pas non plus. Mon plus grand plaisir serait de vous en faire un peu, etc.

« GRUMELLO. »

Il n'y avait plus rien à faire. Elle ne fit plus rien, s'attrista de plus en plus, eut des remords de s'attrister ainsi, d'attrister sa mère. Elle alla passer quelques jours à la campagne, puis partit pour Trouville. Elle y entendit parler des ambitions mondaines de M. de Laléande, et quand un prince s'ingéniant lui disait : « Que pourrais-je pour vous faire plaisir ? » elle s'égayait presque à imaginer combien il serait étonné

si elle lui avait répondu sincèrement, et concentrait
pour la savourer toute l'enivrante amertume qu'il y
avait dans l'ironie de ce contraste entre toutes les
grandes choses difficiles qu'on avait toujours faites
pour lui plaire, et la petite chose si facile et si
impossible qui lui aurait rendu le calme, la santé, le
bonheur et le bonheur des siens. Elle ne se plaisait un
peu qu'au milieu de ses domestiques, qui avaient une
immense admiration pour elle et qui la servaient sans
oser lui parler, la sentant si triste. Leur silence respectueux et chagrin lui parlait de M. de Laléande. Elle
l'écoutait avec volupté et les faisait servir très lentement le déjeuner pour retarder le moment où ses amies
viendraient, où il faudrait se contraindre. Elle voulait
garder longtemps dans la bouche ce goût amer et doux
de toute cette tristesse autour d'elle à cause de lui. Elle
aurait aimé que plus d'êtres encore fussent dominés
par lui, se soulageant à sentir ce qui tenait tant de
place dans son cœur en prendre un peu autour d'elle,
elle aurait voulu avoir à soi des bêtes énergiques qui
auraient langui de son mal. Par moments, désespérée,
elle voulait lui écrire, ou lui faire écrire, se déshonorer,
« rien ne lui était plus ». Mais il lui valait mieux, dans
l'intérêt même de son amour, garder sa situation
mondaine, qui pourrait lui donner plus d'autorité sur
lui, un jour, si ce jour venait. Et si une courte intimité
avec lui rompait le charme qu'il avait jeté sur elle (elle
ne voulait pas, ne pouvait pas le croire, même l'imaginer un instant ; mais son esprit plus perspicace apercevait cette fatalité cruelle à travers les aveuglements de
son cœur), elle resterait sans un seul appui au monde,
après. Et si quelque autre amour survenait, elle n'aurait plus les ressources qui au moins lui demeuraient
maintenant, cette puissance qui à leur retour à Paris,
lui rendrait si facile l'intimité de M. de Laléande.
Essayant de séparer d'elle ses propres sentiments et de

les regarder comme un objet qu'on examine, elle se
disait : « Je le sais médiocre et l'ai toujours trouvé tel.
C'est bien mon jugement sur lui, il n'a pas varié. Le
trouble s'est glissé depuis mais n'a pu altérer ce
jugement. C'est si peu que cela, et c'est pour ce peu-là
que je vis. Je vis pour Jacques de Laléande ! » Mais
aussitôt, ayant prononcé son nom, par une association
involontaire cette fois et sans analyse, elle le revoyait
et elle éprouvait tant de bien-être et tant de peine,
qu'elle sentait que ce peu de chose qu'il était importait
peu, puisqu'il lui faisait éprouver des souffrances et
des joies auprès desquelles les autres n'étaient rien. Et
bien qu'elle pensât qu'à le connaître mieux tout cela se
dissiperait, elle donnait à ce mirage toute la réalité de
sa douleur et de sa volupté. Une phrase des *Maîtres
chanteurs* entendue à la soirée de la princesse d'A...
avait le don [1] de lui évoquer M. de Laléande avec le
plus de précision (*Dem Vogel der heut sang dem war der
Schnabel hold gewachsen* [2]). Elle en avait fait sans le
vouloir le véritable *leitmotiv* de M. de Laléande, et,
l'entendant un jour à Trouville dans un concert, elle
fondit en larmes. De temps en temps, pas trop souvent
pour ne pas se blaser, elle s'enfermait dans sa chambre, où elle avait fait transporter le piano et se mettait
à la jouer en fermant les yeux pour mieux le voir,
c'était sa seule joie grisante avec des fins désenchan-
tées, l'opium dont elle ne pouvait se passer. S'arrêtant
parfois à écouter couler sa peine comme on se penche
pour entendre la douce plainte incessante d'une source
et songeant à l'atroce alternative entre sa honte future
d'où suivrait le désespoir des siens et (si elle ne cédait
pas) sa tristesse éternelle, elle se maudissait d'avoir si
savamment dosé dans son amour le plaisir et la peine
qu'elle n'avait su ni le rejeter tout d'abord comme un
insupportable poison, ni s'en guérir ensuite. Elle maudissait ses yeux d'abord et peut-être avant eux son

détestable esprit de coquetterie et de curiosité qui les
avait épanouis comme des fleurs pour tenter ce jeune
homme, puis qui l'avait exposée aux regards de M. de
Laléande, certains comme des traits et d'une plus
invincible douceur que si ç'avaient été des piqûres de
morphine. Elle maudissait son imagination aussi ; elle
avait si tendrement nourri son amour que Françoise se
demandait parfois si seule aussi son imagination ne
l'avait pas enfanté, cet amour qui maintenant maîtri-
sait sa mère et la torturait. Elle maudissait sa finesse
aussi, qui avait si habilement, si bien et si mal arrangé
tant de romans pour le revoir que leur décevante
impossibilité l'avait peut-être attachée davantage
encore à leur héros, — sa bonté et la délicatesse de son
cœur qui, si elle se donnait, empesteraient de remords
et de honte la joie de ces amours coupables, — sa
volonté si impétueuse, si cabrée, si hardie à sauter les
obstacles quand ses désirs la menaient à l'impossible,
si faible, si molle, si brisée, non seulement quand il
fallait leur désobéir, mais quand c'était par quelque
autre sentiment qu'elle était conduite. Elle maudissait
enfin sa pensée sous ses plus divines espèces, le don
suprême qu'elle avait reçu et à qui l'on a, sans avoir su
lui trouver son nom véritable, donné tous les noms, —
intuition du poète, extase du croyant, sentiment profond de la nature et de la musique, — qui avait mis
devant son amour des sommets, des horizons infinis,
les avait laissés baigner dans la surnaturelle lumière
de son charme et avait en échange prêté à son amour
un peu du sien, qui avait intéressé à cet amour,
solidarisé avec lui et confondu toute sa plus haute et sa
plus intime vie intérieure, avait consacré à lui, comme
le trésor d'une église à la Madone, tous les plus
précieux joyaux de son cœur et de sa pensée, de son
cœur, qu'elle écoutait gémir dans les soirées ou sur la
mer dont la mélancolie et celle qu'elle avait de ne le

point voir étaient maintenant sœurs : elle maudissait
cet inexprimable sentiment du mystère des choses où
notre esprit s'abîme dans un rayonnement de beauté,
comme le soleil couchant dans la mer, pour avoir
approfondi son amour, l'avoir immatérialisé, élargi,
infinisé sans l'avoir rendu moins torturant, « car
(comme l'a dit Baudelaire, parlant des fins d'après-
midi d'automne) il est des sensations dont le vague
n'exclut pas l'intensité et il n'est pas de pointe plus
acérée que celle de l'infini[1] ».

V

αὐτόθ᾽ ἐπ᾽ ἀϊόνος κατετάκετο φυκιοέσσας ἐξ ἀοῦς,
ἔχθιστον ἔχων ὑποκάρδιον ἕλκος, Κύπριδος ἐκ
μεγάλας τό οἱ ἥπατι πᾶξε βέλεμνον.

(et se consumait depuis le jour levant, sur les algues
du rivage, gardant au fond du cœur, comme une flèche
dans le foie la plaie cuisante de la grande Kypris[2].)

THÉOCRITE, « Le Cyclope »

C'est à Trouville que je viens de retrouver Mme de
Breyves, que j'avais connue plus heureuse. Rien ne
peut la guérir. Si elle aimait M. de Laléande pour sa
beauté ou pour son esprit, on pourrait chercher pour la
distraire un jeune homme plus spirituel ou plus beau.
Si c'était sa bonté ou son amour pour elle qui l'avait
attachée à lui, un autre pourrait essayer de l'aimer
avec plus de fidélité. Mais M. de Laléande n'est ni beau
ni intelligent. Il n'a pas eu l'occasion de lui prouver s'il
était tendre ou dur, oublieux ou fidèle. C'est donc bien
lui qu'elle aime et non des mérites ou des charmes
qu'on pourrait trouver à un aussi haut degré chez

d'autres ; c'est bien lui qu'elle aime malgré ses imper-
fections, malgré sa médiocrité ; elle est donc destinée à
l'aimer malgré tout. *Lui*, savait-elle ce que c'était ?
sinon qu'il en émanait pour elle de tels frissons de
désolation ou de béatitude que tout le reste de sa vie et
des choses ne comptait plus. La figure la plus belle, la
plus originale intelligence n'auraient pas cette essence
particulière et mystérieuse, si unique, que jamais une
personne humaine n'aura son double exact dans
l'infini des mondes ni dans l'éternité du temps. Sans
Geneviève de Buivres, qui la conduisit innocemment
chez Mme d'A..., tout cela n'eût pas été. Mais les
circonstances se sont enchaînées et l'ont emprisonnée,
victime d'un mal sans remède, parce qu'il est sans
raison. Certes, M. de Laléande, qui promène sans doute
en ce moment sur la plage de Biarritz une vie médiocre
et des rêves chétifs, serait bien étonné s'il savait l'autre
existence miraculeusement intense au point de tout se
subordonner, d'annihiler tout ce qui n'est pas elle,
qu'il a dans l'âme de Mme de Breyves, existence aussi
continue que son existence personnelle, se traduisant
aussi effectivement par des actes, s'en distinguant
seulement par une conscience plus aiguë, moins inter-
mittente, plus riche. Qu'il serait étonné s'il savait que
lui, peu recherché d'ordinaire sous ses espèces matérielles, est subitement évoqué où qu'aille Mme de
Breyves, au milieu des gens du plus de talent, dans les
salons les plus fermés, dans les paysages qui se suffi-
sent le plus à eux-mêmes, et qu'aussitôt cette femme si
aimée n'a plus de tendresse, de pensée, d'attention, que
pour le souvenir de cet intrus devant qui tout s'efface
comme si lui seul avait la réalité d'une personne et si
les personnes présentes étaient vaines comme des
souvenirs et comme des ombres.

Que Mme de Breyves se promène avec un poète ou
déjeune chez une archiduchesse, qu'elle quitte Trou-

ville pour la montagne ou pour les champs, qu'elle soit
seule et lise, ou cause avec l'ami le mieux aimé, qu'elle
monte à cheval ou qu'elle dorme, le nom, l'image de
M. de Laléande est sur elle, délicieusement, cruellement, inévitablement, comme le ciel est sur nos têtes.
Elle en est arrivée, elle qui détestait Biarritz, à trouver
à tout ce qui touche à cette ville un charme douloureux
et troublant. Elle s'inquiète des gens qui y sont, qui le
verront peut-être sans le savoir, qui vivront peut-être
avec lui sans en jouir. Pour ceux-là elle est sans
rancune, et sans oser leur donner de commissions, elle
les interroge sans cesse, s'étonnant parfois qu'on
l'entende tant parler à l'entour de son secret sans que
personne l'ait découvert. Une grande photographie de
Biarritz est un des seuls ornements de sa chambre. Elle
prête à l'un des promeneurs qu'on y voit sans le
distinguer les traits de M. de Laléande. Si elle savait la
mauvaise musique qu'il aime et qu'il joue, les
romances méprisées prendraient sans doute sur son
piano et bientôt dans son cœur la place des symphonies de Beethoven et des drames de Wagner, par un
abaissement sentimental de son goût, et par le charme
que celui d'où lui vient tout charme et toute peine
projetterait sur elles[1]. Parfois l'image de celui qu'elle a
vu seulement deux ou trois fois et pendant quelques
instants, qui tient une si petite place dans les événements extérieurs de sa vie et qui en a pris une dans sa
pensée et dans son cœur absorbante jusqu'à les occuper tout entiers, se trouble devant les yeux fatigués de
sa mémoire. Elle ne le voit plus, ne se rappelle plus ses
traits, sa silhouette, presque plus ses yeux. Cette
image, c'est pourtant tout ce qu'elle a de lui. Elle
s'affole à la pensée qu'elle la pourrait perdre, que le
désir — qui, certes, la torture, mais qui est tout elle-
même maintenant, en lequel elle s'est toute réfugiée,
après avoir tout fui, auquel elle tient comme on tient à

sa conservation, à la vie, bonne ou mauvaise —
pourrait s'évanouir et qu'il ne resterait plus que le
sentiment d'un malaise et d'une souffrance de rêve,
dont elle ne saurait plus l'objet qui les cause, ne le
verrait même plus dans sa pensée et ne l'y pourrait
plus chérir. Mais voici que l'image de M. de Laléande
est revenue après ce trouble momentané de vision
intérieure. Son chagrin peut recommencer et c'est
presque une joie.

Comment Mme de Breyves supportera-t-elle ce
retour à Paris où lui ne reviendra qu'en janvier ? Que
fera-t-elle d'ici là ? Que fera-t-elle, que fera-t-il après ?

Vingt fois j'ai voulu partir pour Biarritz, et ramener
M. de Laléande. Les conséquences seraient peut-être
terribles, mais je n'ai pas à l'examiner, elle ne le
permet point. Mais je me désole de voir ces petites
tempes battues du dedans jusqu'à en être brisées par
les coups sans trêve de cet amour inexplicable. Il
rythme toute sa vie sur un mode d'angoisse. Souvent
elle imagine qu'il va venir à Trouville, s'approcher
d'elle, lui dire qu'il l'aime. Elle le voit, ses yeux
brillent. Il lui parle avec cette voix blanche du rêve qui
nous défend de croire tout en même temps qu'il nous
force à écouter. C'est lui. Il lui dit ces paroles qui nous
font délirer, malgré que nous ne les entendions jamais
qu'en songe, quand nous y voyons briller, si attendris-
sant, le divin sourire confiant des destinées qui s'unis-
sent. Aussitôt le sentiment que les deux mondes de la
réalité et de son désir sont parallèles, qu'il leur est
aussi impossible de se rejoindre qu'à l'ombre le corps
qui l'a projetée, la réveille. Alors se souvenant de la
minute au vestiaire où son coude frôla son coude, où il
lui offrit ce corps qu'elle pourrait maintenant serrer
contre le sien si elle avait voulu, si elle avait su, et qui
est peut-être à jamais loin d'elle, elle sent des cris de
désespoir et de révolte la traverser tout entière comme

ceux qu'on entend sur les vaisseaux qui vont sombrer.
Si, se promenant sur la plage ou dans les bois elle
laisse un plaisir de contemplation ou de rêverie, moins
que cela une bonne odeur, un chant que la brise
apporte et voile, doucement la gagner, lui faire pendant un instant oublier son mal, elle sent subitement
dans un grand coup au cœur une blessure douloureuse
et, plus haut que les vagues ou que les feuilles, dans
l'incertitude de l'horizon sylvestre ou marin, elle aperçoit l'indécise image de son invisible et présent vainqueur qui, les yeux brillants à travers les nuages
comme le jour où il s'offrit à elle, s'enfuit avec le
carquois dont il vient encore de lui décocher une
flèche.

Juillet [1] *1893.*

PORTRAITS
DE PEINTRES
ET DE
MUSICIENS

PORTRAITS DE PEINTRES

ALBERT CUYP[1]

Cuyp, soleil déclinant dissous dans l'air limpide
Qu'un vol de ramiers gris trouble comme de l'eau,
Moiteur d'or, nimbe au front d'un bœuf ou d'un
[bouleau,
Encens bleu des beaux jours fumant sur le coteau,
Ou marais de clarté stagnant dans le ciel vide.
Des cavaliers sont prêts, plume rose au chapeau,
Paume au côté ; l'air vif qui fait rose leur peau,
Enfle légèrement leurs fines boucles blondes,
Et, tentés par les champs ardents, les fraîches ondes,
Sans troubler par leur trot les bœufs dont le troupeau
Rêve dans un brouillard d'or pâle et de repos,
Ils partent respirer ces minutes profondes.

PAULUS POTTER[1]

Sombre chagrin des ciels uniformément gris,
Plus tristes d'être bleus aux rares éclaircies,
Et qui laissent alors sur les plaines transies
Filtrer les tièdes pleurs d'un soleil incompris ;
Potter, mélancolique humeur des plaines sombres
Qui s'étendent sans fin, sans joie et sans couleur,
Les arbres, le hameau ne répandent pas d'ombres,
Les maigres jardinets ne portent pas de fleur.
Un laboureur tirant des seaux rentre, et, chétive,
Sa jument résignée, inquiète et rêvant,
Anxieuse, dressant sa cervelle pensive,
Hume d'un souffle court le souffle fort du vent.

ANTOINE WATTEAU[2]

Crépuscule grimant les arbres et les faces,
Avec son manteau bleu, sous son masque incertain ;
Poussière de baisers autour des bouches lasses...
Le vague devient tendre, et le tout près, lointain.

La mascarade, autre lointain mélancolique,
Fait le geste d'aimer plus faux, triste et charmant.
Caprice de poète — ou prudence d'amant,
L'amour ayant besoin d'être orné savamment —
Voici barques, goûters, silences et musique.

ANTOINE VAN DYCK[3]

Douce fierté des cœurs, grâce noble des choses
Qui brillent dans les yeux, les velours et les bois,
Beau langage élevé du maintien et des poses

— Héréditaire orgueil des femmes et des rois ! —,
Tu triomphes, Van Dyck, prince des gestes calmes,
Dans tous les êtres beaux qui vont bientôt mourir[1],
Dans toute belle main qui sait encor s'ouvrir ;
Sans s'en douter, — qu'importe ? — elle te tend les
                                                    [palmes !
Halte de cavaliers, sous les pins, près des flots
Calmes comme eux — comme eux bien proches des
                                                    [sanglots —;
Enfants royaux déjà magnifiques et graves,
Vêtements résignés, chapeaux à plumes braves,
Et bijoux en qui pleure — onde à travers les flammes —
L'amertume des pleurs dont sont pleines les âmes
Trop hautaines pour les laisser monter aux yeux ;
Et toi par-dessus tous, promeneur précieux,
En chemise bleu pâle, une main à la hanche,
Dans l'autre un fruit feuillu détaché de la branche,
Je rêve sans comprendre à ton geste et tes yeux :
Debout, mais reposé, dans cet obscur asile,
Duc de Richmond, ô jeune sage ! — ou charmant fou ? —
Je te reviens toujours : Un saphir, à ton cou,
A des feux aussi doux que ton regard tranquille[2].

PORTRAITS DE MUSICIENS

CHOPIN[1]

Chopin, mer de soupirs, de larmes, de sanglots
Qu'un vol de papillons sans se poser traverse
Jouant sur la tristesse ou dansant sur les flots.
Rêve, aime, souffre, crie, apaise, charme ou berce,
Toujours tu fais courir entre chaque douleur
L'oubli vertigineux et doux de ton caprice
Comme les papillons volent de fleur en fleur ;
De ton chagrin alors ta joie est la complice :
L'ardeur du tourbillon accroît la soif des pleurs.
De la lune et des eaux pâle et doux camarade,
Prince du désespoir ou grand seigneur trahi,
Tu t'exaltes encore, plus beau d'être pâli,
Du soleil inondant ta chambre de malade
Qui pleure à lui sourire et souffre de le voir...
Sourire du regret et larmes de l'Espoir !

GLUCK[2]

Temple à l'amour, à l'amitié, temple au courage
Qu'une marquise a fait élever dans son parc
Anglais, où maint amour Watteau bandant son arc
Prend des cœurs glorieux pour cibles de sa rage.

Mais l'artiste allemand — qu'elle eût rêvé de Cnide[1] ! —
Plus grave et plus profond sculpta sans mignardise
Les amants et les dieux que tu vois sur la frise :
Hercule a son bûcher dans les jardins d'Armide !

Les talons en dansant ne frappent plus l'allée[2]
Où la cendre des yeux et du sourire éteints
Assourdit nos pas lents et bleuit les lointains ;
La voix des clavecins s'est tue ou s'est fêlée.

Mais votre cri muet, Admète, Iphigénie,
Nous terrifie encore, proféré par un geste
Et, fléchi par Orphée ou bravé par Alceste,
Le Styx, — sans mâts ni ciel, — où mouilla ton génie.

Gluck aussi comme Alceste a vaincu par l'Amour
La mort inévitable aux caprices d'un âge ;
Il est debout, auguste temple du courage,
Sur les ruines du petit temple à l'Amour.

SCHUMANN[3]

Du vieux jardin dont l'amitié t'a bien reçu,
Entends garçons et nids qui sifflent dans les haies,
Amoureux las de tant d'étapes et de plaies,
Schumann, soldat songeur que la guerre a déçu.

La brise heureuse imprègne, où passent des colombes,
De l'odeur du jasmin l'ombre du grand noyer,
L'enfant lit l'avenir aux flammes du foyer,
Le nuage ou le vent parle à ton cœur des tombes.

Jadis tes pleurs coulaient aux cris du carnaval
Ou mêlaient leur douceur à l'amère victoire

Dont l'élan fou frémit encor dans ta mémoire ;
Tu peux pleurer sans fin : Elle est à ton rival.

Vers Cologne le Rhin roule ses eaux sacrées.
Ah ! que gaiement les jours de fête sur ses bords
Vous chantiez ! — Mais brisé de chagrin, tu t'endors...
Il pleut des pleurs dans des ténèbres éclairées.

Rêve où la morte vit, où l'ingrate a ta foi,
Tes espoirs sont en fleurs et son crime est en poudre...
Puis éclair déchirant du réveil, où la foudre
Te frappe de nouveau pour la première fois.

Coule, embaume, défile aux tambours ou sois belle !
Schumann, ô confident des âmes et des fleurs,
Entre tes quais joyeux fleuve saint des douleurs,
Jardin pensif, affectueux, frais et fidèle,
Où se baisent les lys, la lune et l'hirondelle,
Armée en marche, enfant qui rêve, femme en pleurs !

MOZART[1]

Italienne aux bras d'un Prince de Bavière
Dont l'œil triste et glacé s'enchante à sa langueur !
Dans ses jardins frileux il tient contre son cœur
Ses seins mûris à l'ombre, où téter la lumière.

Sa tendre âme allemande, — un si profond soupir ! —
Goûte enfin la paresse ardente d'être aimée,
Il livre aux mains trop faibles pour le retenir
Le rayonnant espoir de sa tête charmée.

Chérubin, Don Juan ! loin de l'oubli qui fane
Debout dans les parfums tant il foula de fleurs

Que le vent dispersa sans en sécher les pleurs
Des jardins andalous aux tombes de Toscane !

Dans le parc allemand où brument les ennuis,
L'Italienne encore est reine de la nuit.
Son haleine y fait l'air doux et spirituel
Et sa Flûte enchantée égoutte avec amour
Dans l'ombre chaude encor des adieux d'un beau jour
La fraîcheur des sorbets, des baisers et du ciel.

LA CONFESSION
D'UNE JEUNE FILLE

> « Les désirs des sens nous entraînent çà et là,
> mais l'heure passée, que rapportez-vous ? des re-
> mords de conscience et de la dissipation d'esprit.
> On sort dans la joie et souvent on revient dans la
> tristesse, et les plaisirs du soir attristent le matin.
> Ainsi la joie des sens flatte d'abord, mais à la fin
> elle blesse et elle tue[1]. »

> *Imitation de Jésus-Christ*, LIVRE I, CH. XVIII

I

> Parmi l'oubli qu'on cherche aux fausses allé-
> [gresses,
> Revient plus virginal à travers les ivresses,
> Le doux parfum mélancolique du lilas[2].

> HENRI DE RÉGNIER

Enfin la délivrance approche. Certainement j'ai été
maladroite, j'ai mal tiré, j'ai failli me manquer. Certainement il aurait mieux valu mourir du premier coup,
mais enfin on n'a pas pu extraire la balle et les
accidents au cœur ont commencé. Cela ne peut plus
être bien long. Huit jours pourtant ! cela peut encore
durer huit jours ! pendant lesquels je ne pourrai faire
autre chose que m'efforcer de ressaisir l'horrible
enchaînement. Si je n'étais pas si faible, si j'avais assez
de volonté pour me lever, pour partir, je voudrais aller
mourir aux Oublis, dans le parc où j'ai passé tous mes
étés jusqu'à quinze ans. Nul lieu n'est plus plein de ma
mère, tant sa présence, et son absence plus encore,
l'imprégnèrent de sa personne. L'absence n'est-elle pas
pour qui aime la plus certaine, la plus efficace, la plus

vivace, la plus indestructible, la plus fidèle des pré-
sences ?

Ma mère m'amenait aux Oublis à la fin d'avril,
repartait au bout de deux jours, passait deux jours
encore au milieu de mai, puis revenait me chercher
dans la dernière semaine de juin. Ses venues si courtes
étaient la chose la plus douce et la plus cruelle.
Pendant ces deux jours elle me prodiguait des tendresses dont habituellement, pour m'endurcir et calmer ma sensibilité maladive, elle était très avare. Les
deux soirs qu'elle passait aux Oublis, elle venait me
dire bonsoir dans mon lit, ancienne habitude qu'elle
avait perdue, parce que j'y trouvais trop de plaisir et
trop de peine, que je ne m'endormais plus à force de la
rappeler pour me dire bonsoir encore, n'osant plus à la
fin, n'en ressentant que davantage le besoin passionné,
inventant toujours de nouveaux prétextes, mon oreiller
brûlant à retourner, mes pieds gelés qu'elle seule
pourrait réchauffer dans ses mains [1]... Tant de doux
moments recevaient une douceur de plus de ce que je
sentais que c'étaient ceux-là où ma mère était véritablement elle-même et que son habituelle froideur
devait lui coûter beaucoup. Le jour où elle repartait,
jour de désespoir où je m'accrochais à sa robe jusqu'au
wagon, la suppliant de m'emmener à Paris avec elle, je
démêlais très bien le sincère au milieu du feint, sa
tristesse qui perçait sous ses reproches gais et fâchés
par ma tristesse « bête, ridicule » qu'elle voulait m'apprendre à dominer, mais qu'elle partageait. Je ressens
encore mon émotion d'un de ces jours de départ (juste
cette émotion intacte, pas altérée par le douloureux
retour d'aujourd'hui) d'un de ces jours de départ où je
fis la douce découverte de sa tendresse si pareille et si
supérieure à la mienne. Comme toutes les découvertes,
elle avait été pressentie, devinée, mais les faits semblaient si souvent y contredire ! Mes plus douces

impressions sont celles des années où elle revint aux Oublis, rappelée parce que j'étais malade. Non seulement elle me faisait une visite de plus sur laquelle je n'avais pas compté, mais surtout elle n'était plus alors que douceur et tendresse longuement épanchées sans dissimulation ni contrainte. Même dans ce temps-là où elles n'étaient pas encore adoucies, attendries par la pensée qu'un jour elles viendraient à me manquer, cette douceur, cette tendresse étaient tant pour moi que le charme des convalescences me fut toujours mortellement triste : le jour approchait où je serais assez guérie pour que ma mère pût repartir, et jusque-là je n'étais plus assez souffrante pour qu'elle ne reprît pas les sévérités, la justice sans indulgence d'avant.

Un jour, les oncles chez qui j'habitais aux Oublis m'avaient caché que ma mère devait arriver, parce qu'un petit cousin était venu passer quelques heures avec moi, et que je ne me serais pas assez occupée de lui dans l'angoisse joyeuse de cette attente. Cette cachotterie fut peut-être la première des circonstances indépendantes de ma volonté qui furent les complices de toutes les dispositions pour le mal que, comme tous les enfants de mon âge, et pas plus qu'eux alors, je portais en moi. Ce petit cousin qui avait quinze ans — j'en avais quatorze — était déjà très vicieux et m'apprit des choses qui me firent frissonner aussitôt de remords et de volupté. Je goûtais à l'écouter, à laisser ses mains caresser les miennes, une joie empoisonnée à sa source même ; bientôt j'eus la force de le quitter et je me sauvai dans le parc avec un besoin fou de ma mère que je savais, hélas ! être à Paris, l'appelant partout malgré moi par les allées. Tout à coup, passant devant une charmille, je l'aperçus sur un banc, souriante et m'ouvrant les bras. Elle releva son voile pour m'embrasser, je me précipitai contre ses joues en fondant en larmes ; je pleurai longtemps en lui racontant toutes ces vilaines choses qu'il fallait l'ignorance de mon âge pour lui dire et qu'elle sut écouter divinement, sans les comprendre, diminuant leur importance avec une bonté qui allégeait le poids de ma conscience. Ce poids s'allégeait, s'allégeait ; mon âme écrasée, humiliée montait de plus en plus légère et puissante, débordait, j'étais tout âme. Une divine douceur émanait de ma mère et de mon innocence revenue. Je sentis bientôt sous mes narines une odeur aussi pure et aussi fraîche. C'était un lilas dont une branche cachée par l'ombrelle de ma mère était déjà fleurie et qui, invisible, embaumait. Tout en haut des arbres, les oiseaux chantaient de toutes leurs forces. Plus haut, entre les cimes vertes, le ciel était d'un bleu si profond qu'il semblait à peine l'entrée d'un ciel où l'on pourrait monter sans fin. J'embrassai ma mère. Jamais je n'ai retrouvé la douceur de ce baiser. Elle repartit le lendemain et ce départ-là fut plus cruel que tous ceux qui avaient précédé. En même temps que la joie il me semblait que c'était maintenant que j'avais une fois péché, la force, le soutien nécessaires qui m'abandonnaient.

Toutes ces séparations m'apprenaient malgré moi ce que serait l'irréparable qui viendrait un jour, bien que jamais à cette époque je n'aie sérieusement envisagé la possibilité de survivre à ma mère. J'étais décidée à me tuer dans la minute qui suivrait sa mort. Plus tard, l'absence porta d'autres enseignements plus amers encore, qu'on s'habitue à l'absence, que c'est la plus grande diminution de soi-même, la plus humiliante souffrance de sentir qu'on n'en souffre plus. Ces enseignements d'ailleurs devaient être démentis dans la suite. Je repense surtout maintenant au petit jardin où je prenais avec ma mère le déjeuner du matin et où il y avait d'innombrables pensées. Elles m'avaient toujours paru un peu tristes, graves comme des emblèmes, mais douces et veloutées, souvent mauves, parfois violettes, presque noires, avec de gracieuses et mystérieuses images jaunes, quelques-unes entièrement blanches et d'une frêle innocence. Je les cueille toutes maintenant dans mon souvenir, ces pensées, leur tristesse s'est accrue d'avoir été comprises, la douceur de leur velouté est à jamais disparue.

II

Comment toute cette eau fraîche de souvenirs a-t-elle pu jaillir encore une fois et couler dans mon âme impure d'aujourd'hui sans s'y souiller ? Quelle vertu possède cette matinale odeur de lilas pour traverser tant de vapeurs fétides sans s'y mêler et s'y affaiblir ? Hélas ! en même temps qu'en moi, c'est bien loin de moi, c'est hors de moi que mon âme de quatorze ans se réveille encore. Je sais bien qu'elle n'est plus mon âme et qu'il ne dépend plus de moi qu'elle la redevienne. Alors pourtant je ne croyais pas que j'en arriverais un jour à la regretter. Elle n'était que pure, j'avais à la rendre forte et capable dans l'avenir des plus hautes tâches. Souvent aux Oublis, après avoir été avec ma mère au bord de l'eau pleine des jeux du soleil et des poissons, pendant les chaudes heures du jour, — ou le matin et le soir me promenant avec elle dans les champs, je rêvais avec confiance cet avenir qui n'était jamais assez beau au gré de son amour, de mon désir de lui plaire, et des puissances sinon de volonté, au moins d'imagination et de sentiment qui s'agitaient en moi, appelaient tumultueusement la destinée où elles se réaliseraient et frappaient à coups répétés à la cloison de mon cœur comme pour l'ouvrir et se

précipiter hors de moi, dans la vie. Si, alors, je sautais
de toutes mes forces, si j'embrassais mille fois ma
mère, courais au loin en avant comme un jeune chien,
ou restée indéfiniment en arrière à cueillir des coquelicots et des bleuets, les rapportais en poussant des cris,
c'était moins pour la joie de la promenade elle-même
et de ces cueillettes que pour épancher mon bonheur
de sentir en moi toute cette vie prête à jaillir, à
s'étendre à l'infini, dans des perspectives plus vastes et
plus enchanteresses que l'extrême horizon des forêts et
du ciel que j'aurais voulu atteindre d'un seul bond.
Bouquets de bleuets, de trèfles et de coquelicots, si je
vous emportais avec tant d'ivresse, les yeux ardents,
toute palpitante, si vous me faisiez rire et pleurer, c'est
que je vous composais avec toutes mes espérances
d'alors, qui maintenant, comme vous, ont séché, ont
pourri, et sans avoir fleuri comme vous, sont retour-
nées à la poussière.

Ce qui désolait ma mère, c'était mon manque de
volonté. Je faisais tout par l'impulsion du moment.
Tant qu'elle fut toujours donnée par l'esprit ou par le
cœur, ma vie, sans être tout à fait bonne, ne fut
pourtant pas vraiment mauvaise. La réalisation de
tous mes beaux projets de travail, de calme, de raison,
nous préoccupait par-dessus tout, ma mère et moi,
parce que nous sentions, elle plus distinctement, moi
confusément, mais avec beaucoup de force, qu'elle ne
serait que l'image projetée dans ma vie de la création
par moi-même et en moi-même de cette volonté qu'elle
avait conçue et couvée. Mais toujours je l'ajournais au
lendemain. Je me donnais du temps, je me désolais
parfois de le voir passer, mais il y en avait encore tant
devant moi ! Pourtant j'avais un peu peur, et sentais
vaguement que l'habitude de me passer ainsi de
vouloir commençait à peser sur moi de plus en plus
fortement à mesure qu'elle prenait plus d'années, me

doutant tristement que les choses ne changeraient pas tout d'un coup, et qu'il ne fallait guère compter, pour transformer ma vie et créer ma volonté, sur un miracle qui ne m'aurait coûté aucune peine. Désirer avoir de la volonté n'y suffisait pas. Il aurait fallu précisément ce que je ne pouvais sans volonté : le vouloir[1].

III

Et le vent furibond de la concupiscence
Fait claquer votre chair ainsi qu'un vieux drapeau[2].
                                        BAUDELAIRE

Pendant ma seizième année, je traversai une crise qui me rendit souffrante. Pour me distraire, on me fit débuter dans le monde. Des jeunes gens prirent l'habitude de venir me voir. Un d'entre eux était pervers et méchant. Il avait des manières à la fois douces et hardies. C'est de lui que je devins amoureuse. Mes parents l'apprirent et ne brusquèrent rien pour ne pas me faire trop de peine. Passant tout le temps où je ne le voyais pas à penser à lui, je finis par m'abaisser en lui ressemblant autant que cela m'était possible. Il m'induisit à mal faire presque par surprise, puis m'habitua à laisser s'éveiller en moi de mauvaises pensées auxquelles je n'eus pas une volonté à opposer, seule puissance capable de les faire rentrer dans l'ombre infernale d'où elles sortaient. Quand l'amour finit, l'habitude avait pris sa place et il ne manquait pas de jeunes gens immoraux pour l'exploiter. Complices de mes fautes, ils s'en faisaient aussi les apologistes en face de ma conscience. J'eus d'abord des remords atroces, je fis des aveux qui ne furent pas compris. Mes camarades me détournèrent d'insister auprès de mon père. Ils me persuadaient lentement que toutes les jeunes filles faisaient de même et que les parents feignaient seulement de l'ignorer. Les mensonges que j'étais sans cesse obligée de faire, mon imagination les colora bientôt des semblants d'un silence qu'il convenait de garder sur une nécessité inéluctable. À ce moment je ne vivais plus bien ; je rêvais, je pensais, je sentais encore.

Pour distraire et chasser tous ces mauvais désirs, je commençai à aller beaucoup dans le monde. Ses plaisirs desséchants m'habituèrent à vivre dans une compagnie perpétuelle, et je perdis avec le goût de la solitude le secret des joies que m'avaient données jusque-là la nature et l'art. Jamais je n'ai été si souvent au concert que dans ces années-là. Jamais, tout occupée au désir d'être admirée dans une loge élégante, je n'ai senti moins profondément la musique. J'écoutais et je n'entendais rien. Si par hasard j'entendais, j'avais cessé de voir tout ce que la musique sait dévoiler. Mes promenades aussi avaient été comme frappées de stérilité. Les choses qui autrefois suffisaient à me rendre heureuse pour toute la journée, un peu de soleil jaunissant l'herbe, le parfum que les feuilles mouillées laissent s'échapper avec les dernières gouttes de pluie, avaient perdu comme moi leur douceur et leur gaieté. Les bois, le ciel, les eaux semblaient se détourner de moi, et si, restée seule avec eux face à face, je les interrogeais anxieusement, ils ne murmuraient plus ces réponses vagues qui me ravissaient autrefois. Les hôtes divins qu'annoncent les voix des eaux, des feuillages et du ciel daignent visiter seulement les cœurs qui, en habitant en eux-mêmes, se sont purifiés.

C'est alors qu'à la recherche d'un remède inverse et parce que je n'avais pas le courage de vouloir le véritable qui était si près, et hélas ! si loin de moi, en moi-même, je me laissai de nouveau aller aux plaisirs coupables, croyant ranimer par là la flamme éteinte par le monde. Ce fut en vain. Retenue par le plaisir de plaire, je remettais de jour en jour la décision définitive, le choix, l'acte vraiment libre, l'option pour la solitude. Je ne renonçai pas à l'un de ces deux vices pour l'autre. Je les mêlai. Que dis-je ? chacun se chargeant de briser tous les obstacles de pensée, de sentiment, qui auraient arrêté l'autre, semblait aussi l'appeler. J'allais dans le monde pour me calmer après une faute, et j'en commettais une autre dès que j'étais calme. C'est à ce moment terrible, après l'innocence perdue, et avant le remords d'aujourd'hui, à ce moment où de tous les moments de ma vie j'ai le moins valu, que je fus le plus appréciée de tous. On m'avait jugée une petite fille prétentieuse et folle ; maintenant, au contraire, les cendres de mon imagination étaient au goût du monde qui s'y délectait. Alors que je commettais envers ma mère le plus grand des crimes, on me trouvait à cause de mes façons tendrement respectueuses avec elle, le modèle des filles. Après le suicide de ma pensée, on admirait mon intelligence, on raffolait de mon esprit. Mon imagination desséchée, ma sensibilité tarie, suffisaient à la soif des plus altérés de vie spirituelle, tant cette soif était factice, et mensongère comme la source où ils croyaient l'étancher ! Personne d'ailleurs ne soupçonnait le crime secret de ma vie, et je semblais à tous la jeune fille idéale. Combien de parents dirent alors à ma mère que si ma situation eût été moindre et s'ils avaient pu songer à moi, ils n'auraient pas voulu d'autre femme pour leur fils ! Au fond de ma conscience oblitérée, j'éprouvais pourtant de ces louanges indues une honte désespérée ; elle n'arrivait pas jusqu'à la surface, et j'étais tombée si bas que j'eus l'indignité de les rapporter en riant aux complices de mes crimes.

IV

« À quiconque a perdu ce qui ne se retrouve
Jamais... jamais[1] ! »

BAUDELAIRE

L'hiver de ma vingtième année, la santé de ma mère,
qui n'avait jamais été vigoureuse, fut très ébranlée.
J'appris qu'elle avait le cœur malade, sans gravité
d'ailleurs, mais qu'il fallait lui éviter tout ennui. Un de
mes oncles me dit que ma mère désirait me voir me
marier. Un devoir précis, important se présentait à
moi. J'allais pouvoir prouver à ma mère combien je
l'aimais. J'acceptai la première demande qu'elle me
transmit en l'approuvant, chargeant ainsi, à défaut de
volonté, la nécessité de me contraindre à changer de
vie. Mon fiancé était précisément le jeune homme qui,
par son extrême intelligence, sa douceur et son énergie,
pouvait avoir sur moi la plus heureuse influence. Il
était, de plus, décidé à habiter avec nous. Je ne serais
pas séparée de ma mère, ce qui eût été pour moi la
peine la plus cruelle.

Alors j'eus le courage de dire toutes mes fautes à mon
confesseur. Je lui demandai si je devais le même aveu à
mon fiancé. Il eut la pitié de m'en détourner, mais me
fit prêter le serment de ne jamais retomber dans mes
erreurs et me donna l'absolution. Les fleurs tardives
que la joie fit éclore dans mon cœur que je croyais à
jamais stérile portèrent des fruits. La grâce de Dieu, la
grâce de la jeunesse, — où l'on voit tant de plaies se
refermer d'elles-mêmes par la vitalité de cet âge —
m'avaient guérie. Si, comme l'a dit saint Augustin, il
est plus difficile de redevenir chaste que de l'avoir été[2],
je connus alors une vertu difficile. Personne ne se
doutait que je valais infiniment mieux qu'avant et ma
mère baisait chaque jour mon front qu'elle n'avait

jamais cessé de croire pur sans savoir qu'il était
régénéré. Bien plus, on me fit à ce moment, sur mon
attitude distraite, mon silence et ma mélancolie dans
le monde, des reproches injustes. Mais je ne m'en
fâchais pas : le secret qui était entre moi et ma
conscience satisfaite me procurait assez de volupté. La
convalescence de mon âme — qui me souriait maintenant sans cesse avec un visage semblable à celui de ma
mère et me regardait avec un air de tendre reproche à
travers ses larmes qui séchaient — était d'un charme et
d'une langueur infinis. Oui, mon âme renaissait à la
vie. Je ne comprenais pas moi-même comment j'avais
pu la maltraiter, la faire souffrir, la tuer presque. Et je
remerciais Dieu avec effusion de l'avoir sauvée à
temps.

C'est l'accord de cette joie profonde et pure avec la
fraîche sérénité du ciel que je goûtais le soir *où tout
s'est accompli.* [1] L'absence de mon fiancé, qui était allé
passer deux jours chez sa sœur, la présence à dîner du
jeune homme qui avait la plus grande responsabilité
dans mes fautes passées, ne projetaient pas sur cette
limpide soirée de mai la plus légère tristesse. Il n'y
avait pas un nuage au ciel qui se reflétait exactement
dans mon cœur. Ma mère, d'ailleurs, comme s'il y avait
eu entre elle et mon âme, malgré qu'elle fût dans une
ignorance absolue de mes fautes, une solidarité mystérieuse, était à peu près guérie. « Il faut la ménager
quinze jours, avait dit le médecin, et après cela il n'y
aura plus de rechute possible ! » Ces seuls mots étaient
pour moi la promesse d'un avenir de bonheur dont la
douceur me faisait fondre en larmes. Ma mère avait ce
soir-là une robe plus élégante que de coutume, et, pour
la première fois depuis la mort de mon père, déjà
ancienne pourtant de dix ans, elle avait ajouté un peu
de mauve à son habituelle robe noire. Elle était toute
confuse d'être ainsi habillée comme quand elle était

plus jeune, et triste et heureuse d'avoir fait violence à
sa peine et à son deuil pour me faire plaisir et fêter ma
joie. J'approchai de son corsage un œillet rose qu'elle
repoussa d'abord, puis qu'elle attacha, parce qu'il
venait de moi, d'une main un peu hésitante, honteuse.
Au moment où on allait se mettre à table, j'attirai près
de moi vers la fenêtre son visage délicatement reposé
de ses souffrances passées, et je l'embrassai avec
passion. Je m'étais trompée en disant que je n'avais
jamais retrouvé la douceur du baiser aux Oublis. Le
baiser de ce soir-là fut aussi doux qu'aucun autre. Ou
plutôt ce fut le baiser même des Oublis qui, évoqué par
l'attrait d'une minute pareille, glissa doucement du
fond du passé et vint se poser entre les joues de ma
mère encore un peu pâles et mes lèvres.

On but à mon prochain mariage. Je ne buvais jamais
que de l'eau à cause de l'excitation trop vive que le vin
causait à mes nerfs. Mon oncle déclara qu'à un
moment comme celui-là, je pouvais faire une exception. Je revois très bien sa figure gaie en prononçant
ces paroles stupides... Mon Dieu ! mon Dieu ! j'ai tout
confessé avec tant de calme, vais-je être obligée de
m'arrêter ici ? Je ne vois plus rien ! Si... mon oncle dit
que je pouvais bien à un moment comme celui-là faire
une exception. Il me regarda en riant en disant cela, je
bus vite avant d'avoir regardé ma mère dans la crainte
qu'elle ne me le défendît. Elle dit doucement : « On ne
doit jamais faire une place au mal, si petite qu'elle
soit. » Mais le vin de Champagne était si frais que j'en
bus encore deux autres verres. Ma tête était devenue
très lourde, j'avais à la fois besoin de me reposer et de
dépenser mes nerfs. On se levait de table : Jacques
s'approcha de moi et me dit en me regardant fixement :

« Voulez-vous venir avec moi ; je voudrais vous
montrer des vers que j'ai faits. »

Ses beaux yeux brillaient doucement dans ses joues fraîches, il releva lentement ses moustaches avec sa main. Je compris que je me perdais et je fus sans force pour résister. Je dis toute tremblante :

« Oui, cela me fera plaisir. »

Ce fut en disant ces paroles, avant même peut-être, en buvant le second verre de vin de Champagne que je commis l'acte vraiment responsable, l'acte abominable. Après cela, je ne fis plus que me laisser faire. Nous avions fermé à clef les deux portes, et lui, son haleine sur mes joues, m'étreignait, ses mains furetant le long de mon corps. Alors tandis que le plaisir me tenait de plus en plus, je sentais s'éveiller, au fond de mon cœur, une tristesse et une désolation infinies ; il me semblait que je faisais pleurer l'âme de ma mère, l'âme de mon ange gardien, l'âme de Dieu. Je n'avais jamais pu lire sans des frémissements d'horreur le récit des tortures que des scélérats font subir à des animaux, à leur propre femme, à leurs enfants ; il m'apparaissait confusément maintenant que dans tout acte voluptueux et coupable il y a autant de férocité de la part du corps qui jouit, et qu'en nous autant de bonnes intentions, autant d'anges purs sont martyrisés et pleurent.

Bientôt mes oncles auraient fini leur partie de cartes et allaient revenir. Nous allions les devancer, je ne faillirais plus, c'était la dernière fois... Alors, au-dessus de la cheminée, je me vis dans la glace. Toute cette vague angoisse de mon âme n'était pas peinte sur ma figure, mais toute elle respirait, des yeux brillants aux joues enflammées et à la bouche offerte, une joie sensuelle, stupide et brutale. Je pensais alors à l'horreur de quiconque m'ayant vue tout à l'heure embrasser ma mère avec une mélancolique tendresse, me verrait ainsi transfigurée en bête. Mais aussitôt se dressa dans la glace, contre ma figure, la bouche de Jacques, avide sous ses moustaches. Troublée jusqu'au plus profond de moi-même, je rapprochai ma tête de la sienne, quand en face de moi je vis, oui, je le dis comme cela était, écoutez-moi puisque je peux vous le dire, sur le balcon, devant la fenêtre, je vis ma mère qui me regardait hébétée. Je ne sais si elle a crié, je n'ai rien entendu, mais elle est tombée en arrière et est restée la tête prise entre les deux barreaux du balcon...

Ce n'est pas la dernière fois que je vous le raconte ; je vous l'ai dit, je me suis presque manquée, je m'étais pourtant bien visée, mais j'ai mal tiré [1]. Pourtant on n'a pas pu extraire la balle et les accidents au cœur ont commencé. Seulement je peux rester encore huit jours comme cela et je ne pourrai cesser jusque-là de raisonner sur les commencements et de *voir* la fin. J'aimerais mieux que ma mère m'ait vue commettre d'autres crimes encore et celui-là même, mais qu'elle n'ait pas vu cette expression joyeuse qu'avait ma figure dans la glace. Non, elle n'a pu la voir... C'est une coïncidence... elle a été frappée d'apoplexie une minute avant de me voir... Elle ne l'a pas vue... Cela ne se peut pas ! Dieu qui savait tout ne l'aurait pas voulu.

UN DÎNER EN VILLE

« Mais, Fundanius, qui partageait avec vous le
bonheur de ce repas ? je suis en peine de le
savoir [1]. »

HORACE

I

Honoré était en retard ; il dit bonjour aux maîtres de
la maison, aux invités qu'il connaissait, fut présenté
aux autres et on passa à table. Au bout de quelques
instants, son voisin, un tout jeune homme, lui
demanda de lui nommer et de lui raconter les invités.
Honoré ne l'avait encore jamais rencontré dans le
monde. Il était très beau. La maîtresse de la maison
jetait à chaque instant sur lui des regards brûlants qui
signifiaient assez pourquoi elle l'avait invité et qu'il
ferait bientôt partie de sa société. Honoré sentit en lui
une puissance future, mais sans envie, par bienveillance polie, se mit en devoir de lui répondre. Il regarda
autour de lui. En face deux voisins ne se parlaient pas :
on les avait, par maladroite bonne intention, invités
ensemble et placés l'un près de l'autre parce qu'ils
s'occupaient tous les deux de littérature. Mais à cette
première raison de se haïr, ils en ajoutaient une plus
particulière. Le plus âgé, parent — doublement hypno-
tisé — de M. Paul Desjardins et de M. de Vogüé [2],
affectait un silence méprisant à l'endroit du plus jeune,

disciple favori de M. Maurice Barrès, qui le considérait
à son tour avec ironie. La malveillance de chacun d'eux
exagérait d'ailleurs bien contre son gré l'importance
de l'autre, comme si l'on eût affronté le chef des
scélérats au roi des imbéciles. Plus loin, une superbe
Espagnole mangeait rageusement. Elle avait sans hésiter et en personne sérieuse sacrifié ce soir-là un rendez-
vous à la probabilité d'avancer, en allant dîner dans
une maison élégante, sa carrière mondaine. Et certes,
elle avait beaucoup de chances d'avoir bien calculé. Le
snobisme de Mme Fremer était pour ses amies et celui
de ses amies était pour elle comme une assurance
mutuelle contre l'embourgeoisement. Mais le hasard
avait voulu que Mme Fremer écoulât précisément ce
soir-là un stock de gens qu'elle n'avait pu inviter à ses
dîners, à qui, pour des raisons différentes, elle tenait à
faire des politesses, et qu'elle avait réunis presque
pêle-mêle. Le tout était bien surmonté d'une duchesse,
mais que l'Espagnole connaissait déjà et dont elle
n'avait plus rien à tirer. Aussi échangeait-elle des
regards irrités avec son mari dont on entendait toujours, dans les soirées, la voix gutturale dire successivement, en laissant entre chaque demande un intervalle de cinq minutes bien remplies par d'autres
besognes : « Voudriez-vous me présenter au duc ? —
Monsieur le duc, voudriez-vous me présenter à la
duchesse ? — Madame la duchesse, puis-je vous présenter ma femme ? » Exaspéré de perdre son temps, il
s'était pourtant résigné à entamer la conversation avec
son voisin, l'associé du maître de la maison. Depuis
plus d'un an Fremer suppliait sa femme de l'inviter.
Elle avait enfin cédé et l'avait dissimulé entre le mari
de l'Espagnole et un humaniste. L'humaniste, qui
lisait trop, mangeait trop. Il avait des citations et des
renvois et ces deux incommodités répugnaient également à sa voisine, une noble roturière, Mme Lenoir.

Elle avait vite amené la conversation sur les victoires du prince de Buivres au Dahomey [1] et disait d'une voix attendrie : « Cher enfant, comme cela me réjouit qu'il honore la famille ! » En effet, elle était cousine des Buivres, qui, tous plus jeunes qu'elle, la traitaient avec la déférence que lui valaient son âge, son attachement à la famille royale, sa grande fortune et la constante stérilité de ses trois mariages. Elle avait reporté sur tous les Buivres ce qu'elle pouvait éprouver de sentiments de famille. Elle ressentait une honte personnelle des vilenies de celui qui avait un conseil judiciaire, et, autour de son front bien-pensant, sur ses bandeaux orléanistes, portait naturellement les lauriers de celui qui était général. Intruse dans cette famille jusque-là si fermée, elle en était devenue le chef et comme la douairière. Elle se sentait réellement exilée dans la société moderne, parlait toujours avec attendrissement des « vieux gentilshommes d'autrefois ». Son snobisme n'était qu'imagination et était d'ailleurs toute son imagination. Les noms riches de passé et de gloire ayant sur son esprit sensible un pouvoir singulier, elle trouvait des jouissances aussi désintéressées à dîner avec des princes qu'à lire des mémoires de l'Ancien Régime. Portant toujours les mêmes raisins, sa coiffure était invariable comme ses principes. Ses yeux pétillaient de bêtise. Sa figure souriante était noble, sa mimique excessive et insignifiante. Elle avait, par confiance en Dieu, une même agitation optimiste la veille d'une garden party ou d'une révolution, avec des gestes rapides qui semblaient conjurer le radicalisme ou le mauvais temps. Son voisin l'humaniste lui parlait avec une élégance fatigante et avec une terrible facilité à formuler ; il faisait des citations d'Horace pour excuser aux yeux des autres et poétiser aux siens sa gourmandise et son ivrognerie. D'invisibles roses antiques et pourtant fraîches ceignaient son

front étroit. Mais d'une politesse égale et qui lui était
facile, parce qu'elle y voyait l'exercice de sa puissance
et le respect, rare aujourd'hui, des vieilles traditions,
Mme Lenoir parlait toutes les cinq minutes à l'associé
de M. Fremer. Celui-ci d'ailleurs n'avait pas à se
plaindre. De l'autre bout de la table, Mme Fremer lui
adressait les plus charmantes flatteries. Elle voulait
que ce dîner comptât pour plusieurs années, et, décidée à ne pas évoquer d'ici longtemps ce trouble-fête,
elle l'enterrait sous les fleurs. Quant à M. Fremer,
travaillant le jour à sa banque, et, le soir, traîné par sa
femme dans le monde ou retenu chez lui quand on
recevait, toujours prêt à tout dévorer, toujours muselé,
il avait fini par garder dans les circonstances les plus
indifférentes une expression mêlée d'irritation sourde,
de résignation boudeuse, d'exaspération contenue et
d'abrutissement profond. Pourtant, ce soir, elle faisait
place sur la figure du financier à une satisfaction
cordiale toutes les fois que ses regards rencontraient
ceux de son associé. Bien qu'il ne pût le souffrir dans
l'habitude de la vie, il se sentait pour lui des tendresses
fugitives, mais sincères, non parce qu'il l'éblouissait
facilement de son luxe, mais par cette même fraternité
vague qui nous émeut à l'étranger à la vue d'un
Français, même odieux. Lui, si violemment arraché
chaque soir à ses habitudes, si injustement privé du
repos qu'il avait mérité, si cruellement déraciné, il
sentait un lien, habituellement détesté, mais fort, qui
le rattachait enfin à quelqu'un et le prolongeait, pour
l'en faire sortir, au-delà de son isolement farouche et
désespéré. En face de lui, Mme Fremer mirait dans les
yeux charmés des convives sa blonde beauté. La
double réputation dont elle était environnée était un
prisme trompeur au travers duquel chacun essayait de
distinguer ses traits véritables. Ambitieuse, intrigante,
presque aventurière, au dire de la finance qu'elle avait

abandonnée pour des destinées plus brillantes, elle apparaissait au contraire aux yeux du Faubourg et de la famille royale qu'elle avait conquis comme un esprit supérieur, un ange de douceur et de vertu. Du reste, elle n'avait pas oublié ses anciens amis plus humbles, se souvenait d'eux surtout quand ils étaient malades ou en deuil, circonstances touchantes, où d'ailleurs, comme on ne va pas dans le monde, on ne peut se plaindre de n'être pas invité. Par là elle donnait leur portée aux élans de sa charité, et dans les entretiens avec les parents ou les prêtres aux chevets des mourants, elle versait des larmes sincères, tuant un à un les remords qu'inspirait sa vie trop facile à son cœur scrupuleux.

Mais la plus aimable convive était la jeune duchesse de D..., dont l'esprit alerte et clair, jamais inquiet ni troublé, contrastait si étrangement avec l'incurable mélancolie de ses beaux yeux, le pessimisme de ses lèvres, l'infinie et noble lassitude de ses mains. Cette puissante amante de la vie sous toutes ses formes, bonté, littérature, théâtre, action, amitié, mordait sans les flétrir, comme une fleur dédaignée, ses belles lèvres rouges, dont un sourire désenchanté relevait faiblement les coins. Ses yeux semblaient promettre un esprit à jamais chaviré sur les eaux malades du regret. Combien de fois, dans la rue, au théâtre, des passants songeurs avaient allumé leur rêve à ces astres changeants ! Maintenant la duchesse, qui se souvenait d'un vaudeville ou combinait une toilette, n'en continuait pas moins à étirer tristement ses nobles phalanges résignées et pensives, et promenait autour d'elle des regards désespérés et profonds qui noyaient les convives impressionnables sous les torrents de leur mélancolie. Sa conversation exquise se parait négligemment des élégances fanées et si charmantes d'un scepticisme déjà ancien. On venait d'avoir une discus-

sion, et cette personne si absolue dans la vie et qui
estimait qu'il n'y avait qu'une manière de s'habiller
répétait à chacun : « Mais, pourquoi est-ce qu'on ne
peut pas tout dire, tout penser ? Je peux avoir raison,
vous aussi. Comme c'est terrible et étroit d'avoir une
opinion. » Son esprit n'était pas comme son corps,
habillé à la dernière mode, et elle plaisantait aisément
les symbolistes et les croyants. Mais il en était de son
esprit comme de ces femmes charmantes qui sont
assez belles et vives pour plaire vêtues de vieilleries.
C'était peut-être d'ailleurs coquetterie voulue. Certaines idées trop crues auraient éteint son esprit
comme certaines couleurs qu'elle s'interdisait son
teint.

À son joli voisin, Honoré avait donné de ces différentes figures une esquisse rapide et si bienveillante
que, malgré leurs différences profondes, elles semblaient toutes pareilles, la brillante Mme de Torreno,
la spirituelle duchesse de D..., la belle Mme Lenoir. Il
avait négligé leur seul trait commun, ou plutôt la
même folie collective, la même épidémie régnante
dont tous étaient atteints, le snobisme. Encore, selon
leurs natures, affectait-il des formes bien différentes et
il y avait loin du snobisme imaginatif et poétique de
Mme Lenoir au snobisme conquérant de Mme de
Torreno, avide comme un fonctionnaire qui veut arriver aux premières places. Et pourtant, cette terrible
femme était capable de se réhumaniser. Son voisin
venait de lui dire qu'il avait admiré au parc Monceau
sa petite fille. Aussitôt elle avait rompu son silence
indigné. Elle avait éprouvé pour cet obscur comptable
une sympathie reconnaissante et pure qu'elle eût été
peut-être incapable d'éprouver pour un prince, et
maintenant ils causaient comme de vieux amis.

Mme Fremer présidait aux conversations avec une
satisfaction visible causée par le sentiment de la haute

mission qu'elle accomplissait. Habituée à présenter les grands écrivains aux duchesses, elle semblait, à ses propres yeux, une sorte de ministre des Affaires étrangères tout-puissant et qui même dans le protocole portait un esprit souverain. Ainsi un spectateur qui digère au théâtre voit au-dessous de lui puisqu'il les juge, artistes, public, auteur, règles de l'art dramatique, génie. La conversation allait d'ailleurs d'une allure assez harmonieuse. On en était arrivé à ce moment des dîners où les voisins touchent le genou des voisines ou les interrogent sur leurs préférences littéraires selon les tempéraments et l'éducation, selon la voisine surtout. Un instant, un accroc parut inévitable. Le beau voisin d'Honoré ayant essayé avec l'imprudence de la jeunesse d'insinuer que dans l'œuvre de Heredia [1] il y avait peut-être plus de pensée qu'on ne le disait généralement, les convives troublés dans leurs habitudes d'esprit prirent un air morose. Mais Mme Fremer s'étant aussitôt écriée : « Au contraire, ce ne sont que d'admirables camées, des émaux somptueux [2], des orfèvreries sans défaut », l'entrain et la satisfaction reparurent sur tous les visages. Une discussion sur les anarchistes fut plus grave. Mais Mme Fremer, comme s'inclinant avec résignation devant la fatalité d'une loi naturelle, dit lentement : « À quoi bon tout cela ? il y aura toujours des riches et des pauvres. » Et tous ces gens dont le plus pauvre avait au moins cent mille livres de rente, frappés de cette vérité, délivrés de leurs scrupules, vidèrent avec une allégresse cordiale leur dernière coupe de vin de Champagne.

II

APRÈS DÎNER

Honoré, sentant que le mélange des vins lui avait un peu tourné la tête, partit sans dire adieu, prit en bas son pardessus et commença à descendre à pied les Champs-Élysées. Il se sentait une joie extrême. Les barrières d'impossibilité qui ferment à nos désirs et à nos rêves le champ de la réalité étaient rompues et sa pensée circulait joyeusement à travers l'irréalisable en s'exaltant de son propre mouvement.

Les mystérieuses avenues qu'il y a entre chaque être humain et au fond desquelles se couche peut-être chaque soir un soleil insoupçonné de joie ou de désolation l'attiraient. Chaque personne à qui il pensait lui devenait aussitôt irrésistiblement sympathique, il prit tour à tour les rues où il pouvait espérer de rencontrer chacune, et si ses prévisions s'étaient réalisées, il eût abordé l'inconnu ou l'indifférent sans peur, avec un tressaillement doux. Par la chute d'un décor planté trop près, la vie s'étendait au loin devant lui dans tout le charme de sa nouveauté et de son mystère, en paysages amis qui l'invitaient. Et le regret que ce fût le mirage ou la réalité d'un seul soir le désespérait, il ne ferait plus jamais rien d'autre que de dîner et de boire aussi bien, pour revoir d'aussi belles choses. Il souffrait seulement de ne pouvoir atteindre immédiatement tous les sites qui étaient disposés çà et là dans l'infini de sa perspective, loin de lui. Alors il fut frappé du bruit de sa voix un peu grossie et exagérée qui répétait depuis un quart d'heure : « La vie est triste, c'est idiot » (ce dernier mot était souligné d'un geste sec du bras droit et il remarqua le brusque mouvement de sa canne). Il se dit avec tristesse que ces paroles machinales étaient une bien banale traduction de pareilles visions qui, pensa-t-il, n'étaient peut-être pas exprimables.

« Hélas ! sans doute l'intensité de mon plaisir ou de mon regret est seule centuplée, mais le contenu intellectuel en reste le même. Mon bonheur est nerveux, personnel, intraduisible à d'autres, et si j'écrivais en ce moment, mon style aurait les mêmes qualités, les mêmes défauts, hélas ! la même médiocrité que d'habitude. » Mais le bien-être physique qu'il éprouvait le garda d'y penser plus longtemps et lui donna immédiatement la consolation suprême, l'oubli. Il était arrivé sur les boulevards. Des gens passaient, à qui il donnait sa sympathie, certain de la réciprocité. Il se sentait leur glorieux point de mire ; il ouvrit son paletot pour qu'on vît la blancheur de son habit, qui lui seyait, et l'œillet rouge sombre de sa boutonnière. Tel il s'offrait à l'admiration des passants, à la tendresse dont il était avec eux en voluptueux commerce.

RÊVERIES COULEUR DU TEMPS

> « La manière de vivre du poète devrait être si
> simple que les influences les plus ordinaires le
> réjouissent, sa gaieté devrait pouvoir être le fruit
> d'un rayon de soleil, l'air devrait suffire pour
> l'inspirer et l'eau devrait suffire pour l'enivrer [1]. »
>
> EMERSON

I
TUILERIES

Au jardin des Tuileries, ce matin, le soleil s'est
endormi tour à tour sur toutes les marches de pierre
comme un adolescent blond dont le passage d'une
ombre interrompt aussitôt le somme léger. Contre le
vieux palais verdissent de jeunes pousses. Le souffle du
vent charmé mêle au parfum du passé la fraîche odeur
des lilas. Les statues qui sur nos places publiques
effrayent comme des folles, rêvent ici dans les charmilles comme des sages sous la verdure lumineuse qui
protège leur blancheur. Les bassins au fond desquels se
prélasse le ciel bleu luisent comme des regards. De la
terrasse du bord de l'eau, on aperçoit, sortant du vieux
quartier du quai d'Orsay, sur l'autre rive et comme
dans un autre siècle, un hussard qui passe. Les liserons
débordent follement des vases couronnés de géra-
niums. Ardent de soleil, l'héliotrope brûle ses parfums.
Devant le Louvre s'élancent des roses trémières,
légères comme des mâts, nobles et gracieuses comme

des colonnes, rougissantes comme des jeunes filles. Irisés de soleil et soupirant d'amour, les jets d'eau montent vers le ciel. Au bout de la Terrasse, un cavalier de pierre lancé sans changer de place dans un galop fou, les lèvres collées à une trompette joyeuse, incarne toute l'ardeur du Printemps [1].

Mais le ciel s'est assombri, il va pleuvoir. Les bassins, où nul azur ne brille plus, semblent des yeux vides de regards ou des vases pleins de larmes. L'absurde jet d'eau, fouetté par la brise, élève de plus en plus vite vers le ciel son hymne maintenant dérisoire. L'inutile douceur des lilas est d'une tristesse infinie. Et là-bas, la bride abattue, ses pieds de marbre excitant d'un mouvement immobile et furieux le galop vertigineux et fixé de son cheval, l'inconscient cavalier trompette sans fin sur le ciel noir.

II
VERSAILLES

« Un canal qui fait rêver les plus grands parleurs sitôt qu'ils s'en approchent et où je suis toujours heureux, soit que je sois joyeux, soit que je sois triste [2]. »

Lettre de Balzac à M. de Lamothe-Aigron

L'automne épuisé, plus même réchauffé par le soleil rare, perd une à une ses dernières couleurs. L'extrême ardeur de ses feuillages, si enflammés que toute l'après-midi et la matinée elle-même donnaient la glorieuse illusion du couchant, s'est éteinte. Seuls, les dahlias, les œillets d'Inde et les chrysanthèmes jaunes, violets, blancs et roses, brillent encore sur la face sombre et désolée de l'automne. À six heures du soir,

quand on passe par les Tuileries uniformément grises
et nues sous le ciel aussi sombre, où les arbres noirs
décrivent branche par branche leur désespoir puissant
et subtil, un massif soudain aperçu de ces fleurs
d'automne luit richement dans l'obscurité et fait à nos
yeux habitués à ces horizons en cendres une violence
voluptueuse. Les heures du matin sont plus douces. Le
soleil brille encore parfois, et je peux voir encore en
quittant la terrasse du bord de l'eau, au long des
grands escaliers de pierre, mon ombre descendre une à
une les marches devant moi. Je ne voudrais pas vous
prononcer ici après tant d'autres[*], Versailles, grand
nom rouillé et doux, royal cimetière de feuillages, de
vastes eaux et de marbres, lieu véritablement aristocratique et démoralisant, où ne nous trouble même pas
le remords que la vie de tant d'ouvriers n'y ait servi
qu'à affiner et qu'à élargir moins les joies d'un autre
temps que la mélancolie du nôtre. Je ne voudrais pas
vous prononcer après tant d'autres, et pourtant que de
fois, à la coupe rougie de vos bassins de marbre rose,
j'ai été boire jusqu'à la lie et jusqu'à délirer l'enivrante
et amère douceur de ces suprêmes jours d'automne. La
terre mêlée de feuilles fanées et de feuilles pourries
semblait au loin une jaune et violette mosaïque ternie.
En passant près du hameau, en relevant le col de mon
paletot contre le vent, j'entendis roucouler des
colombes. Partout l'odeur du buis, comme au
dimanche des Rameaux, enivrait. Comment ai-je pu
cueillir encore un mince bouquet de printemps, dans
ces jardins saccagés par l'automne. Sur l'eau, le vent
froissait les pétales d'une rose grelottante. Dans ce
grand effeuillement de Trianon, seule la voûte légère
d'un petit pont de géranium blanc soulevait au-dessus

---

[*] Et particulièrement après MM. Maurice Barrès, Henri de Régnier,
Robert de Montesquiou-Fezensac[1].

de l'eau glacée ses fleurs à peine inclinées par le vent. Certes, depuis que j'ai respiré le vent du large et le sel dans les chemins creux de Normandie [1], depuis que j'ai vu briller la mer à travers les branches de rhododendrons en fleurs, je sais tout ce que le voisinage des eaux peut ajouter aux grâces végétales. Mais quelle pureté plus virginale en ce doux géranium blanc, penché avec une retenue gracieuse sur les eaux frileuses entre leurs quais de feuilles mortes. Ô vieillesse argentée des bois encore verts, ô branches éplorées, étangs et pièces d'eau qu'un geste pieux a posés çà et là, comme des urnes offertes à la mélancolie des arbres !

III

PROMENADE

Malgré le ciel si pur et le soleil déjà chaud, le vent soufflait encore aussi froid, les arbres restaient aussi nus qu'en hiver. Il me fallut, pour faire du feu, couper une de ces branches que je croyais mortes et la sève en jaillit, mouillant mon bras jusqu'au coude et dénonçant, sous l'écorce glacée de l'arbre, un cœur tumultueux. Entre les troncs, le sol nu de l'hiver s'emplissait d'anémones, de coucous et de violettes, et les rivières, hier encore sombres et vides, de ciel tendre, bleu et vivant qui s'y prélassait jusqu'au fond. Non ce ciel pâle et lassé des beaux soirs d'octobre qui, étendu au fond des eaux, semble y mourir d'amour et de mélancolie, mais un ciel intense et ardent sur l'azur tendre et riant duquel passaient à tous moments, grises, bleues et roses, — non les ombres des nuées pensives, — mais les nageoires brillantes, et glissantes d'une perche, d'une anguille ou d'un éperlan. Ivres de joie, ils couraient entre le ciel et les herbes, dans leurs prairies et sous leurs futaies qu'avait brillamment enchantées comme les nôtres le resplendissant génie du printemps. Et glissant fraîchement sur leur tête, entre leurs ouïes, sous leur ventre, les eaux se pressaient aussi en chantant et en faisant courir gaiement devant elles du soleil.

La basse-cour où il fallut aller chercher des œufs n'était pas moins agréable à voir. Le soleil comme un poète inspiré et fécond qui ne dédaigne pas de répandre de la beauté sur les lieux les plus humbles et qui jusque-là ne semblaient pas devoir faire partie du domaine de l'art, échauffait encore la bienfaisante énergie du fumier, de la cour inégalement pavée, et du poirier cassé comme une vieille servante.

Mais quelle est cette personne royalement vêtue qui s'avance, parmi les choses rustiques et fermières, sur la pointe des pattes comme pour ne point se salir ? C'est l'oiseau de Junon brillant non de mortes pierreries, mais des yeux mêmes d'Argus, le paon dont le luxe fabuleux étonne ici [1]. Telle au jour d'une fête, quelques instants avant l'arrivée des premiers invités, dans sa robe à queue changeante, un gorgerin d'azur déjà attaché à son cou royal, ses aigrettes sur la tête, la maîtresse de maison, étincelante, traverse sa cour aux yeux émerveillés des badauds rassemblés devant la grille, pour aller donner un dernier ordre ou attendre le prince du sang qu'elle doit recevoir au seuil même.

Mais non, c'est ici que le paon passe sa vie, véritable oiseau de paradis dans une basse-cour, entre les dindes et les poules, comme Andromaque captive filant la laine au milieu des esclaves, mais n'ayant point comme elle quitté la magnificence des insignes royaux et des joyaux héréditaires [2], Apollon qu'on reconnaît toujours, même quand il garde, rayonnant, les troupeaux d'Admète [3].

IV

FAMILLE ÉCOUTANT LA MUSIQUE

> « Car la musique est douce,
> Fait l'âme harmonieuse et comme un divin chœur
> Éveille mille voix qui chantent dans le cœur[1]. »

Pour une famille vraiment vivante où chacun pense, aime et agit, avoir un jardin est une douce chose. Les soirs de printemps, d'été et d'automne, tous, la tâche du jour finie, y sont réunis ; et si petit que soit le jardin, si rapprochées que soient les haies, elles ne sont pas si hautes qu'elles ne laissent voir un grand morceau de ciel où chacun lève les yeux, sans parler, en rêvant. L'enfant rêve à ses projets d'avenir, à la maison qu'il habitera avec son camarade préféré pour ne le quitter jamais, à l'inconnu de la terre et de la vie ; le jeune homme rêve au charme mystérieux de celle qu'il aime, la jeune mère à l'avenir de son enfant, la femme autrefois troublée découvre, au fond de ces heures claires, sous les dehors froids de son mari, un regret douloureux qui lui fait pitié. Le père en suivant des yeux la fumée qui monte au-dessus d'un toit s'attarde aux scènes paisibles de son passé qu'enchante dans le lointain la lumière du soir ; il songe à sa mort prochaine, à la vie de ses enfants après sa mort ; et ainsi l'âme de la famille entière monte religieusement vers le couchant, pendant que le grand tilleul, le marronnier ou le sapin répand sur elle la bénédiction de son odeur exquise ou de son ombre vénérable.

Mais pour une famille vraiment vivante, où chacun pense, aime et agit, pour une famille qui a une âme, qu'il est plus doux encore que cette âme puisse, le soir, s'incarner dans une voix, dans la voix claire et intarissable d'une jeune fille ou d'un jeune homme qui a reçu le don de la musique et du chant. L'étranger passant devant la porte du jardin où la famille se tait, craindrait en approchant de rompre en tous comme un rêve religieux ; mais si l'étranger, sans entendre le chant, apercevait l'assemblée des parents et des amis qui l'écoutent, combien plus encore elle lui semblerait assister à une invisible messe, c'est-à-dire, malgré la diversité des attitudes, combien la ressemblance des expressions manifesterait l'unité véritable des âmes, momentanément réalisée par la sympathie pour un même drame idéal, par la communion à un même rêve. Par moments, comme le vent courbe les herbes et agite longuement les branches, un souffle incline les têtes ou les redresse brusquement. Tous alors, comme si un messager qu'on ne peut voir faisait un récit palpitant, semblent attendre avec anxiété, écouter avec transport ou avec terreur une même nouvelle qui pourtant éveille en chacun des échos divers. L'angoisse de la musique est à son comble, ses élans sont brisés par des chutes profondes, suivis d'élans plus désespérés. Son infini lumineux, ses mystérieuses ténèbres, pour le vieillard ce sont les vastes spectacles de la vie et de la mort, pour l'enfant les promesses pressantes de la mer et de la terre, pour l'amoureux, c'est l'infini mystérieux, ce sont les lumineuses ténèbres de l'amour. Le penseur voit sa vie morale se dérouler tout entière ; les chutes de la mélodie défaillante sont ses défaillances et ses chutes, et tout son cœur se relève et s'élance quand la mélodie reprend son vol. Le murmure puissant des harmonies fait tressaillir les profondeurs obscures et riches de son souvenir. L'homme d'action halète dans la mêlée des accords, au galop des vivaces ; il triomphe majestueusement dans les adagios. La femme infidèle elle-même sent sa faute pardonnée, infinisée, sa faute qui avait aussi sa céleste origine dans l'insatisfaction d'un cœur que les joies habituelles n'avaient pas apaisé, qui s'était égaré, mais en cherchant le mystère, et dont maintenant cette musique, pleine comme la voix des cloches, comble les plus vastes aspirations. Le musicien qui prétend pourtant ne goûter dans la musique qu'un plaisir technique y éprouve aussi ces émotions significatives, mais enveloppées dans son sentiment de la beauté musicale qui les dérobe à ses propres yeux. Et moi-même enfin, écoutant dans la musique la plus vaste et la plus universelle beauté de la vie et de la mort, de la mer et du ciel, j'y ressens aussi ce que ton charme a de plus particulier et d'unique, ô chère bien-aimée.

V

Les paradoxes d'aujourd'hui sont les préjugés de demain, puisque les plus épais et les plus déplaisants préjugés d'aujourd'hui eurent un instant de nouveauté où la mode leur prêta sa grâce fragile. Beaucoup de femmes d'aujourd'hui veulent se délivrer de tous les préjugés et entendent par préjugés les principes. C'est là leur préjugé qui est lourd, bien qu'elles s'en parent comme d'une fleur délicate et un peu étrange. Elles croient que rien n'a d'arrière-plan et mettent toutes choses sur le même plan. Elles goûtent un livre ou la vie elle-même comme une belle journée ou comme une orange. Elles disent l'« art » d'une couturière et la « philosophie » de la « vie parisienne ». Elles rougi-raient de rien classer, de rien juger, de dire : ceci est bien, ceci est mal. Autrefois, quand une femme agissait bien, c'était comme par une revanche de sa morale, c'est-à-dire de sa pensée, sur sa nature instinctive. Aujourd'hui quand une femme agit bien, c'est par une revanche de sa nature instinctive sur sa morale, c'est-à-dire sur son immoralité théorique (voyez le théâtre de MM. Halévy et Meilhac[1]). En un relâchement extrême de tous les liens moraux et sociaux, les femmes flottent de cette immoralité théorique à cette bonté instinctive. Elles ne cherchent que la volupté et la trouvent seulement quand elles ne la cherchent pas, quand elles pâtissent volontairement. Ce scepticisme et ce dilettantisme choqueraient dans les livres comme une parure démodée. Mais les femmes, loin d'être les oracles des modes de l'esprit, en sont plutôt les perroquets attardés. Aujourd'hui encore, le dilettantisme leur plaît et leur sied. S'il fausse leur jugement et énerve leur conduite, on ne peut nier qu'il leur prête une grâce déjà flétrie mais encore aimable. Elles nous font sentir, jusqu'aux délices, ce que l'existence peut avoir, dans des civilisations très raffinées, de facile et de doux. Leur perpétuel embarquement pour une Cythère[2] spirituelle où la fête serait moins pour leurs sens émoussés que pour l'imagination, le cœur, l'esprit, les yeux, les narines, les oreilles, met quelques voluptés dans leurs attitudes. Les plus justes portraitistes de ce temps ne les montreront, je suppose, avec rien de bien tendu ni de bien raide. Leur vie répand le parfum doux des chevelures dénouées.

VI

L'ambition enivre plus que la gloire ; le désir fleurit, la possession flétrit toutes choses ; il vaut mieux rêver sa vie que la vivre, encore que la vivre ce soit encore la rêver, mais moins mystérieusement et moins clairement à la fois, d'un rêve obscur et lourd, semblable au rêve épars dans la faible conscience des bêtes qui ruminent. Les pièces de Shakespeare sont plus belles, vues dans la chambre de travail que représentées au théâtre. Les poètes qui ont créé les impérissables amoureuses n'ont souvent connu que de médiocres servantes d'auberges, tandis que les voluptueux les plus enviés ne savent point concevoir la vie qu'ils mènent, ou plutôt qui les mène. — J'ai connu un petit garçon de dix ans, de santé chétive et d'imagination précoce, qui avait voué à une enfant plus âgée que lui un amour purement cérébral. Il restait pendant des heures à sa fenêtre pour la voir passer, pleurait s'il ne la voyait pas, pleurait plus encore s'il l'avait vue. Il passait de très rares, de très brefs instants auprès d'elle. Il cessa de dormir, de manger. Un jour, il se jeta de sa fenêtre. On crut d'abord que le désespoir de n'approcher jamais son amie l'avait décidé à mourir. On apprit qu'au contraire il venait de causer très longuement avec elle : elle avait été extrêmement gentille pour lui. Alors on supposa qu'il avait renoncé aux jours insipides qui lui restaient à vivre, après cette ivresse qu'il n'aurait peut-être plus l'occasion de renouveler. De fréquentes confidences, faites autrefois à un de ses amis, firent induire enfin qu'il éprouvait une déception chaque fois qu'il voyait la souveraine de ses rêves ; mais dès qu'elle était partie, son imagination féconde rendait tout son pouvoir à la petite fille absente, et il recommençait à désirer la voir. Chaque fois, il essayait de trouver dans l'imperfection des circonstances la raison accidentelle de sa déception. Après cette entrevue suprême où il avait, à sa fantaisie déjà habile, conduit son amie jusqu'à la haute perfection dont sa nature était susceptible, comparant avec

désespoir cette perfection imparfaite à l'absolue perfection dont il vivait, dont il mourait, il se jeta par la
fenêtre. Depuis, devenu idiot, il vécut fort longtemps,
ayant gardé de sa chute l'oubli de son âme, de sa
pensée, de la parole de son amie qu'il rencontrait sans
la voir. Elle, malgré les supplications, les menaces,
l'épousa et mourut plusieurs années après sans être
parvenue à se faire reconnaître. — La vie est comme la
petite amie. Nous la songeons, et nous l'aimons de la
songer. Il ne faut pas essayer de la vivre : on se jette,
comme le petit garçon, dans la stupidité, pas tout d'un
coup, car tout, dans la vie, se dégrade par nuances
insensibles. Au bout de dix ans, on ne reconnaît plus
ses songes, on les renie, on vit, comme un bœuf, pour
l'herbe à paître dans le moment. Et de nos noces avec
la mort qui sait si pourra naître notre consciente
immortalité ?

VII

« Mon capitaine, dit son ordonnance, quelques jours
après que fut installée la petite maison où il devait
vivre, maintenant qu'il était en retraite, jusqu'à sa
mort (sa maladie de cœur ne pouvait plus la faire
longtemps attendre), mon capitaine, peut-être que des
livres, maintenant que vous ne pouvez plus faire
l'amour, ni vous battre, vous distrairaient un peu ;
qu'est-ce qu'il faut aller vous acheter ?

— Ne m'achète rien ; pas de livres ; ils ne peuvent
rien me dire d'aussi intéressant que ce que j'ai fait, et
puisque je n'ai pas longtemps pour cela, je ne veux plus
que rien me distraie de m'en souvenir. Donne la clef de
ma grande caisse, c'est ce qu'il y a dedans que je lirai
tous les jours. »

Et il en sortit des lettres, une mer blanchâtre, parfois
teintée, de lettres, des très longues, des lettres d'une
ligne seulement, sur des cartes, avec des fleurs fanées,
des objets, des petits mots de lui-même pour se
rappeler les entours du moment où il les avait reçues et
des photographies abîmées malgré les précautions,
comme ces reliques qu'a usées la piété même des
fidèles : ils les embrassent trop souvent. Et toutes ces
choses-là étaient très anciennes, et il y en avait de
femmes mortes, et d'autres qu'il n'avait plus vues
depuis plus de dix ans.

Il y avait dans tout cela des petites choses précises de
sensualité ou de tendresse sur presque rien des circonstances de sa vie, et c'était comme une fresque très vaste
qui dépeignait sa vie sans la raconter, dans sa couleur
passionnée seulement, d'une manière très vague et très
particulière en même temps, avec une grande puissance touchante. Il y avait des évocations de baisers
dans la bouche — dans une bouche fraîche où il eût
sans hésiter laissé son âme, et qui depuis s'était
détournée de lui, — qui le faisaient pleurer longtemps.
Et malgré qu'il fût bien faible et désabusé, quand il
vidait d'un trait un peu de ces souvenirs encore
vivants, comme un verre de vin chaleureux et mûri au
soleil qui avait dévoré sa vie, il sentait un bon frisson
tiède, comme le printemps en donne à nos convalescences et l'âtre d'hiver à nos faiblesses. Le sentiment
que son vieux corps usé avait tout de même brûlé de
pareilles flammes, lui donnait un regain de vie, —
brûlé de pareilles flammes dévorantes. Puis, songeant
que ce qui s'en couchait ainsi tout de son long sur lui,
c'en étaient seulement les ombres démesurées et mou-
vantes, insaisissables, hélas ! et qui bientôt se confon-
draient toutes ensemble dans l'éternelle nuit, il se
remettait à pleurer.

Alors tout en sachant que ce n'étaient que des

ombres, des ombres de flammes qui s'en étaient couru
brûler ailleurs, que jamais il ne reverrait plus, il se prit
pourtant à adorer ces ombres et à leur prêter comme
une chère existence par contraste avec l'oubli absolu
de bientôt. Et tous ces baisers et tous ces cheveux
baisés et toutes ces choses de larmes et de lèvres, de
caresses versées comme du vin pour griser, et de
désespérances accrues comme la musique ou comme le
soir pour le bonheur de se sentir s'élargir jusqu'à
l'infini du mystère et des destinées ; telle adorée qui le
tint si fort que rien ne lui était plus que ce qu'il pouvait
faire servir à son adoration pour elle, qui le tint si fort,
et qui maintenant s'en allait si vague qu'il ne la
retenait plus, ne retenait même plus l'odeur dissémi-
née des pans fuyants de son manteau, il se crispait
pour le revivre, le ressusciter et le clouer devant lui
comme des papillons. Et chaque fois, c'était plus
difficile. Et il n'avait toujours attrapé aucun des
papillons, mais chaque fois il leur avait ôté avec ses
doigts un peu du mirage de leurs ailes ; ou plutôt il les
voyait dans le miroir, se heurtait vainement au miroir
pour les toucher, mais le ternissait un peu chaque fois
et ne les voyait plus qu'indistincts et moins charmants.
Et ce miroir terni de son cœur, rien ne pouvait plus le
laver, maintenant que les souffles purifiants de la
jeunesse ou du génie ne passeraient plus sur lui, — par
quelle loi inconnue de nos saisons, quel mystérieux
équinoxe de notre automne ?...

Et chaque fois il avait moins de peine de les avoir
perdus, ces baisers dans cette bouche, et ces heures
infinies, et ces parfums qui le faisaient, avant, délirer.

Et il eut de la peine d'en avoir moins de peine, puis
cette peine-là même disparut. Puis toutes les peines
partirent, toutes, il n'y avait pas à faire partir les
plaisirs ; ils avaient fui depuis longtemps sur leurs
talons ailés sans détourner la tête, leurs rameaux en

fleurs à la main[1], fui cette demeure qui n'était plus
assez jeune pour eux. Puis, comme tous les hommes, il
mourut.

VIII

RELIQUES

J'ai acheté tout ce qu'on a vendu de celle dont
j'aurais voulu être l'ami, et qui n'a pas consenti même
à causer avec moi un instant. J'ai le petit jeu de cartes
qui l'amusait tous les soirs, ses deux ouistitis, trois
romans qui portent sur les plats ses armes, sa chienne.
Ô vous, délices, chers loisirs de sa vie, vous avez eu,
sans en jouir comme j'aurais fait, sans les avoir même
désirées, toutes ses heures les plus libres, les plus
inviolables, les plus secrètes ; vous n'avez pas senti
votre bonheur et vous ne pouvez pas le raconter.

Cartes qu'elle maniait de ses doigts chaque soir avec
ses amis préférés, qui la virent s'ennuyer ou rire, qui
assistèrent au début de sa liaison, et qu'elle posa pour
embrasser celui qui vint depuis jouer tous les soirs
avec elle ; romans qu'elle ouvrait et fermait dans son
lit au gré de sa fantaisie ou de sa fatigue, qu'elle
choisissait selon son caprice du moment ou ses rêves, à
qui elle les confia, qui y mêlèrent ceux qu'ils exprimaient et l'aidèrent à mieux rêver les siens, n'avez-
vous rien retenu d'elle, et ne m'en direz-vous rien ?

Romans, parce qu'elle a songé à son tour la vie de
vos personnages et de votre poète ; cartes, parce qu'à sa
manière elle ressentit avec vous le calme et parfois les
fièvres des vives intimités, n'avez-vous rien gardé de sa
pensée que vous avez distraite ou remplie, de son cœur
que vous avez ouvert ou consolé ?

Cartes, romans, pour avoir tenu si souvent dans sa main, être restés si longtemps sur sa table ; dames, rois ou valets, qui furent les immobiles convives de ses fêtes les plus folles ; héros de romans et héroïnes qui songiez auprès de son lit sous les feux croisés de sa lampe et de ses yeux votre songe silencieux et plein de voix pourtant, vous n'avez pu laisser évaporer tout le parfum dont l'air de sa chambre, le tissu de ses robes, le toucher de ses mains ou de ses genoux vous imprégna.

Vous avez conservé les plis dont sa main joyeuse ou nerveuse vous froissa ; les larmes qu'un chagrin de livre ou de vie lui firent couler, vous les gardez peut-être encore prisonnières ; le jour qui fit briller ou blessa ses yeux vous a donné cette chaude couleur. Je vous touche en frémissant, anxieux de vos révélations, inquiet de votre silence. Hélas ! peut-être, comme vous, êtres charmants et fragiles, elle fut l'insensible, l'inconscient témoin de sa propre grâce. Sa plus réelle beauté fut peut-être dans mon désir. Elle a vécu sa vie, mais peut-être seul, je l'ai rêvée[1].

IX

SONATE CLAIR DE LUNE

I

Plus que les fatigues du chemin, le souvenir et l'appréhension des exigences de mon père, de l'indifférence de Pia, de l'acharnement de mes ennemis, m'avaient épuisé. Pendant le jour, la compagnie d'Assunta[2], son chant, sa douceur avec moi qu'elle connaissait si peu, sa beauté blanche, brune et rose, son parfum persistant dans les rafales du vent de mer, la plume de son chapeau, les perles à son cou, m'avaient distrait. Mais, vers neuf heures du soir, me sentant accablé, je lui demandai de rentrer avec la voiture et de me laisser là me reposer un peu à l'air. Nous étions presque arrivés à Honfleur ; l'endroit était bien choisi, contre un mur, à l'entrée d'une double avenue de grands arbres qui protégeaient du vent, l'air était doux ; elle consentit et me quitta. Je me couchai sur le gazon, la figure tournée vers le ciel sombre ; bercé par le bruit de la mer, que j'entendais derrière moi, sans bien la distinguer dans l'obscurité, je ne tardai pas à m'assoupir.

Bientôt je rêvai que devant moi, le coucher du soleil éclairait au loin le sable et la mer. Le crépuscule tombait, et il me semblait que c'était un coucher de soleil et un crépuscule comme tous les crépuscules et tous les couchers de soleil. Mais on vint m'apporter une lettre, je voulus la lire et je ne pus rien distinguer. Alors seulement je m'aperçus que malgré cette impression de lumière intense et épandue, il faisait très obscur. Ce coucher de soleil était extraordinairement pâle, lumineux sans clarté, et sur le sable magiquement éclairé s'amassaient tant de ténèbres qu'un effort pénible m'était nécessaire pour reconnaître un coquillage. Dans ce crépuscule spécial aux rêves, c'était comme le coucher d'un soleil malade et décoloré, sur une grève polaire. Mes chagrins s'étaient soudain dissipés ; les décisions de mon père, les sentiments de Pia, la mauvaise foi de mes ennemis me dominaient encore, mais sans plus m'écraser, comme une nécessité naturelle et devenue indifférente. La contradiction de ce resplendissement obscur, le miracle de cette trêve enchantée à mes maux ne m'inspirait aucune défiance, aucune peur, mais j'étais enveloppé, baigné, noyé d'une douceur croissante dont l'intensité délicieuse finit par me réveiller. J'ouvris les yeux. Splendide et

blême, mon rêve s'étendait autour de moi. Le mur
auquel je m'étais adossé pour dormir était en pleine
lumière, et l'ombre de son lierre s'y allongeait aussi
vive qu'à quatre heures de l'après-midi. Le feuillage
d'un peuplier de Hollande retourné par un souffle
insensible étincelait. On voyait des vagues et des voiles
blanches sur la mer, le ciel était clair, la lune s'était
levée. Par moments, de légers nuages passaient sur
elle, mais ils se coloraient alors de nuances bleues dont
la pâleur était profonde comme la gelée d'une méduse [1]
ou le cœur d'une opale. La clarté pourtant qui brillait
partout, mes yeux ne la pouvaient saisir nulle part. Sur
l'herbe même, qui resplendissait jusqu'au mirage,
persistait l'obscurité. Les bois, un fossé, étaient absolument noirs. Tout d'un coup, un bruit léger s'éveilla
longuement comme une inquiétude, rapidement grandit, sembla rouler sur le bois. C'était le frisson des
feuilles froissées par la brise. Une à une je les entendais
déferler comme des vagues sur le vaste silence de la
nuit tout entière. Puis ce bruit même décrut et s'étei-
gnit. Dans l'étroite prairie allongée devant moi entre
les deux épaisses avenues de chênes, semblait couler
un fleuve de clarté, contenu par ces deux quais
d'ombre. La lumière de la lune, en évoquant la maison
du garde, les feuillages, une voile, de la nuit où ils
étaient anéantis, ne les avait pas réveillés. Dans ce
silence de sommeil, elle n'éclairait que le vague fantôme de leur forme, sans qu'on pût distinguer les
contours qui me les rendaient pendant le jour si réels,
qui m'opprimaient de la certitude de leur présence, et
de la perpétuité de leur voisinage banal. La maison
sans porte, le feuillage sans tronc, presque sans
feuilles, la voile sans barque, semblaient, au lieu d'une
réalité cruellement indéniable et monotonement habituelle, le rêve étrange, inconsistant et lumineux des
arbres endormis qui plongeaient dans l'obscurité.

Jamais, en effet, les bois n'avaient dormi si profondément, on sentait que la lune en avait profité pour
mener sans bruit dans le ciel et dans la mer cette
grande fête pâle et douce. Ma tristesse avait disparu.
J'entendais mon père me gronder, Pia se moquer de
moi, mes ennemis tramer des complots et rien de tout
cela ne me paraissait réel. La seule réalité était dans
cette irréelle lumière, et je l'invoquais en souriant. Je
ne comprenais pas quelle mystérieuse ressemblance
unissait mes peines aux solennels mystères qui se
célébraient dans les bois, au ciel et sur la mer, mais je
sentais que leur explication, leur consolation, leur
pardon était proféré, et qu'il était sans importance que
mon intelligence ne fût pas dans le secret, puisque mon
cœur l'entendait si bien. J'appelai par son nom ma
sainte mère la nuit, ma tristesse avait reconnu dans la
lune sa sœur immortelle, la lune brillait sur les
douleurs transfigurées de la nuit et dans mon cœur, où
s'étaient dissipés les nuages, s'était levée la mélancolie.

II

Alors j'entendis des pas. Assunta venait vers moi, sa
tête blanche levée sur un vaste manteau sombre. Elle
me dit un peu bas : « J'avais peur que vous n'ayez
froid, mon frère était couché, je suis revenue. » Je
m'approchai d'elle ; je frissonnais, elle me prit sous son
manteau et pour en retenir le pan, passa sa main
autour de mon cou. Nous fîmes quelques pas sous les
arbres, dans l'obscurité profonde. Quelque chose brilla
devant nous, je n'eus pas le temps de reculer et fis un
écart, croyant que nous butions contre un tronc, mais
l'obstacle se déroba sous nos pieds, nous avions
marché dans de la lune. Je rapprochai sa tête de la

mienne. Elle sourit, je me mis à pleurer, je vis qu'elle
pleurait aussi. Alors nous comprîmes que la lune
pleurait et que sa tristesse était à l'unisson de la nôtre.
Les accents poignants et doux de sa lumière nous
allaient au cœur. Comme nous, elle pleurait, et comme
nous faisons presque toujours, elle pleurait sans savoir
pourquoi, mais en le sentant si profondément qu'elle
entraînait dans son doux désespoir irrésistible les bois,
les champs, le ciel, qui de nouveau se mirait dans la
mer, et mon cœur qui voyait enfin clair dans son
cœur[1].

X

SOURCE DES LARMES QUI SONT
DANS LES AMOURS PASSÉES

Le retour des romanciers ou de leurs héros sur leurs
amours défuntes, si touchant pour le lecteur, est
malheureusement bien artificiel. Ce contraste entre
l'immensité de notre amour passé et l'absolu de notre
indifférence présente, dont mille détails matériels, —
un nom rappelé dans la conversation, une lettre retrouvée dans un tiroir, la rencontre même de la personne,
ou, plus encore, sa possession après coup pour ainsi
dire, — nous font prendre conscience, ce contraste, si
affligeant, si plein de larmes contenues, dans une
œuvre d'art, nous le constatons froidement dans la vie,
précisément parce que notre état présent est l'indifférence et l'oubli, que notre aimée et notre amour ne
nous plaisent plus qu'esthétiquement tout au plus, et
qu'avec l'amour, le trouble, la faculté de souffrir ont
disparu. La mélancolie poignante de ce contraste n'est
donc qu'une vérité morale. Elle deviendrait aussi une

réalité psychologique si un écrivain la plaçait au commencement de la passion qu'il décrit et non après sa fin.

Souvent, en effet, quand nous commençons d'aimer, avertis par notre expérience et notre sagacité, — malgré la protestation de notre cœur qui a le sentiment ou plutôt l'illusion de l'éternité de son amour, — nous savons qu'un jour celle de la pensée de qui nous vivons nous sera aussi indifférente que nous le sont maintenant toutes les autres qu'elle... Nous entendrons son nom sans une volupté douloureuse, nous verrons son écriture sans trembler, nous ne changerons pas notre chemin pour l'apercevoir dans la rue, nous la rencontrerons sans trouble, nous la posséderons sans délire. Alors cette prescience certaine, malgré le pressentiment absurde et si fort que nous l'aimerons toujours, nous fera pleurer ; et l'amour, l'amour qui sera encore levé sur nous comme un divin matin infiniment mystérieux et triste mettra devant notre douleur un peu de ses grands horizons étranges, si profonds, un peu de sa désolation enchanteresse...

XI

AMITIÉ

Il est doux quand on a du chagrin de se coucher dans la chaleur de son lit, et là tout effort et toute résistance supprimés, la tête même sous les couvertures, de s'abandonner tout entier, en gémissant, comme les branches au vent d'automne. Mais il est un lit meilleur encore, plein d'odeurs divines. C'est notre douce, notre profonde, notre impénétrable amitié. Quand il est triste et glacé, j'y couche frileusement mon cœur.

Ensevelissant même ma pensée dans notre chaude
tendresse, ne percevant plus rien du dehors et ne
voulant plus me défendre, désarmé, mais par le miracle de notre tendresse aussitôt fortifié, invincible, je
pleure de ma peine, et de ma joie d'avoir une confiance
où l'enfermer.

XII

ÉPHÉMÈRE EFFICACITÉ
DU CHAGRIN

Soyons reconnaissants aux personnes qui nous donnent du bonheur, elles sont les charmants jardiniers
par qui nos âmes sont fleuries. Mais soyons plus
reconnaissants aux femmes méchantes ou seulement
indifférentes, aux amis cruels qui nous ont causé du
chagrin. Ils ont dévasté notre cœur, aujourd'hui jonché
de débris méconnaissables, ils ont déraciné les troncs
et mutilé les plus délicates branches, comme un vent
désolé, mais qui sema quelques bons grains pour une
moisson incertaine.

En brisant tous les petits bonheurs qui nous
cachaient notre grande misère, en faisant de notre
cœur un nu préau mélancolique, ils nous ont permis de
le contempler enfin et de le juger. Les pièces tristes
nous font un bien semblable; aussi faut-il les tenir
pour bien supérieures aux gaies, qui trompent notre
faim au lieu de l'assouvir : le pain qui doit nous nourrir
est amer. Dans la vie heureuse, les destinées de nos
semblables ne nous apparaissent pas dans leur réalité,
que l'intérêt les masque ou que le désir les transfigure.
Mais dans le détachement que donne la souffrance,
dans la vie, et le sentiment de la beauté douloureuse,

au théâtre, les destinées des autres hommes et la nôtre même font entendre enfin à notre âme attentive l'éternelle parole inentendue de devoir et de vérité. L'œuvre triste d'un artiste véritable nous parle avec cet accent de ceux qui ont souffert, qui forcent tout homme qui a souffert à laisser là tout le reste et à écouter.

Hélas ! ce que le sentiment apporta, ce capricieux le remporte et la tristesse plus haute que la gaieté n'est pas durable comme la vertu. Nous avons oublié ce matin la tragédie qui hier soir nous éleva si haut que nous considérions notre vie dans son ensemble et dans sa réalité avec une pitié clairvoyante et sincère. Dans un an peut-être, nous serons consolés de la trahison d'une femme, de la mort d'un ami. Le vent, au milieu de ce bris de rêves, de cette jonchée de bonheurs flétris a semé le bon grain sous une ondée de larmes, mais elles sécheront trop vite pour qu'il puisse germer.

*Après l'*Invitée *de M. de Curel*[1].

XIII

ÉLOGE
DE LA MAUVAISE MUSIQUE

Détestez la mauvaise musique, ne la méprisez pas. Comme on la joue, la chante bien plus, bien plus passionnément que la bonne, bien plus qu'elle elle s'est peu à peu remplie du rêve et des larmes des hommes. Qu'elle vous soit par là vénérable. Sa place, nulle dans l'histoire de l'Art, est immense dans l'histoire sentimentale des sociétés. Le respect, je ne dis pas l'amour, de la mauvaise musique n'est pas seulement une forme de ce qu'on pourrait appeler la charité du bon goût ou son scepticisme, c'est encore la conscience de l'importance du rôle social de la musique. Combien de mélodies, de nul prix aux yeux d'un artiste, sont au nombre des confidents élus par la foule des jeunes gens romanesques et des amoureuses. Que de « bagues d'or », de « Ah ! reste longtemps endormie [1] », dont les feuillets sont tournés chaque soir en tremblant par des mains justement célèbres, trempés par les plus beaux yeux du monde de larmes dont le maître le plus pur envierait le mélancolique et voluptueux tribut, — confidentes ingénieuses et inspirées qui ennoblissent le chagrin et exaltent le rêve, et en échange du secret ardent qu'on leur confie donnent l'enivrante illusion de la beauté. Le peuple, la bourgeoisie, l'armée, la noblesse, comme ils ont les mêmes facteurs, porteurs du deuil qui les frappe ou du bonheur qui les comble, ont les mêmes invisibles messagers d'amour, les mêmes confesseurs bien-aimés. Ce sont les mauvais musiciens. Telle fâcheuse ritournelle, que toute oreille bien née et bien élevée refuse à l'instant d'écouter, a reçu le trésor de milliers d'âmes, garde le secret de milliers de vies, dont elle fut l'inspiration vivante, la consolation toujours prête, toujours entrouverte sur le pupitre du piano, la grâce rêveuse et l'idéal. Tels arpèges, telle « rentrée » ont fait résonner dans l'âme de plus d'un amoureux ou d'un rêveur les harmonies du paradis ou la voix même de la bien-aimée. Un cahier de mauvaises romances, usé pour avoir trop servi, doit nous toucher comme un cimetière ou comme un village. Qu'importe que les maisons n'aient pas de style, que les tombes disparaissent sous les inscriptions et les ornements de mauvais goût. De cette poussière peut s'envoler, devant une imagination assez sympathique et respectueuse pour taire un moment ses dédains esthétiques, la nuée des âmes tenant au bec le rêve encore vert qui leur faisait pressentir l'autre monde, et jouir ou pleurer dans celui-ci.

XIV

RENCONTRE AU BORD DU LAC

Hier, avant d'aller dîner au Bois, je reçus une lettre d'Elle, qui répondait assez froidement après huit jours à une lettre désespérée, qu'elle craignait de ne pouvoir me dire adieu avant de partir. Et moi, assez froidement, oui, je lui répondis que cela valait mieux ainsi et que je lui souhaitais un bel été. Puis, je me suis habillé et j'ai traversé le Bois en voiture découverte. J'étais extrêmement triste, mais calme. J'étais résolu à oublier, j'avais pris mon parti : c'était une affaire de temps.

Comme la voiture prenait l'allée du lac, j'aperçus au fond même du petit sentier qui contourne le lac à cinquante mètres de l'allée, une femme seule qui marchait lentement. Je ne la distinguai pas bien d'abord. Elle me fit un petit bonjour de la main, et alors je la reconnus malgré la distance qui nous séparait. C'était elle ! Je la saluai longuement. Et elle continua à me regarder comme si elle avait voulu me voir m'arrêter et la prendre avec moi. Je n'en fis rien, mais je sentis bientôt une émotion presque extérieure s'abattre sur moi, m'étreindre fortement. « Je l'avais bien deviné, m'écriai-je. Il y a une raison que j'ignore et pour laquelle elle a toujours joué l'indifférence. Elle m'aime, chère âme. » Un bonheur infini, une invincible certitude m'envahirent, je me sentis défaillir et j'éclatai en sanglots. La voiture approchait d'Armenonville, j'essuyai mes yeux et devant eux passait, comme pour sécher aussi leurs larmes, le doux salut de sa main, et sur eux se fixaient ses yeux doucement interrogateurs, demandant à monter avec moi.

J'arrivai au dîner radieux. Mon bonheur se répandait sur chacun en amabilité joyeuse, reconnaissante et cordiale, et le sentiment que personne ne savait quelle main inconnue d'eux, la petite main qui m'avait salué, avait allumé en moi ce grand feu de joie dont tous voyaient le rayonnement, ajoutait à mon bonheur le charme des voluptés secrètes. On n'attendait plus que Mme de T... et elle arriva bientôt. C'est la plus insignifiante personne que je connaisse, et malgré qu'elle soit plutôt bien faite, la plus déplaisante. Mais j'étais trop heureux pour ne pas pardonner à chacun ses défauts, ses laideurs, et j'allai à elle en souriant d'un air affectueux.

« Vous avez été moins aimable tout à l'heure, dit-elle.

— Tout à l'heure ! dis-je étonné, tout à l'heure, mais je ne vous ai pas vue.

— Comment ! Vous ne m'avez pas reconnue ? Il est vrai que vous étiez loin ; je longeais le lac, vous êtes passé fièrement en voiture, je vous ai fait bonjour de la main et j'avais bien envie de monter avec vous pour ne pas être en retard.

— Comment, c'était vous ! m'écriai-je, et j'ajoutai plusieurs fois avec désolation : Oh ! je vous demande bien pardon, bien pardon !

— Comme il a l'air malheureux ! Je vous fais mon compliment, Charlotte, dit la maîtresse de la maison. Mais consolez-vous donc puisque vous êtes avec elle maintenant ! »

J'étais terrassé, tout mon bonheur était détruit.

Eh bien ! le plus horrible est que cela ne fut pas comme si cela n'avait pas été. Cette image aimante de celle qui ne m'aimait pas, même après que j'eus reconnu mon erreur, changea pour longtemps encore l'idée que je me faisais d'elle. Je tentai un raccommodement, je l'oubliai moins vite et souvent dans ma peine, pour me consoler en m'efforçant de croire que c'étaient les siennes comme je l'avais *senti* tout d'abord, je fermais les yeux pour revoir ses petites mains qui me disaient bonjour, qui auraient si bien essuyé mes yeux, si bien rafraîchi mon front, ses petites mains gantées qu'elle tendait doucement au bord du lac comme de frêles symboles de paix, d'amour et de réconciliation pendant que ses yeux tristes et interro- gateurs semblaient demander que je la prisse avec moi.

XV

Comme un ciel sanglant avertit le passant : là il y a un incendie ; certes, souvent certains regards embrasés dénoncent des passions qu'ils servent seulement à réfléchir. Ce sont les flammes sur le miroir. Mais parfois aussi des personnes indifférentes et gaies ont des yeux vastes et sombres ainsi que des chagrins, comme si un filtre était tendu entre leur âme et leurs yeux et si elles avaient pour ainsi dire « passé » tout le contenu vivant de leur âme dans leurs yeux. Désor- mais, échauffée seulement par la ferveur de leur égoïsme, — cette sympathique ferveur de l'égoïsme qui attire autant les autres que l'incendiaire passion les éloigne, — leur âme desséchée ne sera plus que le palais factice des intrigues. Mais leurs yeux sans cesse enflammés d'amour et qu'une rosée de langueur arro- sera, lustrera, fera flotter, noiera sans pouvoir les éteindre, étonneront l'univers par leur tragique flam- boiement. Sphères jumelles désormais indépendantes de leur âme, sphères d'amour, ardents satellites d'un monde à jamais refroidi, elles continueront jusqu'à

leur mort de jeter un éclat insolite et décevant, faux
prophètes, parjures aussi qui promettent un amour
que leur cœur ne tiendra pas.

XVI

L'ÉTRANGER

Dominique s'était assis près du feu éteint en attendant ses convives. Chaque soir, il invitait quelque
grand seigneur à venir souper chez lui avec des gens
d'esprit, et comme il était bien né, riche et charmant,
on ne le laissait jamais seul. Les flambeaux n'étaient
pas encore allumés et le jour mourait tristement dans
la chambre. Tout à coup, il entendit une voix lui dire,
une voix lointaine et intime lui dire : « Dominique » —
et rien qu'en l'entendant prononcer, prononcer si loin
et si près : « Dominique », il fut glacé par la peur.
Jamais il n'avait entendu cette voix, et pourtant la
reconnaissait si bien, ses remords reconnaissaient si
bien la voix d'une victime, d'une noble victime immo-
lée. Il chercha quel crime ancien il avait commis, et ne
se souvint pas. Pourtant l'accent de cette voix lui
reprochait bien un crime, un crime qu'il avait sans
doute commis sans en avoir conscience, mais dont il
était responsable, — attestaient sa tristesse et sa peur.
— Il leva les yeux et vit, debout devant lui, grave et
familier, un étranger d'une allure vague et saisissante.
Dominique salua de quelques paroles respectueuses
son autorité mélancolique et certaine.

« Dominique, serais-je le seul que tu n'inviteras pas
à souper ? Tu as des torts à réparer avec moi, des torts
anciens. Puis, je t'apprendrai à te passer des autres qui,
quand tu seras vieux, ne viendront plus.

— Je t'invite à souper [1], répondit Dominique avec une gravité affectueuse qu'il ne se connaissait pas.

— Merci », dit l'étranger.

Nulle couronne n'était inscrite au chaton de sa bague, et sur sa parole l'esprit n'avait pas givré ses brillantes aiguilles. Mais la reconnaissance de son regard fraternel et fort enivra Dominique d'un bonheur inconnu.

« Mais si tu veux me garder auprès de toi, il faut congédier tes autres convives. »

Dominique les entendit qui frappaient à la porte. Les flambeaux n'étaient pas allumés, il faisait tout à fait nuit.

« Je ne peux pas les congédier, répondit Dominique, *je ne peux pas être seul.*

— En effet, avec moi, tu serais seul, dit tristement l'étranger. Pourtant tu devrais bien me garder. Tu as des torts anciens envers moi et que tu devrais réparer. Je t'aime plus qu'eux tous et t'apprendrais à te passer d'eux, qui, quand tu seras vieux, ne viendront plus.

— Je ne peux pas », dit Dominique.

Et il sentit qu'il venait de sacrifier un noble bonheur, sur l'ordre d'une habitude impérieuse et vulgaire, qui n'avait plus même de plaisirs à dispenser comme prix à son obéissance.

« Choisis vite », reprit l'étranger suppliant et hautain.

Dominique alla ouvrir la porte aux convives, et en même temps il demandait à l'étranger sans oser détourner la tête :

« Qui donc es-tu ? »

Et l'étranger, l'étranger qui déjà disparaissait, lui dit :

« L'habitude à qui tu me sacrifies encore ce soir sera plus forte demain du sang de la blessure que tu me fais pour la nourrir. Plus impérieuse d'avoir été obéie une fois de plus, chaque jour elle te détournera de moi, te forcera à me faire souffrir davantage. Bientôt tu m'auras tué. Tu ne me verras plus jamais. Et pourtant tu me devais plus qu'aux autres, qui, dans des temps prochains, te délaisseront. Je suis en toi et pourtant je suis à jamais loin de toi, déjà je ne suis presque plus. Je suis ton âme, je suis toi-même. »

Les convives étaient entrés. On passa dans la salle à manger et Dominique voulut raconter son entretien avec le visiteur disparu, mais devant l'ennui général et la visible fatigue du maître de la maison à se rappeler un rêve presque effacé, Girolamo l'interrompit à la satisfaction de tous et de Dominique lui-même en tirant cette conclusion :

« Il ne faut jamais rester seul, la solitude engendre la mélancolie. »

Puis on se remit à boire ; Dominique causait gaiement mais sans joie, flatté pourtant de la brillante assistance.

XVII

RÊVE

> « Tes pleurs coulaient pour moi, ma lèvre a bu tes pleurs[1]. »
>
> ANATOLE FRANCE

Je n'ai aucun effort à faire pour me rappeler quelle était samedi (il y a quatre jours) mon opinion sur Mme Dorothy B... Le hasard a fait que précisément ce jour-là on avait parlé d'elle et je fus sincère en disant que je la trouvais sans charme et sans esprit. Je crois qu'elle a vingt-deux ou vingt-trois ans. Je la connais du reste très peu, et quand je pensais à elle, aucun souvenir vif

ne revenant affleurer à mon attention, j'avais seulement devant les yeux les lettres de son nom.

Je me couchai samedi d'assez bonne heure. Mais vers
deux heures le vent devint si fort que je dus me relever
pour fermer un volet mal attaché qui m'avait réveillé.
Je jetai, sur le court sommeil que je venais de dormir,
un regard rétrospectif et me réjouis qu'il eût été
réparateur, sans malaise, sans rêves. À peine recouché,
je me rendormis. Mais au bout d'un temps difficile à
apprécier, je me réveillai peu à peu, ou plutôt je
m'éveillai peu à peu au monde des rêves, confus
d'abord comme l'est le monde réel à un réveil ordinaire, mais qui se précisa. Je me reposais sur la grève
de Trouville qui était en même temps un hamac dans
un jardin que je ne connaissais pas, et une femme me
regardait avec une fixe douceur. C'était Mme Dorothy
B... Je n'étais pas plus surpris que je ne le suis le matin
au réveil en reconnaissant ma chambre. Mais je ne
l'étais pas davantage du charme surnaturel de ma
compagne et des transports d'adoration voluptueuse et
spirituelle à la fois que sa présence me causait. Nous
nous regardions d'un air entendu, et il était en train de
s'accomplir un grand miracle de bonheur et de gloire
dont nous étions conscients, dont elle était complice et
dont je lui avais une reconnaissance infinie. Mais elle
me disait :

« Tu es fou de me remercier, n'aurais-tu pas fait la
même chose pour moi ? »

Et le sentiment (c'était d'ailleurs une parfaite certitude) que j'aurais fait la même chose pour elle exaltait
ma joie jusqu'au délire comme le symbole manifeste
de la plus étroite union. Elle fit, du doigt, un signe
mystérieux et sourit. Et je savais, comme si j'avais été
à la fois en elle et en moi, que cela signifiait : « Tous tes
ennemis, tous tes maux, tous tes regrets, toutes tes
faiblesses, n'est-ce plus rien ? » Et sans que j'aie dit un

mot elle m'entendait lui répondre qu'elle avait de tout
aisément été victorieuse, tout détruit, voluptueusement magnétisé ma souffrance. Et elle se rapprocha,
de ses mains me caressait le cou, lentement relevait
mes moustaches. Puis elle me dit : « Maintenant allons
vers les autres, entrons dans la vie. » Une joie surhu-
maine m'emplissait et je me sentais la force de réaliser
tout ce bonheur virtuel. Elle voulut me donner une
fleur, d'entre ses seins tira une rose encore close, jaune
et rosée, l'attacha à ma boutonnière. Tout à coup je
sentis mon ivresse accrue par une volupté nouvelle.
C'était la rose qui, fixée à ma boutonnière, avait
commencé d'exhaler jusqu'à mes narines son odeur
d'amour. Je vis que ma joie troublait Dorothy d'une
émotion que je ne pouvais comprendre. Au moment
précis où ses yeux (par la mystérieuse conscience que
j'avais de son individualité à elle, j'en fus certain)
éprouvèrent le léger spasme qui précède d'une seconde
le moment où l'on pleure, ce furent mes yeux qui
s'emplirent de larmes, de ses larmes, pourrais-je dire.
Elle s'approcha, mit à la hauteur de ma joue sa tête
renversée dont je pouvais contempler la grâce mystérieuse, la captivante vivacité, et dardant sa langue hors
de sa bouche fraîche, souriante, cueillait toutes mes
larmes au bord de mes yeux. Puis elle les avalait avec
un léger bruit des lèvres, que je ressentais comme un
baiser inconnu, plus intimement troublant que s'il
m'avait directement touché. Je me réveillai brusquement, reconnus ma chambre et comme, dans un orage
voisin, un coup de tonnerre suit immédiatement
l'éclair, un vertigineux souvenir de bonheur s'identifia
plutôt qu'il ne la précéda avec la foudroyante certitude
de son mensonge et de son impossibilité. Mais, en dépit
de tous les raisonnements, Dorothy B... avait cessé
d'être pour moi la femme qu'elle était encore la veille.
Le petit sillon laissé dans mon souvenir par les quel-

ques relations que j'avais eues avec elle était presque effacé, comme après une marée puissante qui avait laissé derrière elle, en se retirant, des vestiges inconnus. J'avais un immense désir, désenchanté d'avance, de la revoir, le besoin instinctif et la sage défiance de lui écrire. Son nom prononcé dans une conversation me fit tressaillir, évoqua pourtant l'image insignifiante qui l'eût seule accompagné avant cette nuit, et pendant qu'elle m'était indifférente comme n'importe quelle banale femme du monde, elle m'attirait plus irrésistiblement que les maîtresses les plus chères, ou la plus enivrante destinée. Je n'aurais pas fait un pas pour la voir, et pour l'autre « elle », j'aurais donné ma vie. Chaque heure efface un peu le souvenir du rêve déjà bien défiguré dans ce récit. Je le distingue de moins en moins, comme un livre qu'on veut continuer à lire à sa table quand le jour baissant ne l'éclaire plus assez, quand la nuit vient. Pour l'apercevoir encore un peu, je suis obligé de cesser d'y penser par instants, comme on est obligé de fermer d'abord les yeux pour lire encore quelques caractères dans le livre plein d'ombre. Tout effacé qu'il est, il laisse encore un grand trouble en moi, l'écume de son sillage ou la volupté de son parfum. Mais ce trouble lui-même s'évanouira, et je verrai Mme B... sans émotion. À quoi bon d'ailleurs lui parler de ces choses auxquelles elle est restée étrangère.

Hélas ! l'amour a passé sur moi comme ce rêve, avec une puissance de transfiguration aussi mystérieuse. Aussi vous qui connaissez celle que j'aime, et qui n'étiez pas dans mon rêve, vous ne pouvez pas me comprendre, n'essayez pas de me conseiller.

XVIII

TABLEAUX
DE GENRE DU SOUVENIR

Nous avons certains souvenirs qui sont comme la peinture hollandaise de notre mémoire, tableaux de genre où les personnages sont souvent de condition médiocre, pris à un moment bien simple de leur existence, sans événements solennels, parfois sans événements du tout, dans un cadre nullement extraordinaire et sans grandeur. Le naturel des caractères et l'innocence de la scène en font l'agrément, l'éloignement met entre elle et nous une lumière douce qui la baigne de beauté.

Ma vie de régiment est pleine de scènes de ce genre que je vécus naturellement, sans joie bien vive et sans grand chagrin, et dont je me souviens avec beaucoup de douceur. Le caractère agreste des lieux, la simplicité de quelques-uns de mes camarades paysans, dont le corps était resté plus beau, plus agile, l'esprit plus original, le cœur plus spontané, le caractère plus naturel que chez les jeunes gens que j'avais fréquentés auparavant et que je fréquentai dans la suite, le calme d'une vie où les occupations sont plus réglées et l'imagination moins asservie que dans toute autre, où le plaisir nous accompagne d'autant plus continuellement que nous n'avons jamais le temps de le fuir en courant à sa recherche, tout concourt à faire aujourd'hui de cette époque de ma vie comme une suite, coupée de lacunes, il est vrai, de petits tableaux pleins de vérité heureuse et de charme sur lesquels le temps a répandu sa tristesse douce et sa poésie.

XIX

VENT DE MER À LA CAMPAGNE

> « Je t'apporterai un jeune pavot, aux pétales de pourpre [1]. »
>
> THÉOCRITE, « Le Cyclope »

Au jardin, dans le petit bois, à travers la campagne, le vent met une ardeur folle et inutile à disperser les rafales du soleil, à les pourchasser en agitant furieusement les branches du taillis où elles s'étaient d'abord abattues, jusqu'au fourré étincelant où elles frémissent maintenant, toutes palpitantes. Les arbres, les linges qui sèchent, la queue du paon qui roue découpent dans l'air transparent des ombres bleues extraordinairement nettes qui volent à tous les vents sans quitter le sol comme un cerf-volant mal lancé. Ce pêle-mêle de vent et de lumière fait ressembler ce coin de la Champagne à un paysage du bord de la mer. Arrivés en haut de ce chemin qui, brûlé de lumière et essoufflé de vent, monte en plein soleil, vers un ciel nu, n'est-ce pas la mer que nous allons apercevoir blanche de soleil et d'écume ? Comme chaque matin vous étiez venue, les mains pleines de fleurs et des douces plumes que le vol d'un ramier, d'une hirondelle ou d'un geai, avait laissé choir dans l'allée. Les plumes tremblent à mon chapeau, le pavot s'effeuille à ma boutonnière, rentrons promptement.

La maison crie sous le vent comme un bateau, on entend d'invisibles voiles s'enfler, d'invisibles drapeaux claquer dehors. Gardez sur vos genoux cette touffe de roses fraîches et laissez pleurer mon cœur entre vos mains fermées.

XX

LES PERLES

Je suis rentré au matin et je me suis frileusement couché, frissonnant d'un délire mélancolique et glacé. Tout à l'heure, dans ta chambre, tes amis de la veille, tes projets du lendemain, — autant d'ennemis, autant de complots tramés contre moi, — tes pensées de l'heure, — autant de lieues vagues et infranchissables, — me séparaient de toi. Maintenant que je suis loin de toi, cette présence imparfaite, masque fugitif de l'éternelle absence que les baisers soulèvent bien vite, suffirait, il me semble, à me montrer ton vrai visage et à combler les aspirations de mon amour. Il a fallu partir ; que triste et glacé je reste loin de toi ! Mais, par quel enchantement soudain les rêves familiers de notre bonheur recommencent-ils à monter, épaisse fumée sur une flamme claire et brûlante, à monter joyeusement et sans interruption dans ma tête ? Dans ma main, réchauffée sous les couvertures, s'est réveillée l'odeur des cigarettes de roses que tu m'avais fait fumer. J'aspire longuement la bouche collée à ma main le parfum qui, dans la chaleur du souvenir, exhale d'épaisses bouffées de tendresse, de bonheur et de « toi ». Ah ! ma petite bien-aimée, au moment où je peux si bien me passer de toi, où je nage joyeusement dans ton souvenir — qui maintenant emplit la chambre — sans avoir à lutter contre ton corps insurmontable, je te le dis absurdement, je te le dis irrésistiblement, je ne peux pas me passer de toi. C'est ta présence qui donne à ma vie cette couleur fine, mélancolique et chaude comme aux perles qui passent la nuit sur ton corps. Comme elles, je vis et tristement me nuance à ta

chaleur, et comme elles, si tu ne me gardais pas sur toi
je mourrais.

XXI

LES RIVAGES DE L'OUBLI

« On dit que la Mort embellit ceux qu'elle frappe et
exagère leurs vertus, mais c'est bien plutôt en général
la vie qui leur faisait tort. La mort, ce pieux et
irréprochable témoin, nous apprend, selon la vérité,
selon la charité, qu'en chaque homme il y a ordinairement plus de bien que de mal. » Ce que Michelet dit ici
de la mort [1] est peut-être encore plus vrai de cette mort
qui suit un grand amour malheureux. L'être qui après
nous avoir tant fait souffrir ne nous est plus rien, est-ce
assez de dire, suivant l'expression populaire, qu'il est
« mort pour nous ». Les morts, nous les pleurons, nous
les aimons encore, nous subissons longtemps l'irrésistible attrait du charme qui leur survit et qui nous
ramène souvent près des tombes. L'être au contraire
qui nous a fait tout éprouver et de l'essence de qui nous
sommes saturés ne peut plus maintenant faire passer
sur nous l'ombre même d'une peine ou d'une joie. Il est
plus que mort pour nous. Après l'avoir tenu pour la
seule chose précieuse de ce monde, après l'avoir
maudit, après l'avoir méprisé, il nous est impossible de
le juger, à peine les traits de sa figure se précisent-ils
encore devant les yeux de notre souvenir, épuisés
d'avoir été trop longtemps fixés sur eux. Mais ce
jugement sur l'être aimé, jugement qui a tant varié,
tantôt torturant de ses clairvoyances notre cœur aveugle, tantôt s'aveuglant aussi pour mettre fin à ce
désaccord cruel, doit accomplir une oscillation der-

nière. Comme ces paysages qu'on découvre seulement des sommets, des hauteurs du pardon apparaît dans sa valeur véritable celle qui était plus que morte pour nous après avoir été notre vie elle-même. Nous savions seulement qu'elle ne nous rendait pas notre amour, nous comprenons maintenant qu'elle avait pour nous une véritable amitié. Ce n'est pas le souvenir qui l'embellit, c'est l'amour qui lui faisait tort. Pour celui qui veut tout, et à qui tout, s'il l'obtenait, ne suffirait pas, recevoir un peu ne semble qu'une cruauté absurde. Maintenant nous comprenons que c'était un don généreux de celle que notre désespoir, notre ironie, notre tyrannie perpétuelle n'avaient pas découragée. Elle fut toujours douce. Plusieurs propos aujourd'hui rapportés nous semblent d'une justesse indulgente et pleine de charme, plusieurs propos d'elle que nous croyions incapable de nous comprendre parce qu'elle ne nous aimait pas. Nous, au contraire, avons parlé d'elle avec tant d'égoïsme injuste et de sévérité. Ne lui devons-nous pas beaucoup d'ailleurs ? Si cette grande marée de l'amour s'est retirée à jamais, pourtant, quand nous nous promenons en nous-mêmes nous pouvons ramasser des coquillages étranges et charmants et, en les portant à l'oreille, entendre avec un plaisir mélancolique et sans plus en souffrir la vaste rumeur d'autrefois. Alors nous songeons avec attendrissement à celle dont notre malheur voulut qu'elle fût plus aimée qu'elle n'aimait. Elle n'est plus « plus que morte » pour nous. Elle est une morte dont on se souvient affectueusement. La justice veut que nous redressions l'idée que nous avions d'elle. Et par la toute-puissante vertu de la justice, elle ressuscite en esprit dans notre cœur pour paraître à ce jugement dernier que nous rendons loin d'elle, avec calme, les yeux en pleurs.

XXII
PRÉSENCE RÉELLE

Nous nous sommes aimés dans un village perdu d'Engadine au nom deux fois doux : le rêve des sonorités allemandes s'y mourait dans la volupté des syllabes italiennes. À l'entour, trois lacs d'un vert inconnu baignaient des forêts de sapins. Des glaciers et des pics fermaient l'horizon. Le soir, la diversité des plans multipliait la douceur des éclairages. Oublierons-nous jamais les promenades au bord du lac de Sils-Maria, quand l'après-midi finissait, à six heures ? Les mélèzes d'une si noire sérénité quand ils avoisinent la neige éblouissante tendaient vers l'eau bleu pâle, presque mauve, leurs branches d'un vert suave et brillant. Un soir l'heure nous fut particulièrement propice ; en quelques instants, le soleil baissant, fit passer l'eau par toutes les nuances et notre âme par toutes les voluptés. Tout à coup nous fîmes un mouvement, nous venions de voir un petit papillon rose, puis deux, puis cinq, quitter les fleurs de notre rive et voltiger au-dessus du lac. Bientôt ils semblaient une impalpable poussière de rose emportée, puis ils abordaient aux fleurs de l'autre rive, revenaient et doucement recommençaient l'aventureuse traversée, s'arrêtant parfois comme tentés au-dessus de ce lac précieusement nuancé alors comme une grande fleur qui se fane. C'en était trop et nos yeux s'emplissaient de larmes. Ces petits papillons, en traversant le lac, passaient et repassaient sur notre âme, — sur notre âme toute tendue d'émotion devant tant de beautés, prête à vibrer, — passaient et repassaient comme un archet voluptueux. Le mouvement léger de leur vol n'effleurait pas les eaux, mais caressait nos yeux, nos cœurs, et à chaque coup de leurs petites ailes roses nous manquions de défaillir. Quand nous les aperçûmes qui revenaient de l'autre rive, décelant ainsi qu'ils jouaient et librement se promenaient sur les eaux, une harmonie délicieuse résonna pour nous ; eux cependant revenaient doucement avec mille détours capricieux qui varièrent l'harmonie primitive et dessinaient une mélodie d'une fantaisie enchanteresse. Notre âme devenue sonore écoutait en leur vol silencieux une musique de charme et de liberté et toutes les douces harmonies intenses du lac, des bois, du ciel et de notre propre vie l'accompagnaient avec une douceur magique qui nous fit fondre en larmes.

Je ne t'avais jamais parlé et tu étais même loin de mes yeux cette année-là. Mais que nous nous sommes aimés alors en Engadine ! Jamais je n'avais assez de toi, jamais je ne te laissais à la maison. Tu m'accompagnais dans mes promenades, mangeais à ma table, couchais dans mon lit, rêvais dans mon âme. Un jour — se peut-il qu'un sûr instinct, mystérieux messager, ne t'ait pas avertie de ces enfantillages où tu fus si étroitement mêlée, que tu vécus, oui, vraiment vécus, tant tu avais en moi une « présence réelle » ? — un jour (nous n'avions ni l'un ni l'autre jamais vu l'Italie), nous restâmes comme éblouis de ce mot qu'on nous dit de l'Alpgrun : « De là on voit jusqu'en Italie. » Nous partîmes pour l'Alpgrun, imaginant que, dans le spectacle étendu devant le pic, là où commencerait l'Italie, le paysage réel et dur cesserait brusquement et que s'ouvrirait dans un fond de rêve une vallée toute bleue. En route, nous nous rappelâmes qu'une frontière ne change pas le sol et que si même il changeait ce serait trop insensiblement pour que nous puissions le remarquer ainsi, tout d'un coup. Un peu déçus nous riions pourtant d'avoir été si petits enfants tout à l'heure.

Mais en arrivant au sommet, nous restâmes éblouis. Notre enfantine imagination était devant nos yeux réalisée. À côté de nous, des glaciers étincelaient. À nos pieds des torrents sillonnaient un sauvage pays d'Engadine d'un vert sombre. Puis une colline un peu mystérieuse ; et après des pentes mauves entrouvraient et fermaient tour à tour une vraie contrée bleue, une étincelante avenue vers l'Italie. Les noms n'étaient plus les mêmes, aussitôt s'harmonisaient avec cette suavité nouvelle. On nous montrait le lac de Poschiavo, le pizzo di Verone, le val de Viola. Après nous allâmes à un endroit extraordinairement sauvage et solitaire, où la désolation de la nature et la certitude qu'on y était inaccessible à tous, et aussi invisible, invincible, aurait accru jusqu'au délire la volupté de s'aimer là. Je sentis alors vraiment à fond la tristesse de ne t'avoir pas avec moi sous tes matérielles espèces, autrement que sous la robe de mon regret, en la réalité de mon désir. Je descendis un peu jusqu'à l'endroit encore très élevé où les voyageurs venaient regarder. On a dans une auberge isolée un livre où ils écrivent leurs noms. J'écrivis le mien et à côté une combinaison de lettres qui était une allusion au tien, parce qu'il m'était impossible alors de ne pas me donner une preuve matérielle de la réalité de ton voisinage spirituel. En mettant un peu de toi sur ce livre il me semblait que je me soulageais d'autant du poids obsédant dont tu étouffais mon âme. Et puis, j'avais l'immense espoir de te mener un jour là, lire cette ligne ; ensuite tu monterais avec moi plus haut encore me venger de toute cette tristesse. Sans que j'aie rien eu à t'en dire, tu aurais tout compris, ou plutôt de tout tu te serais souvenue ; et tu t'abandonnerais en montant, pèserais un peu sur moi pour mieux me faire sentir que cette fois tu étais bien là ; et moi entre tes lèvres qui gardent un léger parfum de tes cigarettes d'Orient, je trouve-

rais tout l'oubli. Nous dirions très haut des paroles
insensées pour la gloire de crier sans que personne au
plus loin puisse nous entendre ; des herbes courtes, au
souffle léger des hauteurs, frémiraient seules. La mon-
tée te ferait ralentir tes pas, un peu souffler et ma
figure s'approcherait pour sentir ton souffle : nous
serions fous. Nous irions aussi là où un lac blanc est à
côté d'un lac noir doux comme une perle blanche à
côté d'une perle noire. Que nous nous serions aimés
dans un village perdu d'Engadine ! Nous n'aurions
laissé approcher de nous que des guides de montagne,
ces hommes si grands dont les yeux reflètent autre
chose que les yeux des autres hommes, sont aussi
comme d'une autre « eau ». Mais je ne me soucie plus
de toi. La satiété est venue avant la possession.
L'amour platonique lui-même a ses saturations. Je ne
voudrais plus t'emmener dans ce pays que, sans le
comprendre et même le connaître, tu m'évoques avec
une fidélité si touchante. Ta vue ne garde pour moi
qu'un charme, celui de me rappeler tout à coup ces
noms d'une douceur étrange, allemande et italienne :
Sils-Maria, Silva Plana, Crestalta, Samaden, Celerina,
Juliers, val de Viola.

XXIII

COUCHER DE SOLEIL
INTÉRIEUR

Comme la nature, l'intelligence a ses spectacles.
Jamais les levers de soleil, jamais les clairs de lune qui
si souvent m'ont fait délirer jusqu'aux larmes, n'ont
surpassé pour moi en attendrissement passionné ce
vaste embrasement mélancolique qui, durant les pro-

menades à la fin du jour, nuance alors autant de flots dans notre âme que le soleil quand il se couche en fait briller sur la mer. Alors nous précipitons nos pas dans la nuit. Plus qu'un cavalier que la vitesse croissante d'une bête adorée étourdit et enivre, nous nous livrons en tremblant de confiance et de joie aux pensées tumultueuses auxquelles, mieux nous les possédons et les dirigeons, nous nous sentons appartenir de plus en plus irrésistiblement. C'est avec une émotion affectueuse que nous parcourons la campagne obscure et saluons les chênes pleins de nuit, comme le champ solennel, comme les témoins épiques de l'élan qui nous entraîne et qui nous grise. En levant les yeux au ciel, nous ne pouvons reconnaître sans exaltation, dans l'intervalle des nuages encore émus de l'adieu du soleil, le reflet mystérieux de nos pensées : nous nous enfonçons de plus en plus vite dans la campagne, et le chien qui nous suit, le cheval qui nous porte ou l'ami qui s'est tu, moins encore parfois quand nul être vivant n'est auprès de nous, la fleur à notre boutonnière ou la canne qui tourne joyeusement dans nos mains fébriles, reçoit en regards et en larmes le tribut mélancolique de notre délire.

XXIV

COMME À LA LUMIÈRE
DE LA LUNE

La nuit était venue, je suis allé à ma chambre, anxieux de rester maintenant dans l'obscurité sans plus voir le ciel, les champs et la mer rayonner sous le soleil. Mais quand j'ai ouvert la porte, j'ai trouvé la chambre illuminée comme au soleil couchant. Par la fenêtre je voyais la maison, les champs, le ciel et la mer, ou plutôt il me semblait les « revoir » en rêve ; la douce lune me les rappelait plutôt qu'elle ne me les montrait, répandant sur leur silhouette une splendeur pâle qui ne dissipait pas l'obscurité, épaissie comme un oubli sur leur forme. Et j'ai passé des heures à regarder dans la cour le souvenir muet, vague, enchanté et pâli des choses qui, pendant le jour, m'avaient fait plaisir ou m'avaient fait mal, avec leurs cris, leurs voix ou leur bourdonnement.

L'amour s'est éteint, j'ai peur au seuil de l'oubli ; mais apaisés, un peu pâles, tout près de moi et pourtant lointains et déjà vagues, voici, comme à la lumière de la lune, tous mes bonheurs passés et tous mes chagrins guéris qui me regardent et qui se taisent. Leur silence m'attendrit cependant que leur éloignement et leur pâleur indécise m'enivrent de tristesse et de poésie. Et je ne puis cesser de regarder ce clair de lune intérieur[1].

XXV

CRITIQUE DE L'ESPÉRANCE
À LA LUMIÈRE DE L'AMOUR

À peine une heure à venir nous devient-elle le présent qu'elle se dépouille de ses charmes, pour les retrouver, il est vrai, si notre âme est un peu vaste et en *perspectives* bien ménagées, quand nous l'aurons laissée loin derrière nous, sur les routes de la mémoire. Ainsi le village poétique vers lequel nous hâtions le trot de nos espoirs impatients et de nos juments fatiguées exhale de nouveau, quand on a dépassé la colline, ces harmonies voilées, dont la vulgarité de ses rues, le

disparate de ses maisons, si rapprochées et fondues à
l'horizon, l'évanouissement du brouillard bleu qui
semblait le pénétrer, ont si mal tenu les vagues
promesses. Mais comme l'alchimiste, qui attribue
chacun de ses insuccès à une cause accidentelle et
chaque fois différente, loin de soupçonner dans l'essence même du présent une imperfection incurable,
nous accusons la malignité des circonstances particulières, les charges de telle situation enviée, le mauvais
caractère de telle maîtresse désirée, les mauvaises
dispositions de notre santé un jour qui aurait dû être
un jour de plaisir, le mauvais temps ou les mauvaises
hôtelleries pendant un voyage, d'avoir empoisonné
notre bonheur. Aussi certains d'arriver à éliminer ces
causes destructives de toute jouissance, nous en appelons sans cesse avec une confiance parfois boudeuse
mais jamais désillusionnée d'un rêve réalisé, c'est-à-
dire déçu, à un avenir rêvé.

Mais certains hommes réfléchis et chagrins qui
rayonnent plus ardemment encore que les autres à la
lumière de l'espérance découvrent assez vite qu'hélas !
elle n'émane pas des heures attendues, mais de nos
cœurs débordants de rayons que la nature ne connaît
pas et qui les versent à torrents sur elle sans y allumer
un foyer. Ils ne se sentent plus la force de désirer ce
qu'ils savent n'être pas désirable, de vouloir atteindre
des rêves qui se flétriront dans leur cœur quand ils
voudront les cueillir hors d'eux-mêmes. Cette disposition mélancolique est singulièrement accrue et justi-
fiée dans l'amour. L'imagination en passant et repas-
sant sans cesse sur ses espérances, aiguise admirablement ses déceptions. L'amour malheureux nous ren-
dant impossible l'expérience du bonheur nous
empêche encore d'en découvrir le néant. Mais quelle
leçon de philosophie, quel conseil de la vieillesse, quel
déboire de l'ambition passe en mélancolie les joies de

l'amour heureux ! Vous m'aimez, ma chère petite ; comment avez-vous été assez cruelle pour le dire ? Le voilà donc ce bonheur ardent de l'amour partagé dont la pensée seule me donnait le vertige et me faisait claquer des dents !

Je défais vos fleurs, je soulève vos cheveux, j'arrache vos bijoux, j'atteins votre chair, mes baisers recouvrent et battent votre corps comme la mer qui monte sur le sable ; mais vous-même m'échappez et avec vous le bonheur. Il faut vous quitter, je rentre seul et plus triste. Accusant cette calamité dernière, je retourne à jamais auprès de vous ; c'est ma dernière illusion que j'ai arrachée, je suis à jamais malheureux.

Je ne sais pas comment j'ai eu le courage de vous dire cela, c'est le bonheur de toute ma vie que je viens de rejeter impitoyablement, ou du moins la consolation, car vos yeux dont la confiance heureuse m'enivrait encore parfois, ne refléteront plus que le triste désenchantement dont votre sagacité et vos déceptions vous avaient déjà avertie. Puisque ce secret que l'un de nous cachait à l'autre, nous l'avons proféré tout haut, il n'est plus de bonheur pour nous. Il ne nous reste même plus les joies désintéressées de l'espérance. L'espérance est un acte de foi. Nous avons désabusé sa crédulité : elle est morte. Après avoir renoncé à jouir, nous ne pouvons plus nous enchanter à espérer. Espérer sans espoir, qui serait si sage, est impossible.

Mais rapprochez-vous de moi, ma chère petite amie. Essuyez vos yeux, pour voir, je ne sais pas si ce sont les larmes qui me brouillent la vue, mais je crois distinguer là-bas, derrière nous, de grands feux qui s'allument. Oh ! ma chère petite amie que je vous aime ! donnez-moi la main, allons sans trop approcher vers ces beaux feux... Je pense que c'est l'indulgent et puissant Souvenir qui nous veut du bien et qui est en train de faire beaucoup pour nous, ma chère.

XXVI

SOUS-BOIS

Nous n'avons rien à craindre mais beaucoup à apprendre de la tribu vigoureuse et pacifique des arbres qui produit sans cesse pour nous des essences fortifiantes, des baumes calmants, et dans la gracieuse compagnie desquels nous passons tant d'heures fraîches, silencieuses et closes. Par ces après-midi brûlants où la lumière, par son excès même, échappe à notre regard, descendons dans un de ces « fonds » normands d'où montent avec souplesse des hêtres élevés et épais dont les feuillages écartent comme une berge mince mais résistante cet océan de lumière, et n'en retiennent que quelques gouttes qui tintent mélodieusement dans le noir silence du sous-bois. Notre esprit n'a pas, comme au bord de la mer, dans les plaines, sur les montagnes, la joie de s'étendre sur le monde, mais le bonheur d'en être séparé ; et, borné de toutes parts par les troncs indéracinables, il s'élance en hauteur à la façon des arbres. Couchés sur le dos, la tête renversée dans les feuilles sèches, nous pouvons suivre du sein d'un repos profond la joyeuse agilité de notre esprit qui monte, sans faire trembler le feuillage, jusqu'aux plus hautes branches où il se pose au bord du ciel doux, près d'un oiseau qui chante. Çà et là un peu de soleil stagne au pied des arbres qui, parfois, y laissent rêveusement tremper et dorer les feuilles extrêmes de leurs branches. Tout le reste, détendu et fixé, se tait, dans un sombre bonheur. Élancés et debout, dans la vaste offrande de leurs branches, et pourtant reposés et calmes[1], les arbres, par cette attitude étrange et naturelle, nous invitent avec des murmures gracieux à sympathiser avec une vie si antique et si jeune, si différente de la nôtre et dont elle semble l'obscure réserve inépuisable.

Un vent léger trouble un instant leur étincelante et sombre immobilité, et les arbres tremblent faiblement, balançant la lumière sur leurs cimes et remuant l'ombre à leurs pieds.

Petit-Abbeville (Dieppe), août 1895[1].

XXVII

LES MARRONNIERS

J'aimais surtout à m'arrêter sous les marronniers immenses quand ils étaient jaunis par l'automne. Que d'heures j'ai passées dans ces grottes mystérieuses et verdâtres à regarder au-dessus de ma tête les murmu-rantes cascades d'or pâle qui y versaient la fraîcheur et l'obscurité ! J'enviais les rouges-gorges et les écureuils d'habiter ces frêles et profonds pavillons de verdure dans les branches, ces antiques jardins suspendus que chaque printemps, depuis deux siècles, couvre de fleurs blanches et parfumées. Les branches, insensible-ment courbées, descendaient noblement de l'arbre vers la terre, comme d'autres arbres qui auraient été plantés sur le tronc, la tête en bas. La pâleur des feuilles qui restaient faisait ressortir encore les bran-chages qui déjà paraissaient plus solides et plus noirs d'être dépouillés, et qui ainsi réunis au tronc sem-blaient retenir comme un peigne magnifique la douce chevelure blonde répandue.

Réveillon, octobre 1895[2].

XXVIII
LA MER

La mer fascinera toujours ceux chez qui le dégoût de la vie et l'attrait du mystère ont devancé les premiers chagrins, comme un pressentiment de l'insuffisance de la réalité à les satisfaire. Ceux-là qui ont besoin de repos avant d'avoir éprouvé encore aucune fatigue, la mer les consolera, les exaltera vaguement. Elle ne porte pas comme la terre les traces des travaux des hommes et de la vie humaine. Rien n'y demeure, rien n'y passe qu'en fuyant, et des barques qui la traversent, combien le sillage est vite évanoui ! De là cette grande pureté de la mer que n'ont pas les choses terrestres. Et cette eau vierge est bien plus délicate que la terre endurcie qu'il faut une pioche pour entamer. Le pas d'un enfant sur l'eau y creuse un sillon profond avec un bruit clair, et les nuances unies de l'eau en sont un moment brisées ; puis tout vestige s'efface, et la mer est redevenue calme comme aux premiers jours du monde. Celui qui est las des chemins de la terre ou qui devine, avant de les avoir tentés, combien ils sont âpres et vulgaires, sera séduit par les pâles routes de la mer, plus dangereuses et plus douces, incertaines et désertes. Tout y est plus mystérieux, jusqu'à ces grandes ombres qui flottent parfois paisiblement sur les champs nus de la mer, sans maisons et sans ombrages, et qu'y étendent les nuages, ces hameaux célestes, ces vagues ramures.

La mer a le charme des choses qui ne se taisent pas la nuit, qui sont pour notre vie inquiète une permission de dormir, une promesse que tout ne va pas s'anéantir, comme la veilleuse des petits enfants qui se sentent moins seuls quand elle brille. Elle n'est pas séparée du ciel comme la terre, est toujours en harmonie avec ses couleurs, s'émeut de ses nuances les plus délicates. Elle rayonne sous le soleil et chaque soir semble mourir avec lui. Et quand il a disparu, elle continue à le regretter, à conserver un peu de son lumineux souvenir, en face de la terre uniformément sombre. C'est le moment de ses reflets mélancoliques et si doux qu'on sent son cœur se fondre en les regardant. Quand la nuit est presque venue et que le ciel est sombre sur la terre noircie, elle luit encore faiblement, on ne sait par quel mystère, par quelle brillante relique du jour enfouie sous les flots.

Elle rafraîchit notre imagination parce qu'elle ne fait pas penser à la vie des hommes, mais elle réjouit notre âme, parce qu'elle est, comme elle, aspiration infinie et impuissante, élan sans cesse brisé de chutes, plainte éternelle et douce. Elle nous enchante ainsi comme la musique, qui ne porte pas comme le langage la trace des choses, qui ne nous dit rien des hommes, mais qui imite les mouvements de notre âme. Notre cœur en s'élançant avec leurs vagues, en retombant avec elles, oublie ainsi ses propres défaillances, et se console dans une harmonie intime entre sa tristesse et celle de la mer, qui confond sa destinée et celle des choses.

Septembre 1892.

XXIX

MARINE

Les paroles dont j'ai perdu le sens, peut-être faudrait-il me les faire redire d'abord par toutes ces

choses qui ont depuis si longtemps un chemin conduisant en moi, depuis bien des années délaissé, mais
qu'on peut reprendre et qui, j'en ai la foi, n'est pas à
jamais fermé. Il faudrait revenir en Normandie, ne pas
s'efforcer, aller simplement près de la mer. Ou plutôt je
prendrais les chemins boisés d'où on l'aperçoit de
temps en temps et où la brise mêle l'odeur du sel [1], des
feuilles humides et du lait. Je ne demanderais rien à
toutes ces choses natales. Elles sont généreuses à
l'enfant qu'elles virent naître, d'elles-mêmes lui rap-
prendraient les choses oubliées. Tout et son parfum
d'abord m'annoncerait la mer, mais je ne l'aurais pas
encore vue. Je l'entendrais faiblement. Je suivrais un
chemin d'aubépines, bien connu jadis, avec attendrissement, avec l'anxiété aussi, par une brusque déchi-
rure de la haie, d'apercevoir tout à coup l'invisible et
présente amie, la folle qui se plaint toujours, la vieille
reine mélancolique, la mer. Tout à coup je la verrais ;
ce serait par un de ces jours de somnolence sous le
soleil éclatant où elle réfléchit le ciel bleu comme elle,
seulement plus pâle. Des voiles blanches comme des
papillons seraient posées sur l'eau immobile, sans plus
vouloir bouger, comme pâmées de chaleur. Ou bien la
mer serait au contraire agitée, jaune sous le soleil
comme un grand champ de boue, avec des soulève-
ments, qui de si loin paraîtraient fixés, couronnés
d'une neige éblouissante.

XXX

VOILES AU PORT

Dans le port étroit et long comme une chaussée d'eau
entre ses quais peu élevés où brillent les lumières du

soir, les passants s'arrêtaient pour regarder, comme de nobles étrangers arrivés de la veille et prêts à repartir, les navires qui y étaient assemblés. Indifférents à la curiosité qu'ils excitaient chez une foule dont ils paraissaient dédaigner la bassesse ou seulement ne pas parler la langue, ils gardaient dans l'auberge humide où ils s'étaient arrêtés une nuit, leur élan silencieux et immobile. La solidité de l'étrave ne parlait pas moins des longs voyages qui leur restaient à faire que ses avaries des fatigues qu'ils avaient déjà supportées sur ces routes glissantes, antiques comme le monde et nouvelles comme le passage qui les creuse et auquel elles ne survivent pas. Frêles et résistants, ils étaient tournés avec une fierté triste vers l'Océan qu'ils dominent et où ils sont comme perdus. La complication merveilleuse et savante des cordages se reflétait dans l'eau comme une intelligence précise et prévoyante plonge dans la destinée incertaine qui tôt ou tard la brisera. Si récemment retirés de la vie terrible et belle dans laquelle ils allaient se retremper demain, leurs voiles étaient molles encore du vent qui les avait gonflées, leur beaupré s'inclinait obliquement sur l'eau comme hier encore leur démarche, et, de la proue à la poupe, la courbure de leur coque semblait garder la grâce mystérieuse et flexible de leur sillage.

LA FIN DE LA JALOUSIE

I

> « Donne-nous les biens, soit que nous les deman-
> dions, soit que nous ne les demandions pas, et
> éloigne de nous les maux quand même nous te les
> demanderions. » — « Cette prière me paraît belle
> et sûre. Si tu y trouves quelque chose à reprendre,
> ne le cache pas[1]. »
>
> PLATON

« Mon petit arbre, mon petit âne[2], ma mère, mon
frère, mon pays[3], mon petit Dieu, mon petit étranger,
mon petit lotus, mon petit coquillage, mon chéri, ma
petite plante, va-t'en, laisse-moi m'habiller et je te
retrouverai rue de la Baume à huit heures. Je t'en prie,
n'arrive pas après huit heures et quart, parce que j'ai
très faim. »

Elle voulut fermer la porte de sa chambre sur
Honoré, mais il lui dit encore : « Cou ! » et elle tendit
aussitôt son cou avec une docilité, un empressement
exagérés qui le firent éclater de rire :

« Quand même tu ne voudrais pas, lui dit-il, il y a
entre ton cou et ma bouche, entre tes oreilles et mes

moustaches, entre tes mains et mes mains des petites amitiés particulières. Je suis sûr qu'elles ne finiraient pas si nous ne nous aimions plus, pas plus que, depuis que je suis brouillé avec ma cousine Paule, je ne peux empêcher mon valet de pied d'aller tous les soirs causer avec sa femme de chambre. C'est d'elle-même et sans mon assentiment que ma bouche va vers ton cou. »

Ils étaient maintenant à un pas l'un de l'autre. Tout à coup leurs regards s'aperçurent et chacun essaya de fixer dans les yeux de l'autre la pensée qu'ils s'aimaient; elle resta une seconde ainsi, debout, puis tomba sur une chaise en étouffant, comme si elle avait couru. Et ils se dirent presque en même temps avec une exaltation sérieuse, en prononçant fortement avec les lèvres, comme pour embrasser :

« Mon amour ! »

Elle répéta d'un ton maussade et triste, en secouant la tête :

« Oui, mon amour. »

Elle savait qu'il ne pouvait pas résister à ce petit mouvement de tête, il se jeta sur elle en l'embrassant et lui dit lentement : « Méchante ! » et si tendrement, que ses yeux à elle se mouillèrent.

Sept heures et demie sonnèrent. Il partit.

En rentrant chez lui, Honoré se répétait à lui-même : « Ma mère, mon frère, mon pays, — il s'arrêta, — oui, mon pays !... mon petit coquillage, mon petit arbre », et il ne put s'empêcher de rire en prononçant ces mots qu'ils s'étaient si vite faits à leur usage, ces petits mots qui peuvent sembler vides et qu'ils emplissaient d'un sens infini. Se confiant sans y penser au génie inventif et fécond de leur amour, ils s'étaient vu peu à peu doter par lui d'une langue à eux, comme pour un peuple, d'armes, de jeux et de lois.

Tout en s'habillant pour aller dîner, sa pensée était

suspendue sans effort au moment où il allait la revoir comme un gymnaste touche déjà le trapèze encore éloigné vers lequel il vole, ou comme une phrase musicale semble atteindre l'accord qui la résoudra et la rapproche de lui, de toute la distance qui l'en sépare, par la force même du désir qui la promet et l'appelle. C'est ainsi qu'Honoré traversait rapidement la vie depuis un an, se hâtant dès le matin vers l'heure de l'après-midi où il la verrait. Et ses journées en réalité n'étaient pas composées de douze ou quatorze heures différentes, mais de quatre ou cinq demi-heures, de leur attente et de leur souvenir.

Honoré était arrivé depuis quelques minutes chez la princesse d'Alériouvre, quand Mme Seaune entra. Elle dit bonjour à la maîtresse de la maison et aux différents invités et parut moins dire bonsoir à Honoré que lui prendre la main comme elle aurait pu le faire au milieu d'une conversation. Si leur liaison eût été connue, on aurait pu croire qu'ils étaient venus ensemble, et qu'elle avait attendu quelques instants à la porte pour ne pas entrer en même temps que lui. Mais ils auraient pu ne pas se voir pendant deux jours (ce qui depuis un an ne leur était pas encore arrivé une fois) et ne pas éprouver cette joyeuse surprise de se retrouver qui est au fond de tout bonjour amical, car, ne pouvant rester cinq minutes sans penser l'un à l'autre, ils ne pouvaient jamais se rencontrer, ne se quittant jamais.

Pendant le dîner, chaque fois qu'ils se parlaient, leurs manières passaient en vivacité et en douceur celles d'une amie et d'un ami, mais étaient empreintes d'un respect majestueux et naturel que ne connaissent pas les amants. Ils apparaissaient ainsi semblables à ces dieux que la fable rapporte avoir habité sous des déguisements parmi les hommes, ou comme deux anges dont la familiarité fraternelle exalte la joie, mais ne diminue pas le respect que leur inspire la noblesse commune de leur origine et de leur sang mystérieux. En même temps qu'il éprouvait la puissance des iris et des roses qui régnaient languissamment sur la table, l'air se pénétrait peu à peu du parfum de cette tendresse qu'Honoré et Françoise exhalaient naturellement. À certains moments, il paraissait embaumer avec une violence plus délicieuse encore que son habituelle douceur, violence que la nature ne leur avait pas permis de modérer plus qu'à l'héliotrope au soleil, ou, sous la pluie, aux lilas en fleurs.

C'est ainsi que leur tendresse n'étant pas secrète était d'autant plus mystérieuse. Chacun pouvait en approcher comme de ces bracelets impénétrables et sans défense aux poignets d'une amoureuse, qui portent écrits en caractères inconnus et visibles le nom qui la fait vivre ou qui la fait mourir, et qui semblent en offrir sans cesse le sens aux yeux curieux et déçus qui ne peuvent pas le saisir.

« Combien de temps l'aimerai-je encore ? » se disait Honoré en se levant de table. Il se rappelait combien de passions qu'à leur naissance il avait crues immortelles avaient peu duré et la certitude que celle-ci finirait un jour assombrissait sa tendresse.

Alors il se rappela que, le matin même, pendant qu'il était à la messe, au moment où le prêtre lisant l'Évangile disait : « Jésus étendant la main leur dit : Cette créature-là est mon frère, elle est aussi ma mère et tous ceux de ma famille [1] », il avait un instant tendu à Dieu toute son âme, en tremblant, mais bien haut, comme une palme, et avait prié : « Mon Dieu ! mon Dieu ! faites-moi la grâce de l'aimer toujours. Mon Dieu, c'est la seule grâce que je vous demande, faites, mon Dieu, qui le pouvez, que je l'aime toujours ! »

Maintenant, dans une de ces heures toutes physiques où l'âme s'efface en nous derrière l'estomac qui digère, la peau qui jouit d'une ablution récente et d'un linge fin, la bouche qui fume, l'œil qui se repaît d'épaules nues et de lumières, il répétait plus mollement sa prière, doutant d'un miracle qui viendrait déranger la loi psychologique de son inconstance aussi impossible à rompre que les lois physiques de la pesanteur ou de la mort.

Elle vit ses yeux préoccupés, se leva, et, passant près de lui qui ne l'avait pas vue, comme ils étaient assez loin des autres, elle lui dit avec ce ton traînard, pleurard, ce ton de petit enfant qui le faisait toujours rire, et comme s'il venait de lui parler :

« Quoi ? »

Il se mit à rire et lui dit :

« Ne dis pas un mot de plus, ou je t'embrasse, tu entends, je t'embrasse devant tout le monde ! »

Elle rit d'abord, puis reprenant son petit air triste et mécontent pour l'amuser, elle dit :

« Oui, oui, c'est très bien, tu ne pensais pas du tout à moi ! »

Et lui, la regardant en riant, répondit :

« Comme tu sais très bien mentir ! » et, avec douceur, il ajouta : « Méchante ! méchante ! »

Elle le quitta et alla causer avec les autres. Honoré songeait : « Je tâcherai, quand je sentirai mon cœur se détacher d'elle, de le retenir si doucement, qu'elle ne le sentira même pas. Je serai toujours aussi tendre, aussi respectueux. Je lui cacherai le nouvel amour qui aura remplacé dans mon cœur mon amour pour elle aussi soigneusement que je lui cache aujourd'hui les plaisirs que, seul, mon corps goûte çà et là en dehors d'elle. » (Il jeta les yeux du côté de la princesse d'Alériouvre.) Et de son côté, il la laisserait peu à peu fixer sa vie ailleurs, par d'autres attachements. Il ne serait pas jaloux, désignerait lui-même ceux qui lui paraîtraient pouvoir lui offrir un hommage plus décent ou plus glorieux. Plus il imaginait en Françoise une autre femme qu'il n'aimerait pas, mais dont il goûterait savamment tous les charmes spirituels, plus le partage lui paraissait noble et facile. Les mots d'amitié tolérante et douce, de belle charité à faire aux plus dignes avec ce qu'on possède de meilleur, venaient affluer mollement à ses lèvres détendues.

À cet instant, Françoise ayant vu qu'il était dix heures, dit bonsoir et partit. Honoré l'accompagna jusqu'à sa voiture, l'embrassa imprudemment dans la nuit et rentra.

Trois heures plus tard, Honoré rentrait à pied avec M. de Buivres, dont on avait fêté ce soir-là le retour du Tonkin [1]. Honoré l'interrogeait sur la princesse d'Alériouvre qui, restée veuve à peu près à la même époque, était bien plus belle que Françoise. Honoré, sans en être amoureux, aurait eu grand plaisir à la posséder s'il avait été certain de le pouvoir sans que Françoise le sût et en éprouvât du chagrin.

« On ne sait trop rien sur elle, dit M. de Buivres, ou du moins on ne savait trop rien quand je suis parti, car depuis que je suis revenu, je n'ai revu personne.

— En somme, il n'y avait rien de très facile ce soir, conclut Honoré.

— Non, pas grand-chose », répondit M. de Buivres ; et comme Honoré était arrivé à sa porte, la conversation allait se terminer là, quand M. de Buivres ajouta :

« Excepté Mme Seaune à qui vous avez dû être présenté, puisque vous étiez du dîner. Si vous en avez envie, c'est très facile. Mais à moi, elle ne me dirait pas ça !

— Mais je n'ai jamais entendu dire ce que vous dites, dit Honoré.

— Vous êtes jeune, répondit Buivres, et tenez, il y avait ce soir quelqu'un qui se l'est fortement payée, je crois que c'est incontestable, c'est ce petit François de

Gouvres. Il dit qu'elle a un tempérament! Mais il
paraît qu'elle n'est pas bien faite. Il n'a pas voulu
continuer. Je parie que pas plus tard qu'en ce moment
elle fait la noce quelque part. Avez-vous remarqué
comme elle quitte toujours le monde de bonne heure?

— Elle habite pourtant, depuis qu'elle est veuve,
dans la même maison que son frère, et elle ne se
risquerait pas à ce que le concierge raconte qu'elle
rentre dans la nuit.

— Mais, mon petit, de dix heures à une heure du
matin on a le temps de faire bien des choses! Et puis
est-ce qu'on sait? Mais une heure, il les est bientôt, il
faut vous laisser vous coucher. »

Il tira lui-même la sonnette; au bout d'un instant, la
porte s'ouvrit; Buivres tendit la main à Honoré, qui lui
dit adieu machinalement, entra, se sentit en même
temps pris du besoin fou de ressortir, mais la porte
s'était lourdement refermée sur lui, et excepté son
bougeoir qui l'attendait en brûlant avec impatience au
pied de l'escalier, il n'y avait plus aucune lumière. Il
n'osa pas réveiller le concierge pour se faire ouvrir et
monta chez lui.

II

> « Nos actes sont nos bons et nos mauvais anges,
> les ombres fatales qui marchent à nos côtés[1]. »
>
> **BEAUMONT ET FLETCHER**

La vie avait bien changé pour Honoré depuis le jour
où M. de Buivres lui avait tenu, entre tant d'autres, des
propos — semblables à ceux qu'Honoré lui-même avait
écoutés ou prononcés tant de fois avec indifférence, —
mais qu'il ne cessait plus le jour quand il était seul, et

toute la nuit, d'entendre. Il avait tout de suite posé
quelques questions à Françoise, qui l'aimait trop et
souffrait trop de son chagrin pour songer à s'offenser ;
elle lui avait juré qu'elle ne l'avait jamais trompé et
qu'elle ne le tromperait jamais.

Quand il était près d'elle, quand il tenait ses petites
mains à qui il disait, répétant les vers de Verlaine :

Belles petites mains qui fermerez mes yeux [1],

quand il l'entendait lui dire : « Mon frère, mon pays,
mon bien-aimé », et que sa voix se prolongeait indéfiniment dans son cœur avec la douceur natale des
cloches, il la croyait ; et s'il ne se sentait plus heureux
comme autrefois, au moins il ne lui semblait pas
impossible que son cœur convalescent retrouvât un
jour le bonheur. Mais quand il était loin de Françoise,
quelquefois aussi quand, étant près d'elle, il voyait ses
yeux briller de feux qu'il s'imaginait aussitôt allumés
autrefois, — qui sait, peut-être hier comme ils le
seraient demain, — allumés par un autre ; quand,
venant de céder au désir tout physique d'une autre
femme, et se rappelant combien de fois il y avait cédé
et avait pu mentir à Françoise sans cesser de l'aimer, il
ne trouvait plus absurde de supposer qu'elle aussi lui
mentait, qu'il n'était même pas nécessaire pour lui
mentir de ne pas l'aimer, et qu'avant de le connaître
elle s'était jetée sur d'autres avec cette ardeur qui le
brûlait maintenant, — et lui paraissait plus terrible
que l'ardeur qu'il lui inspirait, à elle, ne lui paraissait
douce, parce qu'il la voyait avec l'imagination qui
grandit tout.

Alors, il essaya de lui dire qu'il l'avait trompée ; il
l'essaya non par vengeance ou besoin de la faire
souffrir comme lui, mais pour qu'en retour elle lui dît
aussi la vérité, surtout pour ne plus sentir le mensonge

habiter en lui, pour expier les fautes de sa sensualité, puisque, pour créer un objet à sa jalousie, il lui semblait par moments que c'était son propre mensonge et sa propre sensualité qu'il projetait en Françoise.

C'était un soir, en se promenant avenue des Champs-Élysées, qu'il essaya de lui dire qu'il l'avait trompée. Il fut effrayé en la voyant pâlir, tomber sans forces sur un banc, mais bien plus quand elle repoussa sans colère, mais avec douceur, dans un abattement sincère et désolé, la main qu'il approchait d'elle. Pendant deux jours, il crut qu'il l'avait perdue ou plutôt qu'il l'avait retrouvée. Mais cette preuve involontaire, éclatante et triste qu'elle venait de lui donner de son amour, ne suffisait pas à Honoré. Eût-il acquis la certitude impossible qu'elle n'avait jamais été qu'à lui, la souffrance inconnue que son cœur avait apprise le soir où M. de Buivres l'avait reconduit jusqu'à sa porte, non pas une souffrance pareille, ou le souvenir de cette souffrance, mais cette souffrance même n'aurait pas cessé de lui faire mal quand même on lui eût démontré qu'elle était sans raison. Ainsi nous tremblons encore à notre réveil au souvenir de l'assassin que nous avons déjà reconnu pour l'illusion d'un rêve ; ainsi les amputés souffrent toute leur vie dans la jambe qu'ils n'ont plus.

En vain, le jour il avait marché, s'était fatigué à cheval, en bicyclette, aux armes, en vain il avait rencontré Françoise, l'avait ramenée chez elle, et, le soir, avait recueilli dans ses mains, à son front, sur ses yeux, la confiance, la paix, une douceur de miel, pour revenir chez lui encore calmé et riche de l'odorante provision, à peine était-il rentré qu'il commençait à s'inquiéter, se mettait vite dans son lit pour s'endormir avant que fût altéré son bonheur qui, couché avec précaution dans tout le baume de cette tendresse

récente et fraîche encore d'à peine une heure, parvien-
drait à travers la nuit, jusqu'au lendemain, intact et
glorieux comme un prince d'Égypte ; mais il sentait
que les paroles de Buivres, ou telle des innombrables
images qu'il s'était formées depuis, allait apparaître à
sa pensée et qu'alors ce serait fini de dormir. Elle
n'était pas encore apparue, cette image, mais il la
sentait là toute prête et se raidissant contre elle, il
rallumait sa bougie, lisait, s'efforçait, avec le sens des
phrases qu'il lisait, d'emplir sans trêve et sans y laisser
de vide son cerveau pour que l'affreuse image n'ait pas
un moment ou un rien de place pour s'y glisser.

Mais tout à coup, il la trouvait là qui était entrée, et
il ne pouvait plus la faire sortir maintenant ; la porte
de son attention qu'il maintenait de toutes ses forces à
s'épuiser avait été ouverte par surprise ; elle s'était
refermée, et il allait passer toute la nuit avec cette
horrible compagne. Alors c'était sûr, c'était fini, cette
nuit-ci comme les autres il ne pourrait pas dormir une
minute ; eh bien, il allait à la bouteille de bromidia [1],
en buvait trois cuillerées, et certain maintenant qu'il
allait dormir, effrayé même de penser qu'il ne pourrait
plus faire autrement que de dormir, quoi qu'il advînt,
il se remettait à penser à Françoise avec effroi, avec
désespoir, avec haine. Il voulait, profitant de ce qu'on
ignorait sa liaison avec elle, faire des paris sur sa vertu
avec des hommes, les lancer sur elle, voir si elle
céderait, tâcher de découvrir quelque chose, de savoir
tout, se cacher dans une chambre (il se rappelait
l'avoir fait pour s'amuser étant plus jeune) et tout voir.
Il ne broncherait pas d'abord pour les autres, puisqu'il
l'aurait demandé avec l'air de plaisanter, — sans cela
quel scandale ! quelle colère ! — mais surtout à cause
d'elle, pour voir si le lendemain quand il lui demande-
rait : « Tu ne m'as jamais trompé ? » elle lui répondrait : « Jamais », avec ce même air aimant. Peut-être

elle avouerait tout, et de fait n'aurait succombé que sous ses artifices. Et alors ç'aurait été l'opération salutaire après laquelle son amour serait guéri de la maladie qui le tuait, lui, comme la maladie d'un parasite tue l'arbre (il n'avait qu'à se regarder dans la glace éclairée faiblement par sa bougie nocturne pour en être sûr). Mais, non, car l'image reviendrait toujours, combien plus forte que celles de son imagination et avec quelle puissance d'assènement incalculable sur sa pauvre tête, il n'essayait même pas de le concevoir.

Alors, tout à coup, il songeait à elle, à sa douceur, à sa tendresse, à sa pureté et voulait pleurer de l'outrage qu'une seconde il avait songé à lui faire subir. Rien que l'idée de proposer cela à des camarades de fête !

Bientôt il sentait le frisson général, la défaillance qui précède de quelques minutes le sommeil par le bromidia. Tout d'un coup n'apercevant rien, aucun rêve, aucune sensation, entre sa dernière pensée et celle-ci, il se disait : « Comment, je n'ai pas encore dormi ? » Mais en voyant qu'il faisait grand jour, il comprenait que pendant plus de six heures, le sommeil du bromidia l'avait possédé sans qu'il le goûtât.

Il attendait que ses élancements à la tête fussent un peu calmés, puis se levait et essayait en vain par l'eau froide et la marche de ramener quelques couleurs, pour que Françoise ne le trouvât pas trop laid, sur sa figure pâle, sous ses yeux tirés. En sortant de chez lui, il allait à l'église, et là, courbé et las, de toutes les dernières forces désespérées de son corps fléchi qui voulait se relever et rajeunir, de son cœur malade et vieillissant qui voulait guérir, de son esprit, sans trêve harcelé et haletant et qui voulait la paix, il priait Dieu, Dieu à qui, il y a deux mois à peine, il demandait de lui faire la grâce d'aimer toujours Françoise, il priait Dieu maintenant avec la même force, toujours avec la force de cet amour qui jadis, sûr de mourir, demandait à

vivre, et qui maintenant, effrayé de vivre, implorait de
mourir, le priait de lui faire la grâce de ne plus aimer
Françoise, de ne plus l'aimer trop longtemps, de ne pas
l'aimer toujours, de faire qu'il puisse enfin l'imaginer
dans les bras d'un autre sans souffrir, puisqu'il ne
pouvait plus se l'imaginer que dans les bras d'un autre.
Et peut-être il ne se l'imaginerait plus ainsi quand il
pourrait l'imaginer sans souffrance.

Alors il se rappelait combien il avait craint de ne pas
l'aimer toujours, combien il gravait alors dans son
souvenir pour que rien ne pût les effacer, ses joues
toujours tendues à ses lèvres, son front, ses petites
mains, ses yeux graves, ses traits adorés. Et soudain,
les apercevant réveillés de leur calme si doux par le
désir d'un autre, il voulait n'y plus penser et ne
revoyait que plus obstinément ses joues tendues, son
front, ses petites mains — oh! ses petites mains, elles
aussi! — ses yeux graves, ses traits détestés.

À partir de ce jour, s'effrayant d'abord lui-même
d'entrer dans une telle voie, il ne quitta plus Françoise,
épiant sa vie, l'accompagnant dans ses visites, la
suivant dans ses courses, attendant une heure à la
porte des magasins. S'il avait pu penser qu'il l'empêchait ainsi matériellement de le tromper, il y aurait
sans doute renoncé, craignant qu'elle ne le prît en
horreur; mais elle le laissait faire avec tant de joie de
le sentir toujours près d'elle, que cette joie le gagna peu
à peu, et lentement le remplissait d'une confiance,
d'une certitude qu'aucune preuve matérielle n'aurait
pu lui donner, comme ces hallucinés que l'on parvient
quelquefois à guérir en leur faisant toucher de la main
le fauteuil, la personne vivante qui occupent la place
où ils croyaient voir un fantôme et en faisant ainsi
chasser le fantôme du monde réel par la réalité même
qui ne lui laisse plus de place.

Honoré s'efforçait ainsi, en éclairant et en remplissant dans son esprit d'occupations certaines toutes les journées de Françoise, de supprimer ces vides et ces ombres où venaient s'embusquer les mauvais esprits de la jalousie et du doute qui l'assaillaient tous les soirs. Il recommença à dormir, ses souffrances étaient plus rares, plus courtes, et si alors il l'appelait, quelques instants de sa présence le calmaient pour toute une nuit.

III

> « Nous devons nous confier à l'âme jusqu'à la fin ; car des choses aussi belles et aussi magnétiques que les relations de l'amour ne peuvent être supplantées et remplacées que par des choses plus belles et d'un degré plus élevé[1]. »
>
> EMERSON

Le salon de Mme Seaune, née princesse de Galaise-Orlandes, dont nous avons parlé dans la première partie de ce récit sous son prénom de Françoise, est encore aujourd'hui un des salons les plus recherchés de Paris. Dans une société où un titre de duchesse l'aurait confondue avec tant d'autres, son nom bourgeois se distingue comme une mouche dans un visage, et en échange du titre perdu par son mariage avec M. Seaune, elle a acquis ce prestige d'avoir volontairement renoncé à une gloire qui élève si haut, pour une imagination bien née, les paons blancs, les cygnes noirs, les violettes blanches et les reines en captivité.

Mme Seaune a beaucoup reçu cette année et l'année dernière, mais son salon a été fermé pendant les trois années précédentes, c'est-à-dire celles qui ont suivi la mort d'Honoré de Tenvres.

Les amis d'Honoré qui se réjouissaient de le voir peu

à peu retrouver sa belle mine et sa gaieté d'autrefois, le rencontraient maintenant à toute heure avec Mme Seaune et attribuaient son relèvement à cette liaison qu'ils croyaient toute récente.

C'est deux mois à peine après le rétablissement complet d'Honoré que survint l'accident de l'avenue du Bois-de-Boulogne, dans lequel il eut les deux jambes cassées sous un cheval emporté.

L'accident eut lieu le premier mardi de mai ; la péritonite se déclara le dimanche. Honoré reçut les sacrements le lundi et fut emporté ce même lundi à six heures du soir. Mais du mardi, jour de l'accident, au dimanche soir, il fut le seul à croire qu'il était perdu.

Le mardi, vers six heures, après les premiers pansements faits, il demanda à rester seul, mais qu'on lui montât les cartes des personnes qui étaient déjà venues savoir de ses nouvelles.

Le matin même, il y avait au plus huit heures de cela, il avait descendu à pied l'avenue du Bois-de-Boulogne. Il avait respiré tour à tour et exhalé dans l'air mêlé de brise et de soleil, il avait reconnu au fond des yeux des femmes qui suivaient avec admiration sa beauté rapide, un instant perdu au détour même de sa capricieuse gaieté, puis rattrapé sans effort et dépassé bien vite entre les chevaux au galop et fumants, goûté dans la fraîcheur de sa bouche affamée et arrosée par l'air doux, la même joie profonde qui embellissait ce matin-là la vie, du soleil, de l'ombre, du ciel, des pierres, du vent d'est et des arbres, des arbres aussi majestueux que des hommes debout, aussi reposés que des femmes endormies dans leur étincelante immobilité.

À un moment, il avait regardé l'heure, était revenu sur ses pas et alors... alors cela était arrivé. En une seconde, le cheval qu'il n'avait pas vu lui avait cassé les deux jambes. Cette seconde-là ne lui apparaissait pas du tout comme ayant dû être nécessairement telle. À cette même seconde il aurait pu être un peu plus loin, ou un peu moins loin, ou le cheval aurait pu être détourné, ou, s'il y avait eu de la pluie, il serait rentré plus tôt chez lui, ou. s'il n'avait pas regardé l'heure, il ne serait pas revenu sur ses pas et aurait poursuivi jusqu'à la cascade. Mais pourtant cela qui aurait si bien pu ne pas être qu'il pouvait feindre un instant que cela n'était qu'un rêve, cela était une chose réelle, cela faisait maintenant partie de sa vie, sans que toute sa volonté y pût rien changer. Il avait les deux jambes cassées et le ventre meurtri. Oh! l'accident en lui-même n'était pas si extraordinaire; il se rappelait qu'il n'y avait pas huit jours, pendant un dîner chez le docteur S..., on avait parlé de C..., qui avait été blessé de la même manière par un cheval emporté. Le docteur, comme on demandait de ses nouvelles, avait dit : « Son affaire est mauvaise. » Honoré avait insisté, questionné sur la blessure, et le docteur avait répondu d'un air important, pédantesque et mélancolique : « Mais ce n'est pas seulement la blessure ; c'est tout un ensemble ; ses fils lui donnent de l'ennui ; il n'a plus la situation qu'il avait autrefois ; les attaques des journaux lui ont porté un coup. Je voudrais me tromper, mais il est dans un fichu état. » Cela dit, comme le docteur se sentait au contraire, lui, dans un excellent état, mieux portant, plus intelligent et plus considéré que jamais, comme Honoré savait que Françoise l'aimait de plus en plus, que le monde avait accepté leur liaison et s'inclinait non moins devant leur bonheur que devant la grandeur du caractère de Françoise ; comme enfin, la femme du docteur S..., émue en se représentant la fin misérable et l'abandon de C..., défendait par hygiène à elle-même et à ses enfants aussi bien de penser à des événements tristes que d'assister à des enterrements, chacun répéta une der-

nière fois : « Ce pauvre C..., son affaire est mauvaise »
en avalant une dernière coupe de vin de Champagne, et
en sentant au plaisir qu'il éprouvait à la boire que
« leur affaire » à eux était excellente.

Mais ce n'était plus du tout la même chose. Honoré
maintenant se sentant submergé par la pensée de son
malheur, comme il l'avait souvent été par la pensée du
malheur des autres, ne pouvait plus comme alors
reprendre pied en lui-même. Il sentait se dérober sous
ses pas ce sol de la bonne santé sur lequel croissent nos
plus hautes résolutions et nos joies les plus gracieuses,
comme ont leurs racines dans la terre noire et mouillée
les chênes et les violettes ; et il butait à chaque pas en
lui-même. En parlant de C... à ce dîner auquel il
repensait, le docteur avait dit : « Déjà avant l'accident
et depuis les attaques des journaux, j'avais rencontré
C..., je lui avais trouvé la mine jaune, les yeux creux,
une sale tête ! » Et le docteur avait passé sa main d'une
adresse et d'une beauté célèbres sur sa figure rose et
pleine, au long de sa barbe fine et bien soignée et
chacun avait imaginé avec plaisir sa propre bonne
mine comme un propriétaire s'arrête à regarder avec
satisfaction son locataire, jeune encore, paisible et
riche. Maintenant Honoré se regardant dans la glace
était effrayé de « sa mine jaune », de sa « sale tête ». Et
aussitôt la pensée que le docteur dirait pour lui les
mêmes mots que pour C..., avec la même indifférence,
l'effraya. Ceux mêmes qui viendraient à lui pleins de
pitié s'en détourneraient assez vite comme d'un objet
dangereux pour eux ; ils finiraient par obéir aux
protestations de leur bonne santé, de leur désir d'être
heureux et de vivre. Alors sa pensée se reporta sur
Françoise, et, courbant les épaules, baissant la tête
malgré soi, comme si le commandement de Dieu avait
été là, levé sur lui, il comprit avec une tristesse infinie
et soumise qu'il fallait renoncer à elle. Il eut la

sensation de l'humilité de son corps incliné dans sa faiblesse d'enfant, avec sa résignation de malade, sous ce chagrin immense, et il eut pitié de lui comme souvent, à toute la distance de sa vie entière, il s'était aperçu avec attendrissement tout petit enfant, et il eut envie de pleurer.

Il entendit frapper à la porte. On apportait les cartes qu'il avait demandées. Il savait bien qu'on viendrait chercher de ses nouvelles, car il n'ignorait pas que son accident était grave, mais tout de même, il n'avait pas cru qu'il y aurait tant de cartes, et il fut effrayé de voir que tant de gens étaient venus, qui le connaissaient si peu et ne se seraient dérangés que pour son mariage ou son enterrement. C'était un monceau de cartes et le concierge le portait avec précaution pour qu'il ne tombât pas du grand plateau, d'où elles débordaient. Mais tout d'un coup, quand il les eut toutes près de lui, ces cartes, le monceau lui apparut une toute petite chose, ridiculement petite vraiment, bien plus petite que la chaise ou la cheminée. Et il fut plus effrayé encore que ce fût si peu, et se sentit si seul, que pour se distraire il se mit fiévreusement à lire les noms ; une carte, deux cartes, trois cartes, ah ! il tressaillit et de nouveau regarda : « Comte François de Gouvres ». Il devait bien pourtant s'attendre à ce que M. de Gouvres vînt prendre de ses nouvelles, mais il y avait longtemps qu'il n'avait pensé à lui, et tout de suite la phrase de Buivres : « *Il y avait ce soir quelqu'un qui a dû rudement se la payer, c'est François de Gouvres ; — il dit qu'elle a un tempérament ! mais il paraît qu'elle est affreusement faite, et il n'a pas voulu continuer* », lui revint, et sentant toute la souffrance ancienne qui du fond de sa conscience remontait en un instant à la surface, il se dit : « Maintenant je me réjouis si je suis perdu. Ne pas mourir, rester cloué là, et, pendant des années, tout le temps qu'elle ne sera pas auprès de moi, une partie du

jour, toute la nuit, la voir chez un autre ! Et maintenant ce ne serait plus par maladie que je la verrais
ainsi, ce serait sûr. Comment pourrait-elle m'aimer
encore ? un amputé ! » Tout d'un coup il s'arrêta. « Et
si je meurs, après moi ? »

Elle avait trente ans, il franchit d'un saut le temps
plus ou moins long où elle se souviendrait, lui serait
fidèle. Mais il viendrait un moment... « Il dit " *qu'elle a
un tempérament...* " Je veux vivre, je veux vivre et je
veux marcher, je veux la suivre partout, je veux être
beau, je veux qu'elle m'aime ! »

À ce moment, il eut peur en entendant sa respiration
qui sifflait, il avait mal au côté, sa poitrine semblait
s'être rapprochée de son dos, il ne respirait pas comme
il voulait, il essayait de reprendre haleine et ne pouvait
pas. À chaque seconde il se sentait respirer et ne pas
respirer assez. Le médecin vint. Honoré n'avait qu'une
légère attaque d'asthme nerveux [1]. Le médecin parti, il
fut plus triste ; il aurait préféré que ce fût plus grave et
être plaint. Car il sentait bien que si cela n'était pas
grave, autre chose l'était et qu'il s'en allait. Maintenant il se rappelait toutes les souffrances physiques de
sa vie, il se désolait ; jamais ceux qui l'aimaient le plus
ne l'avaient plaint sous prétexte qu'il était nerveux.
Dans les mois terribles qu'il avait passés après son
retour avec Buivres, quand à sept heures il s'habillait
après avoir marché toute la nuit, son frère qui se
réveillait un quart d'heure les nuits qui suivent des
dîners trop copieux lui disait :

« Tu t'écoutes trop ; moi aussi, il y a des nuits où je
ne dors pas. Et puis, on croit qu'on ne dort pas, on dort
toujours un peu. »

C'est vrai qu'il s'écoutait trop ; au fond de sa vie, il
écoutait toujours la mort qui jamais ne l'avait laissé
tout à fait et qui, sans détruire entièrement sa vie, la
minait, tantôt ici, tantôt là. Maintenant son asthme

augmentait, il ne pouvait pas reprendre haleine, toute sa poitrine faisait un effort douloureux pour respirer. Et il sentait le voile qui nous cache la vie, la mort qui est en nous, s'écarter et il apercevait l'effrayante chose que c'est de respirer, de vivre.

Puis, il se trouva reporté au moment où elle serait consolée, et alors, qui ce serait-il ? Et sa jalousie s'affola de l'incertitude de l'événement et de sa nécessité. Il aurait pu l'empêcher en vivant, il ne pouvait pas vivre et alors ? Elle dirait qu'elle entrerait au couvent, puis quand il serait mort se raviserait. Non ! il aimait mieux ne pas être deux fois trompé, savoir. — Qui ? — Gouvres, Alériouvre, Buivres, Breyves ? Il les aperçut tous et, en serrant ses dents contre ses dents, il sentit la révolte furieuse qui devait à ce moment indigner sa figure. Il se calma lui-même. Non, ce ne sera pas cela, pas un homme de plaisir, il faut que cela soit un homme qui l'aime vraiment. Pourquoi est-ce que je ne veux pas que ce soit un homme de plaisir ? Je suis fou de me le demander, c'est si naturel. Parce que je l'aime pour elle-même, que je veux qu'elle soit heureuse. — Non, ce n'est pas cela, c'est que je ne veux pas qu'on excite ses sens, qu'on lui donne plus de plaisir que je ne lui en ai donné, qu'on lui en donne du tout. Je veux bien qu'on lui donne du bonheur, je veux bien qu'on lui donne de l'amour, mais je ne veux pas qu'on lui donne du plaisir. Je suis jaloux du plaisir de l'autre, de son plaisir à elle. Je ne serai pas jaloux de leur amour. Il faut qu'elle se marie, qu'elle choisisse bien... Ce sera triste tout de même.

Alors un de ses désirs de petit enfant lui revint, du petit enfant qu'il était quand il avait sept ans et se couchait tous les soirs à huit heures. Quand sa mère, au lieu de rester jusqu'à minuit dans sa chambre qui était à côté de celle d'Honoré, puis de s'y coucher, devait sortir vers onze heures et jusque-là s'habiller, il la suppliait de s'habiller avant dîner et de partir n'importe où, ne pouvant supporter l'idée, pendant qu'il essayait de s'endormir, qu'on se préparait dans la maison pour une soirée, pour partir. Et pour lui faire plaisir et le calmer, sa mère tout habillée et décolletée à huit heures venait lui dire bonsoir, et partait chez une amie attendre l'heure du bal. Ainsi seulement, dans ces jours si tristes pour lui où sa mère allait au bal, il pouvait, chagrin, mais tranquille, s'endormir.

Maintenant la même prière qu'il faisait à sa mère, la même prière à Françoise lui montait aux lèvres. Il aurait voulu lui demander de se marier tout de suite, qu'elle fût prête, pour qu'il pût enfin s'endormir pour toujours, désolé, mais calme, et point inquiet de ce qui se passerait après qu'il se serait endormi.

Les jours qui suivirent, il essaya de parler à Françoise qui, comme le médecin lui-même, ne le croyait pas perdu et repoussa avec une énergie douce mais inflexible la proposition d'Honoré.

Ils avaient tellement l'habitude de se dire la vérité, que chacun disait même la vérité qui pouvait faire de la peine à l'autre, comme si tout au fond de chacun d'eux, de leur être nerveux et sensible dont il fallait ménager les susceptibilités, ils avaient senti la présence d'un Dieu, supérieur et indifférent à toutes ces précautions bonnes pour des enfants, et qui exigeait et devait la vérité. Et envers ce Dieu qui était au fond de Françoise, Honoré, et envers ce Dieu qui était au fond d'Honoré, Françoise, s'étaient toujours senti des devoirs devant qui cédaient le désir de ne pas se chagriner, de ne pas s'offenser, les mensonges les plus sincères de la tendresse et de la pitié.

Aussi quand Françoise dit à Honoré qu'il vivrait, il sentit bien qu'elle le croyait et se persuada peu à peu de le croire :

« Si je dois mourir, je ne serai plus jaloux quand je

serai mort ; mais jusqu'à ce que je sois mort ? Tant que
mon corps vivra, oui ! Mais puisque je ne suis jaloux
que du plaisir, puisque c'est mon corps qui est jaloux,
puisque ce dont je suis jaloux, ce n'est pas de son cœur,
ce n'est pas de son bonheur, que je veux, par qui sera le
plus capable de le faire ; quand mon corps s'effacera,
quand l'âme l'emportera sur lui, quand je serai
détaché peu à peu des choses matérielles comme un
soir déjà quand j'ai été très malade, alors que je ne
désirerai plus follement le corps et que j'aimerai
d'autant plus l'âme, je ne serai plus jaloux. Alors
véritablement j'aimerai. Je ne peux pas bien concevoir
ce que ce sera, maintenant que mon corps est encore
tout vivant et révolté, mais je peux l'imaginer un peu,
par ces heures où ma main dans la main de Françoise,
je trouvais dans une tendresse infinie et sans désirs
l'apaisement de mes souffrances et de ma jalousie.
J'aurai bien du chagrin en la quittant, mais de ce
chagrin qui autrefois me rapprochait encore de moi-
même, qu'un ange venait consoler en moi, ce chagrin
qui m'a révélé l'ami mystérieux des jours de malheur,
mon âme, ce chagrin calme, grâce auquel je me
sentirai plus beau pour paraître devant Dieu, et non la
maladie horrible qui m'a fait mal pendant si longtemps sans élever mon cœur, comme un mal physique
qui lancine, qui dégrade et qui diminue. C'est avec
mon corps, avec le désir de son corps que j'en serai
délivré. — Oui, mais jusque-là, que deviendrai-je ? plus
faible, plus incapable d'y résister que jamais, abattu
sur mes deux jambes cassées, quand, voulant courir à
elle pour voir qu'elle n'est pas où j'aurai rêvé, je
resterai là, sans pouvoir bouger, berné par tous ceux
qui pourront " *se la payer* " tant qu'ils voudront à ma
face d'infirme qu'ils ne craindront plus. »

   La nuit du dimanche au lundi, il rêva qu'il étouffait,
sentait un poids énorme sur sa poitrine. Il demandait

grâce, n'avait plus la force de déplacer tout ce poids, le sentiment que tout cela était ainsi sur lui depuis très longtemps lui était inexplicable, il ne pouvait pas le tolérer une seconde de plus, il suffoquait. Tout d'un coup, il se sentit miraculeusement allégé de tout ce fardeau qui s'éloignait, s'éloignait, l'ayant à jamais délivré. Et il se dit : « Je suis mort ! »

Et, au-dessus de lui, il apercevait monter tout ce qui avait si longtemps pesé ainsi sur lui à l'étouffer ; il crut d'abord que c'était l'image de Gouvres, puis seulement ses soupçons, puis ses désirs, puis cette attente d'autre-fois dès le matin, criant vers le moment où il verrait Françoise, puis la pensée de Françoise. Cela prenait à toute minute une autre forme, comme un nuage, cela grandissait, grandissait sans cesse, et maintenant il ne s'expliquait plus comment cette chose qu'il compre-nait être immense comme le monde avait pu être sur lui, sur son petit corps d'homme faible, sur son pauvre cœur d'homme sans énergie et comment il n'en avait pas été écrasé. Et il comprit aussi qu'il en avait été écrasé et que c'était une vie d'écrasé qu'il avait menée. Et cette immense chose qui avait pesé sur sa poitrine de toute la force du monde, il comprit que c'était son amour.

Puis il se redit : « Vie d'écrasé ! » et il se rappela qu'au moment où le cheval l'avait renversé, il s'était dit : « Je vais être écrasé », il se rappela sa promenade, qu'il devait ce matin-là aller déjeuner avec Françoise, et alors, par ce détour, la pensée de son amour lui revint. Et il se dit : « Est-ce mon amour qui pesait sur moi ? Qu'est-ce que ce serait si ce n'était mon amour ? Mon caractère, peut-être ? Moi ? ou encore la vie ? » Puis il pensa : « Non, quand je mourrai, je ne serai pas délivré de mon amour, mais de mes désirs charnels, de mon envie charnelle, de ma jalousie. » Alors il dit : « Mon Dieu, faites venir cette heure, faites-la venir vite, mon Dieu, que je connaisse le parfait amour. »

Le dimanche soir, la péritonite s'était déclarée ; le lundi matin vers dix heures, il fut pris de fièvre, voulait Françoise, l'appelait, les yeux ardents : « Je veux que tes yeux brillent aussi, je veux te faire plaisir comme je ne t'ai jamais fait... je veux te faire... je t'en ferai mal. » Puis soudain, il pâlissait de fureur. « Je vois bien pourquoi tu ne veux pas, je sais bien ce que tu t'es fait faire ce matin, et où et par qui, et je sais qu'il voulait me faire chercher, me mettre derrière la porte pour que je vous voie, sans pouvoir me jeter sur vous, puisque je n'ai plus mes jambes, sans pouvoir vous empêcher, parce que vous auriez eu encore plus de plaisir en me voyant là pendant ; il sait si bien tout ce qu'il faut pour te faire plaisir, mais je le tuerai avant, avant je te tuerai, et encore avant je me tuerai. Vois ! je me suis tué ! » Et il retombait sans force sur l'oreiller.

Il se calma peu à peu et toujours cherchant avec qui elle pourrait se marier après sa mort, mais c'étaient toujours les images qu'il écartait, celle de François de Gouvres, celle de Buivres, celles qui le torturaient, qui revenaient toujours.

À midi, il avait reçu les sacrements. Le médecin avait dit qu'il ne passerait pas l'après-midi. Il perdait extrêmement vite ses forces, ne pouvait plus absorber de nourriture, n'entendait presque plus. Sa tête restait libre et sans rien dire, pour ne pas faire de peine à Françoise qu'il voyait accablée, il pensait à elle après qu'il ne serait plus rien, qu'il ne saurait plus rien d'elle, qu'elle ne pourrait plus l'aimer.

Les noms qu'il avait dits machinalement, le matin encore, de ceux qui la posséderaient peut-être, se remirent à défiler dans sa tête pendant que ses yeux suivaient une mouche qui s'approchait de son doigt comme si elle voulait le toucher, puis s'envolait et revenait sans le toucher pourtant ; et comme, ranimant

son attention un moment endormie, revenait le nom de
François de Gouvres, et il se dit qu'en effet peut-être il
la posséderait et en même temps il pensait : « Peut-être
la mouche va-t-elle toucher le drap ? non, pas encore »,
alors se tirant brusquement de sa rêverie : « Comment ? l'une des deux choses ne me paraît pas plus
importante que l'autre ! Gouvres possédera-t-il Françoise, la mouche touchera-t-elle le drap ? oh ! la possession de Françoise est un peu plus importante. » Mais
l'exactitude avec laquelle il voyait la différence qui
séparait ces deux événements lui montra qu'ils ne le
touchaient pas beaucoup plus l'un que l'autre. Et il se
dit : « Comment, cela m'est si égal ! Comme c'est
triste. » Puis il s'aperçut qu'il ne disait : « comme c'est
triste » que par habitude et qu'ayant changé tout à fait,
il n'était plus triste d'avoir changé. Un vague sourire
desserra ses lèvres. « Voilà, se dit-il, mon pur amour
pour Françoise. Je ne suis plus jaloux, c'est que je suis
bien près de la mort ; mais qu'importe, puisque cela
était nécessaire pour que j'éprouve enfin pour Françoise le véritable amour. »

Mais alors, levant les yeux, il aperçut Françoise, au
milieu des domestiques, du docteur, de deux vieilles
parentes, qui tous priaient là près de lui[1]. Et il
s'aperçut que l'amour, pur de tout égoïsme, de toute
sensualité, qu'il voulait si doux, si vaste et si divin en
lui, chérissait les vieilles parentes, les domestiques, le
médecin lui-même, autant que Françoise, et qu'ayant
déjà pour elle l'amour de toutes les créatures à qui son
âme semblable à la leur l'unissait maintenant, il
n'avait plus d'autre amour pour elle. Il ne pouvait
même pas en concevoir de la peine tant tout amour
exclusif d'elle, l'idée même d'une préférence pour elle,
était maintenant abolie.

En pleurs, au pied du lit, elle murmurait les plus
beaux mots d'autrefois : « Mon pays, mon frère. » Mais

lui, n'ayant ni le vouloir, ni la force de la détromper, souriait et pensait que son « pays » n'était plus en elle, mais dans le ciel et sur toute la terre. Il répétait dans son cœur : « Mes frères », et s'il la regardait plus que les autres, c'était par pitié seulement, pour le torrent de larmes qu'il voyait s'écouler sous ses yeux, ses yeux qui se fermeraient bientôt et déjà ne pleuraient plus. Mais il ne l'aimait pas plus et pas autrement que le médecin, que les vieilles parentes, que les domestiques. Et c'était là la fin de sa jalousie.

Reliquat

Textes publiés en revue
et non repris par Proust
dans
Les Plaisirs et les Jours

CHOSES NORMANDES

> « Trouville, chef-lieu de canton, 6 808 habitants,
> peut loger l'été plus de 15 000 étrangers. »
>
> *Guide Joanne*

À Paul Grünebaum [1]

Depuis quelques jours on peut contempler le calme
de la mer dans le ciel redevenu pur, comme on
contemple une âme dans un regard. Mais il n'y a plus
personne pour se plaire aux folies et aux apaisements
de la mer de septembre, puisqu'il est élégant de quitter
les plages à la fin d'août pour aller à la campagne. Mais
j'envie, et, si je les connais, je visite souvent ceux dont
la campagne est voisine de la mer, est située au-dessus
de Trouville, par exemple. J'envie celui qui peut passer
l'automne en Normandie, pour peu qu'il sache penser
et sentir. Ses terres, jamais bien froides, même en
hiver, sont les plus vertes qu'il y ait, naturellement
gazonnées sans la plus mince lacune, et, même au

revers des coteaux, en l'aimable disposition appelée fonts boisées. Souvent d'une terrasse, où sur la table servie fume le thé blond, on peut apercevoir « le soleil rayonnant sur la mer[1] » et des voiles qui viennent, « tous ces mouvements de ceux qui partent, de ceux qui ont encore la force de désirer et de vouloir[2] ». Du milieu si paisible et doux de toutes ces choses végétales on peut regarder la paix des mers, ou la mer orageuse, et les vagues couronnées d'écume et de mouettes, qui s'élancent comme des lions, faisant onduler sous le vent leur crinière blanche. Mais la lune, invisible à tous pendant le jour, mais qui continue à les troubler de son magnétique regard, les dompte, arrête soudain leur assaut et les excite de nouveau avant de les faire reculer encore, sans doute pour charmer les mélancoliques loisirs de l'assemblée des astres, princes mystérieux des ciels maritimes. Celui qui vit en Normandie voit tout cela ; et s'il descend dans la journée au bord de la mer, il l'entend qui semble rythmer ses sanglots aux élans de l'âme humaine, la mer, qui dans le monde créé correspond à la musique, puisque, ne nous montrant rien de matériel, et n'étant point à sa manière descriptive, elle semble le chant monotone d'une volonté ambitieuse et défaillante. Le soir il remonte dans la campagne, et de ses jardins il ne distingue plus le ciel et la mer qui se confondent. Il lui semble pourtant que cette ligne brillante les sépare : au-dessus c'est bien le ciel. C'est bien le ciel, cette légère ceinture d'azur pâle, et la mer mouille seulement ses franges d'or. Mais voici qu'un vaisseau l'écussonne, qui semble naviguer en plein ciel. Le soir, si la lune brille, elle blanchit les vapeurs très épaisses qui montent des herbages, et par un gracieux enchantement le champ semble être un lac ou un pré couvert de neige. Ainsi cette campagne, la plus riche de France, qui, avec son abondance intarissable de fermes, de vaches, de crème, de pommiers à cidre, de gazons épais, n'invite qu'à manger et à dormir, se pare, la nuit venue, de quelque mystère et rivalise de mélancolie avec la grande plaine de la mer. Enfin il y a quelques habitations tout à fait désirables, les unes assaillies par la mer et protégées contre elle, d'autres perchées sur la falaise, au milieu des bois, ou s'étendant largement sur des plateaux herbeux. Je ne parle point des maisons « orientales » ou « persanes[1] » qui plairaient mieux à Téhéran, mais surtout des maisons normandes, en réalité moitié normandes moitié anglaises, où l'abondance des épis de faîtage multiplie les points de vue et complique la silhouette, où les fenêtres tout en largeur ont tant de douceur et d'intimité, où, des jardinières faites dans le mur, sous chaque fenêtre, des fleurs pleuvent inépuisablement sur les escaliers extérieurs et sur les halls vitrés. C'est là que je rentre, car la nuit tombe, et je vais relire pour la centième fois le *Confiteor* du poète Gabriel Trarieux[2]...

SOUVENIR

Un domestique en livrée brune à boutons d'or vint m'ouvrir et m'introduisit presque aussitôt dans un petit salon tendu de cretonne, à lambris de sapin, et prenant vue sur la mer. Lorsque j'entrai, un jeune homme, assez beau garçon, ma foi, se leva, me salua froidement, puis se rassit dans son fauteuil et continua la lecture de son journal, tout en fumant sa pipe. Je restai debout, quelque peu embarrassé, je dirais même quelque peu préoccupé de l'accueil qui me serait fait ici. Avais-je raison, après tant d'années écoulées, de venir dans cette maison, où l'on m'avait peut-être depuis longtemps oublié ? dans cette maison jadis si hospitalière, où j'avais vécu des heures profondément douces, les plus heureuses de ma vie ?

Le jardin entourant la maison et formant terrasse à l'une de ses extrémités ; la maison elle-même, avec ses deux tourelles en brique rouge incrustée de faïences diversement colorées ; le long vestibule rectangulaire, où nous nous tenions les jours de pluie ; et jusqu'aux meubles du petit salon, où l'on venait de me faire entrer, rien n'avait changé.

Au bout de quelques instants, un vieillard à barbe blanche entra ; il était court de taille et très voûté. Son regard indécis donnait à son expression beaucoup d'indifférence. Je reconnus aussitôt Monsieur de N. Mais lui ne me remit point. Je me nommai à plusieurs reprises : mon nom n'évoquait en lui aucun souvenir. Mon embarras allait croissant. Nous nous regardions tous deux dans le blanc des yeux, sans trop savoir que nous dire. En vain je m'efforçai de le mettre sur la voie : il m'avait tout à fait oublié. J'étais un étranger pour lui. Nous allions prendre congé l'un de l'autre, quand la porte s'ouvrit brusquement : « Ma sœur Odette, me dit, d'une petite voix flûtée, une jolie fillette de dix à douze ans, ma sœur vient d'apprendre votre arrivée. Voulez-vous venir la voir ? Cela lui ferait tant de plaisir ! » Je la suivis, et nous descendîmes au jardin. Ici, en effet, je trouvai Odette étendue sur une chaise longue, enveloppée dans une grande couverture écossaise. Je ne l'aurais, pour ainsi dire, pas reconnue, tant elle avait changé. Ses traits s'étaient allongés, et ses yeux cerclés de noir semblaient perforer son visage blême. Elle qui avait été si jolie, elle ne l'était plus du tout. D'un air quelque peu contraint, elle me pria de m'asseoir auprès d'elle. Nous étions seuls. « Vous devez être bien surpris de me trouver en pareil état, me dit-elle après quelques instants. C'est que, depuis ma terrible maladie, je suis condamnée, comme vous

voyez, à rester étendue sans bouger. Je vis de sentiments et de douleurs. Je plonge mes regards dans cette
mer bleue, dont la grandeur, en apparence infinie, a
pour moi tant de charme. Les vagues, venant se briser
sur la grève, sont autant de pensées tristes qui me
parcourent l'esprit, autant d'espérances dont il faut me
départir. Je lis, je lis même beaucoup. La musique des
vers évoque en moi les plus doux souvenirs et fait
vibrer tout mon être. Comme c'est gentil à vous de ne
m'avoir pas oubliée après tant d'années, et d'être venu
me voir ! Cela me fait du bien. Je vais déjà beaucoup
mieux. Je puis bien le dire, n'est-ce pas ? puisque nous
avons été si bons amis ensemble. Vous souvenez-vous
des parties de tennis que nous faisions ici, sur cet
emplacement même ? J'étais alerte, alors ; j'étais gaie.
Aujourd'hui, je ne peux plus être alerte ; je ne peux plus
être gaie. Quand je vois la mer se retirer loin, bien loin,
je pense souvent à nos promenades solitaires à marée
basse. J'en garde un souvenir charmant qui pourrait
suffire à me rendre heureuse, si je n'étais pas aussi
égoïste, aussi méchante. Mais, voyez-vous, j'ai de la
peine à me résigner, et, de temps en temps, malgré
moi, je me révolte contre mon sort. Je m'ennuie ainsi
toute seule, car je suis seule depuis que maman est
morte. Papa, lui, est trop malade et trop vieux pour
s'occuper de moi. Mon frère a eu un grand chagrin avec
une femme qui l'a affreusement trompé. Depuis ce
temps, il vit pour lui seul ; rien ne peut le consoler ou
même le distraire. Ma petite sœur, elle, est si jeune, et
d'ailleurs il faut la laisser vivre heureuse, tant qu'elle
le peut. »

Pendant qu'elle me parlait, son regard s'était animé ;
la couleur cadavérique de son teint avait disparu. Elle
avait repris sa douce expression d'autrefois. Elle était
de nouveau jolie. Mon Dieu, qu'elle était belle ! J'aurais
voulu la serrer dans mes bras : j'aurais voulu lui dire

que je l'aimais... Nous restâmes encore longtemps ensemble. Puis on la transporta dans la maison, la soirée devenant fraîche. Puis il me fallut prendre congé d'elle. Les larmes m'étranglaient. Je parcourus ce long vestibule, ce jardin délicieux dont le gravier des allées ne devait, hélas ! plus jamais grincer sous mes pas. Je descendis sur la plage ; elle était déserte. Je me promenai pensif, en songeant à Odette, le long de la mer qui se retirait indifférente et calme. Le soleil avait disparu derrière l'horizon ; mais il éclaboussait encore le ciel de ses rayons pourprés.

PIERRE DE TOUCHE

PORTRAIT DE MADAME ***

Nicole unit à des grâces italiennes le mystère des femmes du Nord. Elle a leur chevelure blonde, leurs yeux clairs comme la transparence du ciel dans un lac, leur port élevé. Mais elle respire une mollesse savante et comme mûrie à ce soleil toscan qui noie les regards des femmes, étire leurs bras, relève les coins de leurs lèvres, rythme leur démarche jusqu'à rendre toutes leurs beautés divinement langoureuses. Et ce n'est pas trop que les charmes de deux climats et de deux races se soient fondus pour composer le charme de Nicole, car elle est la parfaite courtisane, si l'on veut dire seulement par là que chez elle l'art de plaire est à un degré vraiment unique, qu'il est fait à la fois de dons et d'étude, qu'il est naturel et raffiné. Aussi la plus petite fleur prend entre ses seins ou dans sa main, le compliment le plus banal prend dans sa bouche, l'acte le plus vulgaire, comme l'offre de son bras pour aller à table, prend, quand c'est elle qui l'accomplit, une grâce qui trouble à l'égal d'une émotion artistique. Toutes les choses s'adoucissent autour d'elle en une délicieuse harmonie qui se résume dans les plis de sa robe. Mais Nicole ne se soucie pas du plaisir d'art qu'elle procure, et le regard qui semble promettre tant de félicités, à peine sait-elle sur qui elle l'a laissé tomber, sans autre raison sans doute qu'alors sa chute était jolie. Elle ne se soucie que du bien, l'aime assez pour le faire, l'aime trop pour se contenter de le faire, sans essayer de comprendre ce que — en le faisant — elle fait. On ne peut pas dire qu'elle ait le pédantisme de la magnanimité, car elle en a trop pour cela le goût sincère. Disons qu'elle en a l'érudition, érudition charmante qui ne met dans sa tête et dans sa bouche que les noms aimables des Vertus. Son charme en est plus doux encore, comme parfumé d'une odeur sainte. Il est rare de pouvoir admirer ce qu'on aime. Il n'en est que plus exquis de saisir dans la molle et riche beauté de Nicole, dans sa *lactea ubertas* [1], dans toute sa suave personne, les séductions, la fécondité d'un grand cœur.

AVANT LA NUIT

« Bien que je sois encore assez forte, vous savez (me dit-elle avec une plus intime douceur comme on atténue par l'accent les choses trop dures qu'on doit dire à ceux qu'on aime), vous savez que je peux mourir d'un jour à l'autre — tout en pouvant très bien vivre encore plusieurs mois. — Aussi je ne peux pas tarder davantage à vous révéler une chose qui pèse sur ma conscience ; vous comprendrez après combien il m'a été pénible de vous la dire. » Ses prunelles, symboliques fleurs bleues, se décolorèrent, comme si elles se fanaient. Je crus qu'elle allait pleurer, mais il n'en fut rien. « Je suis bien triste de détruire volontairement mon espérance d'être estimée après ma mort par mon meilleur ami, à ternir, à briser le souvenir qu'il eût gardé de moi et d'après lequel, pour la voir plus belle et plus harmonieuse, je me figure souvent ma propre vie. Mais le souci d'un arrangement esthétique (elle sourit en prononçant cette épithète avec la petite exagération ironique dont elle accompagnait les mots de ce genre extrêmement rares dans sa conversation) ne peut réprimer l'impérieux besoin de vérité qui me force à parler. Écoutez, Leslie, il faut que je vous le dise. Mais avant, donnez-moi mon manteau. Il fait un peu froid sur cette terrasse et le médecin m'a défendu de me soulever inutilement. » Je lui donnai son manteau. Le soleil était couché et la mer qu'on apercevait à travers les pommiers était mauve. Légers comme de claires couronnes flétries et persistants comme des regrets, de petits nuages bleus et roses flottaient à l'horizon. Une file mélancolique de peupliers plongeaient dans l'ombre, la tête résignée dans un rose d'église ; les derniers rayons, sans toucher leurs troncs, teignaient leurs branches accrochant à ces balustrades d'ombre des guirlandes de lumière. La brise mêlait les trois odeurs de la mer, des feuilles humides et du lait [1]. Jamais la campagne normande n'avait adouci de plus de volupté la mélancolie du soir, mais je la goûtais mal tant j'étais agité par les mystérieuses paroles de mon amie.

« Je vous ai beaucoup aimé, mais je vous ai peu donné, mon pauvre ami. — Pardonnez-moi Françoise si au mépris des règles de ce genre littéraire, j'interromps une *confession* que j'aurais dû écouter en silence — m'écriai-je en essayant de plaisanter pour la calmer, mais en réalité mortellement triste. Comment vous m'avez peu donné ? Vous m'avez d'autant plus donné que je vous demandais moins et bien plus en vérité que si les sens avaient eu quelque part dans notre tendresse. Surnaturelle comme une madone, douce

comme une nourrice, je vous ai adorée et vous m'avez
bercé. Je vous aimai d'une affection dont aucune
espérance de plaisir charnel ne venait déconcerter la
sagacité sensible. Ne m'apportiez-vous pas en échange
une amitié incomparable, un thé exquis, une conversation naturellement ornée, et combien de touffes de
roses fraîches ? Vous seule avez su de vos mains
maternelles et expressives rafraîchir mon front brûlant
de fièvre, couler du miel entre mes lèvres flétries,
mettre dans ma vie de nobles images. Chère amie, je ne
veux pas connaître cette confession absurde. Donnez-
moi vos mains que je les baise [1] : il fait froid ; rentrons
et parlons d'autre chose.

— Leslie, il faut pourtant que vous m'écoutiez, mon
pauvre petit. Cela est nécessaire. Vous êtes-vous jamais
demandé si veuve comme j'étais depuis ma vingtième
année j'étais toujours restée...

— J'en suis sûr, mais cela ne me regarde pas. Vous
êtes une créature tellement supérieure à toute autre
qu'une faiblesse de vous aurait un caractère de
noblesse et de beauté dont sont dépourvues les bonnes
actions des autres. Vous avez agi comme vous avez
pensé qu'il était bien et je suis certain que vous n'avez
jamais fait que des choses délicates et pures. —
Pures !... Leslie, votre confiance me désole comme un
reproche anticipé. Écoutez... je ne sais pas comment
vous dire cela. C'est bien pire que si j'avais aimé vous
par exemple, ou même un autre, oui vraiment
n'importe quel autre. » — Je devins blanc comme un
linge, blanc comme elle, hélas, et tremblant qu'elle ne
le vît essayais de rire et répétais sans trop savoir ce que
je disais : « Ah ! ah ! n'importe quel autre, que vous êtes
singulière. — Je disais bien pire, Leslie, je n'en sais
rien, à l'heure pourtant lumineuse qu'il est. Le soir on
voit les choses avec plus de calme, mais je ne vois pas
clairement ceci et il y a des ombres démesurées sur ma

vie. Mais si au fond de ma conscience je crois que ce n'était pas pire, pourquoi avoir honte de vous le dire ? — Était-ce pire ? » — Je ne comprenais pas ; mais en proie à une agitation horrible impossible à dissimuler, je commençai à trembler de peur comme dans un cauchemar. Je n'osais pas regarder l'allée maintenant pleine de nuit et d'épouvante qui s'ouvrait devant nous, je n'osais pas fermer les yeux non plus. — Sa voix qui était descendue en se brisant de tristesses de plus en plus profondes, remonta tout à coup et d'un ton naturel, sur une note claire, elle me dit : « Vous rappelez-vous, quand ma pauvre amie Dorothy fut surprise avec une chanteuse dont j'ai oublié le nom (je me réjouis de cette diversion qui, je l'espérais, nous écartait définitivement du récit de ses peines), comment vous m'expliquâtes alors que nous ne pouvions la mépriser ? Je me rappelle vos paroles : " Comment nous indigner d'habitudes que Socrate (il s'agissait d'hommes, mais n'est-ce pas la même chose), qui but la ciguë plutôt que de commettre une injustice, approuvait gaiement chez ses amis préférés ? Si l'amour fécond, destiné à perpétuer la race, noble comme un devoir familial, social, humain, est supérieur à l'amour purement voluptueux, en revanche il n'y a pas de hiérarchie entre les amours stériles et il n'est pas moins moral — ou plutôt pas plus immoral qu'une femme trouve du plaisir avec une autre femme plutôt qu'avec un être d'un autre sexe. La cause de cet amour est dans une altération nerveuse qui l'est trop exclusivement pour comporter un contenu moral. On ne peut pas dire parce que la plupart des gens voient les objets qualifiés rouges, rouges, que ceux qui les voient violets se trompent. D'ailleurs — ajoutiez-vous, si on affine la volupté jusqu'à la rendre esthétique, comme les corps féminins et masculins peuvent être aussi beaux les uns que les autres, on ne voit pas pourquoi une femme

vraiment artiste ne serait pas amoureuse d'une femme. Chez les natures vraiment artistes l'attraction ou la répulsion physique est modifiée par la contemplation du beau. La plupart des gens s'écartent avec dégoût de la méduse. Michelet, sensible à la délicatesse de leurs couleurs, les ramassait avec plaisir[1]. Malgré ma répulsion pour les huîtres, après que j'eus songé (me disiez-vous encore) à leurs voyages dans la mer que leur goût évoquerait maintenant pour moi, elles me sont devenues, surtout quand j'étais loin de la mer, un suggestif régal. Ainsi les aptitudes physiques, plaisir de contact, gourmandise, plaisir des sens, reviennent se greffer là où notre goût du beau a pris racine. " Ne croyez-vous pas que ces arguments pourraient aider une femme physiquement prédisposée à ce genre d'amour à prendre conscience de sa vague curiosité, si déjà certaines statuettes de Rodin par exemple avaient triomphé — artistiquement — de ses répugnances[2] — qu'ils l'excuseraient à ses propres yeux, rassureraient sa conscience — et que ce pourrait être un grand malheur ? »
— Je ne sais pas comment je ne criai pas alors : en brusque éclair le sens de sa confession, le sentiment de mon effroyable responsabilité, m'étaient à la fois apparus. Mais me laissant aveuglément diriger par une de ces inspirations plus hautes qui, quand nous sommes trop au-dessous de nous-mêmes, trop insuffisants pour jouer notre scène dans la vie, prennent brusquement notre masque et jouent au pied levé notre rôle, je dis avec calme : « Je vous assure que je n'aurais aucun remords, car vraiment je n'ai aucun sentiment de mépris ni même de pitié pour ces femmes. » Elle me dit mystérieusement, avec une infinie douceur de reconnaissance : « Vous êtes généreux. » Elle ajouta un peu bas et vite, avec un air ennuyé, comme on dédaigne, tout en les exprimant, des détails terre à terre : « Vous savez, je me suis très

bien rendu compte, malgré vos airs secrets à tous, que
la balle qu'on n'a pu extraire et qui a déterminé ma
maladie, vous recherchez avec anxiété qui me l'a tirée.
J'espérais toujours qu'on ne la découvrirait pas, cette
balle. Eh bien puisque le médecin a l'air sûr maintenant et que vous pourriez soupçonner des innocents,
j'avoue. Mais j'aime mieux vous dire la vérité. » Elle
ajouta avec cette douceur qu'elle avait en commençant
à parler de sa mort prochaine, pour consoler de la
peine que les choses qu'elle disait allaient causer par la
manière dont elle les disait : « C'est moi dans un de ces
moments de désespoir qui sont bien naturels à tous
ceux qui *vivent*, qui... me suis blessée [1]. » Je voulus aller
à elle pour l'embrasser mais j'eus beau me contenir, en
arrivant près d'elle, une force irrésistible étrangla ma
gorge, mes yeux s'emplirent de larmes et je me mis à
sangloter. Elle, d'abord, essuyait mes yeux, riait un
peu, doucement me consolait comme autrefois avec
mille gentillesses. Mais au fond d'elle une immense
pitié pour elle-même et pour moi sourdait, jaillissant
vers ses yeux — et retomba en larmes brûlantes. Nous
pleurions ensemble. Accord d'une triste et large harmonie. Nos pitiés confondues avaient maintenant pour
objet quelque chose de plus grand que nous et sur quoi
nous pleurions volontairement, librement. J'essayai
de boire sur ses mains ses pauvres larmes [2]. Mais
toujours il en tombait d'autres dans lesquelles elle
se laissait transir. Sa main devenait toute glacée
comme les pâles feuilles tombées dans le bassin des
jets d'eau. Et jamais nous n'avions eu tant de mal et
tant de bien.

SOUVENIR

À M. Winter[1]

Je passai l'année dernière quelque temps au Grand Hôtel de T., situé à l'extrémité de la plage et qui regarde la mer. La fade exhalaison des cuisines et des eaux sales, la luxueuse banalité des tentures variant seule la grisâtre nudité des murs et complétant ce décor d'*exil* avaient incliné mon âme à une dépression presque morbide, quand, un jour de grand vent qui menaçait de devenir une tempête, traversant un couloir pour retourner à ma chambre, une odeur délicieuse et rare me fit arrêter net. Il m'était impossible de l'analyser, mais elle était si complexement et si richement florale, que des champs entiers, des champs florentins, je supposai, avaient dû être dénudés pour en composer quelques gouttes. La volupté était telle pour moi que je restai un très long espace de temps sans m'en aller ; par une porte à peine entrouverte et qui seule avait pu laisser passage à ce parfum je découvris une chambre, qui, rien qu'à la si peu apercevoir, donnait l'impression de la plus exquise personnalité. Au milieu même de cet écœurant hôtel comment un hôte avait-il pu sanctifier une si pure chapelle, raffiner un si merveilleux boudoir, isoler une tour d'ivoire et de parfums ? Un bruit de pas, invisibles du couloir, et d'ailleurs un respect presque religieux m'empêchaient d'ouvrir davantage la porte. Tout à coup le vent furieux du dehors ouvrit une fenêtre mal fermée du couloir et un souffle salé entra par larges et rapides ondes, délayant sans le noyer le concentré parfum floral. Jamais je n'oublierai cette fine persistance de l'odeur primitive donnant sa tonalité à l'arôme de ce

vaste vent. Le courant d'air avait fermé la porte et je
descendis. Mais par un hasard qui me contraria au
plus haut point, quand je me renseignai auprès du
directeur de l'hôtel sur les habitants du 47 (car ces
créatures d'élection avaient un numéro comme les
autres) on ne put me donner que des noms qui étaient
évidemment des pseudonymes. J'entendis seulement
une fois une voix d'homme frémissante et grave,
solennelle et douce, appeler Veilet (violet) et une voix
de femme d'un charme surnaturel répondre : « Clarence ». — Malgré ces deux prénoms anglais, ils paraissaient au dire des domestiques de l'hôtel parler habituellement le français — et sans accent étranger. Ils
prenaient leurs repas dans une chambre spéciale et je
ne pouvais les voir. Une seule fois je vis disparaître, en
une fuite de lignes d'une telle expression spirituelle,
d'une distinction si unique qu'elle reste pour moi une
des plus hautes révélations de la beauté, une femme
grande, la face détournée, la taille insaisissable dans
un long manteau de laine brune et rose. Quelques jours
après, montant un escalier assez éloigné du corridor
mystérieux, je sentis une faible odeur délicieuse, certainement la même que la première fois. Je me dirigeai
vers le corridor et arrivé presque en face de la chambre
je fus assourdi par la violence des parfums qui ton-
naient comme des orgues[1] avec un mesurable accrois-
sement d'intensité de minute en minute. La chambre
démeublée apparaissait comme éventrée par la porte
grande ouverte. Une vingtaine de petites fioles brisées
gisaient à terre et des taches humides souillaient le
parquet. « Ils sont partis ce matin, me dit le domestique qui essuyait par terre, et pour que personne ne
puisse se servir de leurs odeurs, comme ils ne pouvaient pas les remettre dans leurs malles à cause des
choses qu'ils avaient achetées ici et qui les rempliss-
saient, ils ont cassé les flacons. C'est du propre ! » Je

me précipitai sur un flacon qui gardait quelques
dernières gouttes. À l'insu des mystérieux voyageurs
elles parfument encore ma chambre.

Dans ma banale vie je fus un jour exalté de parfums
qu'exhalait le monde jusque-là si fade. C'étaient les
troublants annonciateurs de l'amour. Lui-même
cependant était survenu, avec ses roses et ses flûtes,
sculptant, tapissant, fermant, parfumant tout autour
de lui. Les plus vastes souffles de la pensée même, il
s'est mêlé à eux qui l'ont, sans l'affaiblir, infinisé. Mais
de lui-même qu'ai-je su ? ai-je en rien éclairci son
mystère, et de lui connu autre chose que le parfum de
sa tristesse et que l'odeur de ses parfums ? Puis il s'en
est allé et les parfums, des flacons brisés, s'exhalèrent
avec une intensité plus pure. Une goutte affaiblie
imprègne encore ma vie.

L'INDIFFÉRENT

> On guérit comme on se console ; on n'a pas dans
> le cœur de quoi toujours pleurer et toujours
> aimer[1].
>
> LA BRUYÈRE,
> *Les Caractères*, ch. IV, *Du Cœur.*

I

Madeleine de Gouvres venait d'arriver dans la loge
de Mme Lawrence. Le général de Buivres demanda :
« Qui sont vos hommes ce soir ? Avranches, Lepré ?...
— Avranches, oui, répondit Mme Lawrence. Lepré,
je n'ai pas osé. »
Elle ajouta en désignant Madeleine :
« Elle est si difficile et comme ç'aurait été presque
lui faire faire une nouvelle connaissance... »

Madeleine protesta. Elle avait rencontré M. Lepré plusieurs fois, le trouvait charmant ; il avait même, un jour, déjeuné chez elle.

« En tout cas, conclut Mme Lawrence, vous n'avez pas de regrets à avoir, il est très gentil, mais sans rien de remarquable, et pas du tout pour la femme la plus gâtée de Paris. Je comprends très bien que les intimités que vous avez vous rendent difficile. »

Lepré est très gentil mais très insignifiant, ce fut l'avis de tout le monde. Madeleine sentit que ce n'était pas tout à fait le sien et s'en étonna ; mais comme l'absence de Lepré ne lui causait pas non plus une déception bien vive, sa sympathie n'alla pas jusqu'à l'inquiéter. Dans la salle les têtes s'étaient tournées vers elle ; déjà des amis venaient la saluer et la complimenter. Cela ne lui était pas nouveau et pourtant, avec l'obscure clairvoyance d'un jockey pendant la course ou d'un acteur pendant la représentation, elle se sentait ce soir triompher plus aisément et plus pleinement que de coutume. Sans un bijou, son corsage de tulle jaune couvert de catléias [1], à sa chevelure noire aussi elle avait attaché quelques catléias qui suspendaient à cette tour d'ombre de pâles guirlandes de lumière. Fraîche comme ses fleurs et comme elles pensive, elle rappelait la Mahenu de Pierre Loti et de Reynaldo Hahn par le charme polynésien de sa coiffure [2]. Bientôt à l'indifférence heureuse avec laquelle elle mirait ses grâces de ce soir dans les yeux éblouis qui les reflétaient avec une fidélité certaine se mêla le regret que Lepré ne l'ait pas vue ainsi.

« Comme elle aime les fleurs », s'écria Mme Lawrence en regardant son corsage.

Elle les aimait en effet, en ce sens vulgaire qu'elle savait combien elles sont belles et combien elles rendent belle. Elle aimait leur beauté, leur gaieté, leur tristesse aussi, mais du dehors, comme une des attitudes de leur beauté. Quand elles n'étaient plus fraîches, elle les jetait comme une robe fanée. — Tout à coup, pendant le premier entracte Madeleine aperçut Lepré à l'orchestre, quelques instants après le général de Buivres, le duc et la duchesse d'Aleriouvres prirent congé, la laissant seule avec Mme Lawrence. Madeleine vit que Lepré se faisait ouvrir la loge :

« Madame Lawrence, dit-elle, m'autorisez-vous à demander à M. Lepré de rester ici puisqu'il est seul à l'orchestre ?

— Mais d'autant plus que je vais être obligée de partir dans un instant, ma chérie ; vous savez, vous m'avez donné la permission. Robert est un peu souffrant. — Voulez-vous que je lui demande ?

— Non, j'aime mieux que ce soit moi. »

Tant que dura l'entracte, Madeleine laissa Lepré causer tout le temps avec Mme Lawrence. Penchée au bord de la loge et regardant la salle, elle affectait presque de ne pas s'occuper d'eux, sûre de pouvoir mieux jouir de sa présence quand tout à l'heure elle serait seule avec lui.

Mme Lawrence sortit pour aller mettre son manteau.

« Je vous invite à rester avec moi pendant cet acte, dit Madeleine avec une amabilité indifférente.

— Vous êtes bien gentille, Madame, mais je ne peux pas, je suis obligé de m'en aller.

— Mais je vais être toute seule », dit Madeleine d'un ton pressant ; puis tout à coup, voulant presque inconsciemment appliquer les maximes de coquetterie contenues dans le célèbre : « Si je ne t'aime pas, tu m'aimes [1] », elle se reprit :

« Mais vous avez bien raison, et si vous êtes attendu, ne vous mettez pas en retard. Adieu, Monsieur. »

Elle cherchait à compenser par l'affectueux de son sourire la dureté qui lui semblait impliquée dans cette permission. Mais cette dureté n'était que relative au désir violent qu'elle avait de le garder, à l'amertume de sa déception. Donné à tout autre ce conseil de partir eût été aimable.

Mme Lawrence rentra :

« Eh bien, il part ; je reste avec vous pour que vous ne soyez pas seule. Vous êtes-vous fait de tendres adieux ?

— Adieux ?

— Je crois que c'est à la fin de cette semaine qu'il part pour son long voyage d'Italie, de Grèce et d'Asie Mineure. »

Un enfant qui depuis sa naissance respire sans y avoir jamais pris garde, ne sait pas combien l'air qui gonfle si doucement sa poitrine qu'il ne le remarque même pas, est essentiel à sa vie. Vient-il, pendant un accès de fièvre, dans une convulsion, à étouffer ? Dans l'effort désespéré de son être, c'est presque pour sa vie, qu'il lutte, c'est pour sa tranquillité perdue qu'il ne retrouvera qu'avec l'air duquel il ne la savait pas inséparable.

De même, au moment où Madeleine apprenait ce départ de Lepré auquel elle n'avait pas songé, elle comprenait seulement, en sentant tout ce qui s'arrachait d'elle, ce qui y était entré. Et elle regardait avec un accablement désolé et doux Mme Lawrence sans plus lui en vouloir que n'en veut à l'asthme qui l'étouffe, le pauvre malade suffocant qui, au travers de ses yeux pleins de larmes, sourit aux personnes qui le plaignent sans pouvoir l'aider. Tout à coup, elle se leva :

« Venez, chère amie, je ne veux pas vous faire rentrer tard. »

Pendant qu'elle mettait son manteau, elle aperçut Lepré et, dans l'angoisse de le laisser partir sans le revoir, elle descendit rapidement.

« Je suis désolée, surtout s'il part, que M. Lepré ait pu supposer qu'il me déplaisait.

— Mais jamais il n'a dit cela, répondit Mme Lawrence.

— Mais si, puisque vous le supposiez, il le suppose aussi.

— Mais au contraire.

— Mais puisque je vous le dis », reprit durement Madeleine. Et comme elles avaient rejoint Lepré :

« Monsieur Lepré, je vous attends à dîner jeudi à huit heures.

— Je ne suis pas libre jeudi, Madame.

— Vendredi, alors ?

— Je ne suis pas libre non plus.

— Samedi ?

— Samedi, c'est entendu.

— Mais, chérie, vous oubliez que vous dînez chez la princesse d'Avranches, samedi.

— Tant pis, je me décommande.

— Oh ! Madame, je ne veux pas, dit Lepré.

— Je le veux, s'écria Madeleine hors d'elle. Je n'irai d'aucune façon chez Fanny. Je n'ai jamais eu l'intention d'y aller. »

Rentrant chez elle, Madeleine en se déshabillant lentement, se rappela les événements de la soirée. Quand elle arriva au moment où Lepré avait refusé de rester avec elle pendant le dernier acte, elle rougit d'humiliation. La coquetterie la plus élémentaire comme la plus stricte dignité lui commandait après cela d'observer une extrême froideur avec lui. Au lieu de cela, cette triple invitation dans l'escalier ! Indignée, elle releva fièrement la tête et s'apparut au fond de la glace, si belle, qu'elle ne douta plus qu'il l'aimerait. Inquiète seulement et désolée de son prochain départ, elle imaginait sa tendresse qu'il avait voulu, elle ne savait pourquoi, lui cacher. Il allait lui en faire l'aveu, peut-être par une lettre, tout à l'heure, et sans doute retarderait son départ, partirait avec elle... Comment ?... il ne fallait pas y penser. Mais elle voyait son beau visage amoureux s'approcher du sien, lui demander pardon. « Méchant ! » disait-elle. — Mais peut-être aussi ne l'aimait-il pas encore ; il partirait sans avoir le temps de s'éprendre d'elle... Désolée, elle baissa la tête, et ses regards tombèrent sur ceux plus languissants encore des fleurs fanées de son corsage, qui sous leurs paupières flétries semblaient prêtes à pleurer. La pensée du peu qu'avait duré son rêve inconscient de lui-même, du peu que durerait son bonheur si jamais il se réalisait, s'associa pour elle à la tristesse de ces fleurs qui, avant de mourir, languis-saient sur le cœur qu'elles avaient senti battre de son premier amour, de sa première humiliation et de son premier chagrin.

Le lendemain, elle n'en voulut point d'autres dans sa chambre habituellement pleine et retentissante de la gloire des roses fraîches.

Quand Mme Lawrence entra chez elle, elle s'arrêta devant les vases où les catléias achevaient de mourir, dépouillés de beauté, pour des yeux sans amour.

« Comment, chérie, vous qui aimiez tant les fleurs ?

— Il me semble que c'est d'aujourd'hui que je les aime », allait répondre Madeleine ; elle s'arrêta, ennuyée d'avoir à s'expliquer et sentant qu'il y a des réalités qu'on ne peut faire saisir à ceux qui ne les portent pas déjà en eux.

Elle se contenta de sourire aimablement au reproche. Le sentiment que cette nouvelle vie était ignorée de tous et peut-être de Lepré lui-même lui causait un plaisir rare et désolé d'orgueil. On apporta les lettres ; en n'en trouvant pas de Lepré, elle eut un mouvement de déception. Mesurant alors la distance entre l'absurdité d'une déception, quand il n'y avait pas eu le plus léger aliment à une espérance, et l'intensité bien réelle et bien cruelle de cette déception, elle comprit qu'elle avait cessé de vivre uniquement de la vie des événements et des faits. Le voile des mensonges avait commencé à se dérouler devant ses yeux pour une durée impossible à prévoir. Elle ne verrait plus qu'à travers lui les choses, et plus que toutes, peut-être, celles qu'elle aurait voulu connaître et vivre le plus réellement et le plus pareillement à Lepré, celles qui se rapportaient à lui.

Un espoir pourtant lui restait qu'il avait menti, que son indifférence était jouée : elle savait par l'unanimité des opinions qu'elle était l'une des plus jolies femmes de Paris, que sa réputation d'intelligence, d'esprit, d'élégance, sa grande situation mondaine ajoutaient un prestige à sa beauté. Lepré d'autre part était considéré comme un homme intelligent, artiste, très doux, très bon fils, mais il était peu recherché, n'avait jamais eu de succès de femmes ; l'attention qu'elle lui prêtait devait lui sembler quelque chose d'invraisemblable et d'inespéré. Elle s'étonnait et espérait...

II

Bien que Madeleine eût en un instant subordonné à Lepré tous les intérêts et toutes les affections de sa vie, elle n'en pensait pas moins, et son jugement était fortifié du jugement de tous, que, sans être désagréable, il était inférieur aux hommes remarquables qui, depuis quatre ans que le marquis de Gouvres était mort, consolant son veuvage en venant la voir plusieurs fois chaque jour, étaient le plus cher ornement de sa vie.

Elle sentait très bien que l'inclination inexplicable

qui en faisait pour elle un être unique, ne l'égalait
pourtant pas aux autres. Les raisons de son amour
étaient en elle, et si elles étaient aussi un peu en lui, ce
n'était ni dans sa supériorité intellectuelle, ni même
dans sa supériorité physique. C'est précisément parce
qu'elle l'aimait qu'aucun visage, qu'aucun sourire,
qu'aucune démarche ne lui étaient aussi agréables que
les siens et non parce que son visage, son sourire, sa
démarche étaient plus agréables que d'autres, qu'elle
l'aimait. Elle connaissait des hommes plus beaux, plus
charmants, et le savait.

Aussi, quand le samedi à huit heures et quart, Lepré
entra dans le salon de Madeleine, ce fut, sans qu'il s'en
doutât, en même temps que l'amie la plus passionnée,
l'adversaire le plus clairvoyant qu'il affronta. Si sa
beauté était armée pour le vaincre, son esprit ne l'était
pas moins pour le juger ; elle était prête à cueillir
comme une fleur amère le plaisir de le trouver médiocre et ridiculement disproportionné à l'amour qu'elle
avait pour lui. Ce n'était pas par prudence ! elle sentait
bien qu'elle serait toujours reprise dans le filet
enchanté et que les mailles que son esprit trop incisif
auraient rompues pendant la présence de Lepré, à
peine serait-il parti que son imagination industrieuse
les aurait réparées.

En effet, quand il entra, elle fut soudain calmée ; en
lui donnant la main, il semblait qu'elle lui ôtait tout
pouvoir. Il n'était plus le despote unique et absolu de
ses rêves, mais rien qu'un visiteur agréable. Ils causèrent ; alors toutes ses préventions tombèrent. Dans sa
bonté fine, dans la justesse hardie de son esprit, elle
trouvait des raisons qui, si elles ne justifiaient pas
absolument son amour, l'expliquaient, au moins un
peu et, en lui montrant que quelque chose y correspon-
dait dans la réalité, l'y faisait pousser ses racines, y
prendre plus de vie. Elle remarqua aussi qu'il était

bien plus beau qu'elle n'avait cru, avec une figure Louis XIII délicate et noble.

Tous les souvenirs d'art qui se rapportaient aux portraits de cette époque s'associèrent dès lors à la pensée de son amour, lui donnèrent une existence nouvelle en le faisant entrer dans le système de ses goûts artistiques. Elle fit venir d'Amsterdam la photographie d'un portrait de jeune homme qui lui ressemblait.

Elle le rencontra quelques jours après. Sa mère était sérieusement malade, son voyage était retardé. Elle lui raconta qu'elle avait maintenant sur sa table un portrait qui le lui rappelait. Il se montra touché, mais froid. Elle en souffrit profondément, se consolant pourtant en pensant qu'il avait compris, au moins, s'il n'en avait pas joui, son attention. Aimer un rustre qui ne s'en serait pas rendu compte aurait été plus cruel encore. Alors, lui reprochant intérieurement son indifférence, elle voulut revoir les hommes épris d'elle, avec qui elle avait été indifférente et coquette, afin d'exercer envers eux la pitié ingénieuse et tendre qu'elle aurait au moins voulu obtenir de lui. Mais quand elle les rencontra ils avaient tous l'horrible défaut de n'être pas lui, et leur vue ne faisait que l'irriter. Elle lui écrivit, il resta quatre jours sans répondre, puis vint une lettre que toute autre eût trouvée aimable, mais qui la désespéra. Il disait :

« Ma mère va mieux, je partirai dans trois semaines ; d'ici là ma vie est bien remplie, mais je tâcherai d'aller une fois vous présenter mes hommages. »

Était-ce jalousie pour tout ce qui « remplissait sa vie » et l'empêchait, elle, d'y pénétrer, chagrin de son départ et de ce qu'il ne vînt qu'une fois d'ici là, ou plus encore chagrin qu'il n'éprouvât pas le besoin d'aller la voir dix fois par jour avant de partir : elle ne put pas rester chez elle, mit un chapeau à la hâte et sortit à pied, allant vite par les rues qui menaient chez lui, avec l'espoir absurde que, par un miracle sur lequel elle comptait, il allait, au tournant d'une place, lui apparaître rayonnant de tendresse et que, dans un regard, il lui expliquerait tout. Tout à coup, elle l'aperçut qui marchait, causant gaiement avec des amis. Mais alors elle eut honte, crut qu'il devinerait qu'elle allait à sa recherche et entra brusquement dans un magasin. Les jours suivants elle ne le chercha plus, évita les endroits où elle pourrait le rencontrer, gardant cette dernière coquetterie avec lui, cette dernière dignité en face de soi-même.

Un matin, elle s'était assise seule aux Tuileries, sur la terrasse du Bord de l'Eau. Elle laissait son chagrin flotter, s'étendre, se délasser plus librement à l'horizon élargi, cueillir des fleurs, s'élancer avec les roses trémières, les jets d'eau et les colonnes, galoper à la suite des dragons qui quittaient le quartier d'Orsay [1], aller à la dérive sur la Seine, et planer avec les hirondelles dans le ciel pâle. C'était le cinquième jour depuis l'aimable lettre qui l'avait désolée. Tout à coup elle aperçut le gros caniche blanc de Lepré qu'il laissait tous les matins sortir seul. Elle l'en avait plaisanté, lui avait dit qu'un jour on le lui volerait. L'animal la reconnut et s'approcha. Le besoin fou de voir Lepré qu'elle refoulait depuis cinq jours l'envahit tout entière. Saisissant l'animal dans ses bras, secouée de sanglots, elle l'embrassa longtemps, de toutes ses forces, puis défaisant le bouquet de violettes qu'elle portait à son corsage et l'ayant attaché à son collier, elle le laissa partir.

Mais, calmée par cette crise, adoucie aussi, mieux portante, elle sentit le dépit s'évanouir peu à peu, un peu de gaieté et d'espoir lui revenir avec le bien-être physique, et qu'elle tenait à la vie et au bonheur. Lepré partait maintenant dans dix-sept jours, elle lui écrivit de venir dîner le lendemain en s'excusant de ne pas lui avoir encore répondu, et passa une assez douce après-midi. Le soir, elle dînait en ville ; il devait y avoir à ce dîner beaucoup d'hommes, artistes et hommes de sport qui connaissaient Lepré. Elle voulut savoir s'il avait une maîtresse, une chaîne quelconque, qui l'empêchât de se rapprocher d'elle, qui expliquât son extraordinaire conduite. Elle souffrirait beaucoup si elle l'apprenait, mais au moins elle saurait, et peut-être, elle pourrait espérer que sa beauté avec un peu de temps l'emporterait. Elle partit de chez elle décidée à le demander tout de suite, puis, prise de peur, n'osait pas. Au dernier moment, ce qui en arrivant la poussa fut moins le désir de savoir la vérité que le besoin de parler de lui aux autres, ce charme triste de l'évoquer en vain partout où elle était sans lui. Elle dit après le dîner à deux hommes qui étaient près d'elle et dont la conversation était assez libre :

« Dites-moi, vous connaissez bien Lepré ?

— Nous le rencontrons tous les jours depuis toujours, mais nous ne sommes pas très liés.

— C'est un charmant homme ?

— C'est un charmant homme.

— Eh bien ! peut-être pourrez-vous me dire... ne vous croyez pas obligés d'être trop bienveillants, car il s'agit pour moi vraiment de quelque chose de très important. — C'est une jeune fille que j'aime de tout mon cœur et qui a un peu d'inclination pour lui. Est-ce quelqu'un qu'on pourrait épouser sans crainte ? »

Ses deux interlocuteurs restèrent un instant embarrassés :

« Non, cela ne se peut pas. »

Madeleine, très courageusement, continua pour en avoir fini plus vite :

« Il a une liaison ancienne ?

— Non, mais enfin ce n'est pas possible

— Dites-moi quoi, je vous assure, je vous en prie.

— Non.

— Mais enfin, après tout, il vaut mieux lui dire, elle pourra supposer de plus vilaines choses ou des choses ridicules.

— Eh bien! voici et je crois que nous ne faisons aucun tort à Lepré en le disant; d'abord vous ne le répéterez pas, du reste tout Paris le sait et quant au mariage il est bien trop honnête et délicat pour y songer. Lepré est un charmant garçon, mais qui a un vice. Il aime les femmes ignobles qu'on ramasse dans la boue et il les aime follement; parfois il passe ses nuits dans la banlieue ou sur les boulevards extérieurs au risque de se faire tuer un jour, et non seulement il les aime follement, mais il n'aime qu'elles. La femme du monde la plus ravissante, la jeune fille la plus idéale lui est absolument indifférente. Il ne peut même pas faire attention à elles. Ses plaisirs, ses préoccupations, sa vie sont ailleurs. Ceux qui ne le connaissaient pas bien disaient autrefois qu'avec sa nature exquise, un grand amour le tirerait de là. Mais pour cela il faudrait être capable de l'éprouver, or il en est incapable. Son père était déjà comme cela, et s'il n'en sera pas de même de ses fils, c'est parce qu'il n'en aura pas. »

Le lendemain soir à huit heures, on vint dire à Madeleine que M. Lepré était au salon. Elle entra; les fenêtres étaient ouvertes, les lampes n'étaient pas encore allumées et il l'attendait sur le balcon. Non loin d'eux quelques maisons entourées de jardins reposaient dans la lumière adoucie du soir, lointaine, orientale et religieuse comme si c'eût été Jérusalem. La lumière rare et caressante donnait à chaque objet une valeur toute nouvelle et presque émouvante. Une brouette lumineuse au milieu de la rue obscure était touchante comme là, un peu plus loin, le tronc sombre et déjà nocturne d'un marronnier sous son feuillage que les derniers rayons baignaient encore. Au bout de l'avenue, le couchant se courbait glorieusement comme un arc de triomphe pavoisé d'ors et de verdures célestes. À la fenêtre voisine des têtes lisaient avec une solennité familière. En s'approchant de Lepré, Madeleine sentit la douceur apaisée de toutes ces choses alanguir, amollir, entrouvrir son cœur et elle se retint pour ne pas pleurer.

Lui pourtant, plus beau ce soir, et plus charmant, eut avec elle des amabilités délicates qu'il n'avait pas montrées jusque-là. Puis ils causèrent sérieusement, et elle s'aperçut pour la première fois de toute l'élévation de son intelligence. Si dans le monde, il ne plaisait pas, c'est que précisément les vérités qu'il recherchait étaient situées au-dessus de l'horizon visuel des personnes spirituelles et que les vérités des esprits hauts sont des erreurs ridicules à terre. Sa bonté d'ailleurs leur prêtait parfois une poésie charmante comme le soleil colore gracieusement les hauts sommets. Et il fut si gentil avec elle, il se montra si reconnaissant de sa bonté, que sentant qu'elle ne l'avait jamais autant aimé, et ayant renoncé à l'espoir de voir son amour partagé, elle entrevit tout à coup joyeusement l'espérance d'une intimité purement amicale grâce à laquelle elle le verrait tous les jours ; elle lui en fit ingénieusement et joyeusement le plan. Mais lui, disait qu'il était très pris, ne pouvant guère disposer de plus d'un jour toutes les quinzaines. Elle lui en avait assez dit pour lui laisser comprendre qu'elle l'aimait, s'il avait voulu comprendre. Et lui, si timide qu'il fût, s'il avait eu l'ombre de penchant pour elle, il aurait dit des paroles d'amitié même infimes. Son regard malade était si fixement tendu sur lui qu'elle les aurait immédiatement distinguées et s'en serait avidement repue. Elle voulut arrêter Lepré qui continuait à parler de son temps si pris, de sa vie si remplie, mais subitement son regard plongea dans le cœur de son adversaire aussi avant qu'il eût pu plonger dans l'horizon infini du ciel étendu devant elle, et elle sentit l'inutilité des paroles. Elle se tut, puis elle dit :

« Oui, je comprends, vous êtes très occupé. »

Et à la fin de la soirée, en le quittant, comme il lui disait :

« Ne pourrai-je pas vous dire adieu ? »

Elle lui répondit avec douceur :

« Non, mon ami, je suis un peu prise, je crois qu'il vaut mieux en rester là. »

Elle attendit une parole ; il ne la dit pas, et elle lui redit :

« Adieu ! »

Puis elle attendit une lettre, en vain. Alors elle lui écrivit qu'il valait mieux être franche, qu'elle avait pu lui laisser croire qu'il lui plaisait, que cela n'était pas vrai, qu'elle préférait ne pas le voir aussi souvent qu'elle le lui avait demandé avec une amabilité imprudente.

Il lui répondit qu'il n'avait en effet jamais cru à plus qu'une amabilité qui était célèbre et dont il n'avait jamais eu l'intention d'abuser au point de venir si souvent l'ennuyer.

Alors, elle lui écrivit qu'elle l'aimait, qu'elle n'aimerait jamais que lui. Il lui répondit qu'elle plaisantait.

Elle cessa de lui écrire, mais non point tout d'abord de penser à lui. Puis cela vint aussi. Deux ans après, son veuvage lui pesant, elle épousa le duc de Mortagne qui avait de la beauté et de l'esprit et qui, jusqu'à la mort de Madeleine, c'est-à-dire pendant plus de quarante ans, orna sa vie d'une gloire et d'une affection auxquelles elle ne se montra pas insensible.

Textes non publiés
par Proust

[CORPS SEC ET SOUPLE...]

Corps sec et souple, esprit agile et gracieux, cœur sentimental et indifférent, il plaît et retient sans pouvoir satisfaire. Beau chanteur, beau diseur, beau lutteur, bel escrimeur, il est la moderne Aspasie qui donne toutes les nuances de la volupté et saurait les saisir et les décrire. Mais son indifférence l'empêche de se mettre à la place des autres et de sentir le piquant de petits aiguillons dont il se dépouillerait s'il sentait qu'il blesse par là.

Pourtant les séductions de son esprit exquis, de son corps charmant, de sa sensibilité, gracieuse comédienne, vous lient à lui et récompensent un peu les légères blessures qu'on souffre de lui.

Une tête fine et singulièrement poussée de voluptueux et d'artiste, une belle peau brune, une vivacité imprudente d'enfant rageur et volontaire, une voix de chanteur et une sensibilité de comédienne, un rêve de sentimentalisme sur un lac d'indifférence, des dents qui rient aux éclats sous des yeux qui s'ennuient, une pointe de vivacité donnant du piquant mais non un

mouvement réel à un fond de nonchalance, une ardeur
de cheval, une mollesse de femme et un dédain d'indifférent.

CONVERSATION

Mon ami Honoré a des yeux charmants, fait voir
l'esprit le plus naturellement aimable, mais dissipe
dans une vie de scandales l'argent qu'il emprunte aux
usuriers. Hier chez sa mère, après un dîner où il n'était
point venu, on vint à parler de sa conduite et son oncle
qui est magistrat s'exprima d'abord en ces termes :

« Berthe, dit-il, il faut un terme à tout, mais les
débordements de votre fils attendent encore le leur.
Pas de merci, voilà ce que je vous conseille, ou la
correctionnelle n'est pas loin. Comment le laissez-vous
corrompre dans la société de ces mauvaises femmes et
de ces joueurs, l'esprit faux mais brillant que la nature
lui avait départi ? Est-il même honorable qu'un jeune
homme de son âge porte des cravates claires et des
boutonnières de fleurs ? Telle n'est pas la tenue d'un
garçon qui travaille. Dieu sait que je méprise les
écrivains, les tenant tous pour des bohèmes dangereux,
mais enfin puisque votre fils avait des dispositions,
comme on dit, pour écrire, j'aimerais encore mieux lui
voir écrire de méchants romans (peut-être pourriez-
vous le tourner vers les travaux de l'histoire ou de
l'économie politique, bien compatibles avec une vie
rangée) que mener une vie pareille ! Au moins il ne
paraîtrait point sans cesse dans les promenades, monté
comme un gommeux sur un cheval pur sang. »

Mais il fut interrompu par le grand peintre et
romancier B... qui écoutait impatiemment ce discours.

« Dieu me garde de vous reprocher de parler en
gardien des lois ! s'écria-t-il. J'ai pour cela le sentiment

trop vif des diverses humeurs et caractères des
hommes et des convenances de leurs jugements à leur
caractère, mais si je vous estime d'être un magistrat
prudent, combien je dois louer Honoré de peindre
devant nos yeux une fresque si ardente et si chaude de
la vie du jeune homme. Quelles belles années ! Quoi, on
les lui voudrait voir consumer à écrire ? Mais eût-il du
génie, que fera-t-il qui vaille ? Être beau, en jouir,
plaire, être fou, vivre. Qu'on essaye de faire une
imparfaite imitation de sa fougue et on appellera cela
non sans raison un chef-d'œuvre. Combien le modèle
est plus beau et plus passionnant ! Qu'il y mêle de
l'économie politique, qu'il s'amuse, mais sagement,
qu'il soit estimé de sa famille, qu'il aille habillé de
noir ! Traduisez cela en art ou en littérature pour voir
quelle ennuyeuse grisaille cela donnera. N'est-il pas
convenable qu'il se ruine pour être somptueusement
vêtu et monté et ne serait-il pas honteux qu'il fût mal
vêtu et mal monté, comment ne s'y ruinerait-il pas,
puisqu'il n'a pas d'argent ? Qu'est-ce qu'une jeunesse
penchée sur les livres, ternie, ignorant la magnificence,
si elle faisait école que deviendraient les peintres, les
romanciers, sans ceux qui aiment les formes diverses
et belles de la vie ? Vous vous plaignez qu'il sache
distinguer un veston d'une jaquette, un cheval bai
d'une jument alezane, une pierre de lune d'une opale
ou d'un œil de chat ; mais je pense que c'est simplement avoir les yeux ouverts sur le monde. N'est-il pas
vrai que du jour où on ne distinguerait plus ces choses,
on aurait cessé d'écrire et de peindre ? Certes je ne
demande pas que votre fils pour aviver de quelques
rouges la gamme de couleurs que présente sa vie
pousse jusqu'à l'assassinat, mais l'équitation et une
folle élégance, les dettes et les expédients, le jeu, la
débauche, voilà les scènes nécessaires et charmantes
de sa vie de jeune homme, voilà la plus intelligente et

artistique manière dont il la puisse passer tant qu'il sera si beau et qu'on l'aimera.

— Bonne ou mauvaise, puisqu'elle est telle, dit en soupirant la mère d'Honoré, j'aime mieux croire que la vie de mon fils est belle plutôt qu'horrible. Mais s'il vaut mieux faire preuve de bon goût que de bon sens et s'il est d'un goût exquis de mettre de la couleur et de l'harmonie dans sa vie, ne faut-il pas tenir pour plus haut encore le bon cœur et s'il en avait un peu, n'aurait-il pas pitié de moi qu'il voit toujours ?

— Nul doute qu'il a pitié de vous, s'écria B..., car sa nature est généreuse. Mais il peut vous trouver infiniment touchante sans cesser pour cela de trouver beaux les chevaux, les femmes, les beaux habits et les fièvres du jeu. Notre âme est ouverte à divers genres d'émotions qui, d'ennemies qu'elles étaient dans la vie, se réconcilient dans notre âme en une même impression de beauté. »

Ainsi parlait ce vieux peintre, doux, indulgent, mais peu philosophe. Lui qui toujours modestement vêtu, simple et rangé, avait imaginé tant de vies somptueuses et passionnées, il n'avait pas su voir que leur beauté ne résidait pas dans ceux qui les mènent sans les comprendre mais dans la riche imagination qui les conçoit. Il tenait le langage des artistes de notre temps, si inquiétant au simple point de vue littéraire même, si l'on songe qu'à peine sommes-nous débarrassés du fils de famille de théâtre chez qui les plus viles indélicatesses n'étaient qu'un effet de sa générosité et de son honneur, nous allons voir apparaître — ils nous en menacent — le même fils de famille, vicieux mais tenant pour l'art et pour une intelligente obéissance aux lois de la couleur et aux exigences de l'esthétique générale.

Cependant continuait à se développer le caractère de chacun soit par les réflexions que la conduite du jeune homme lui inspirait, soit par la dissimulation qui les lui faisait taire — et l'absence même d'Honoré à cette réunion de famille ne marquait pas moins que n'eût fait sa présence d'un trait sympathique aux uns, antipathique aux autres, sa nature pourtant incertaine et difficile à juger.

ALLÉGORIE

Il y avait dans le pré un endroit si richement, si diversement fleuri qu'on avait coutume de l'appeler le jardin. Chaque jour il s'épanouissait davantage dans la joie de sa beauté et dans la bonne odeur de ses parfums. Un soir, un orage furieux arracha, puis emporta toutes les fleurs. Puis une pluie torrentielle tomba, glaçant le sol meurtri ; tout ce qu'il aimait le mieux était parti, déraciné de son cœur même. Maintenant tout lui était égal, mais ce froid sans trêve, cette inondation folle c'était la dernière cruauté. Cependant le vent prenait à poignées toute la terre légère et la jetait devant lui. Bientôt la dernière couche résistante fut à nu, le vent n'eut pas de prise sur elle mais l'eau ne la traversait pas et c'était un jardin si imprudemment vallonné qu'elle ne pouvait s'en écouler, restait là. Et toujours elle tombait à torrents, noyant de larmes le jardin saccagé. Au matin, elle tombait encore, puis cessa ; le jardin n'était plus qu'un champ dévasté couvert d'une eau trouble. Mais tout pourtant s'apaisait quand vers cinq heures le jardin sentit son eau calmée, devenue pure, parcourue d'une extase infinie. Rose et bleue, divine et malade, l'après-midi céleste venait se reposer sur son lit. Et l'eau ne la voilait ni ne la froissait nullement mais de tout son amour approfondissait peut-être encore son regard vague et triste et contenait, retenait tout entière, tendrement pressait sa

lumineuse beauté. Et désormais ceux qui aiment les
vastes spectacles du ciel vont souvent les regarder dans
l'étang.

   Heureux le cœur ainsi défleuri, ainsi saccagé, si
maintenant plein de larmes il peut lui aussi refléter le
ciel.

Dossier

CHRONOLOGIE

1871. *10 juillet* : naissance à Paris de Marcel Proust, fils du docteur Adrien Proust (1834-1903) et de Jeanne Weil (1849-1905).

1873. *24 mai* : naissance de Robert Proust, frère de Marcel.

1879. Adrien Proust est élu membre de l'Académie de médecine.

1881. *Printemps* : première crise d'asthme de Proust, au retour d'une promenade au bois de Boulogne.

1882. Proust est inscrit en cinquième au lycée Fontanes (qui s'appellera lycée Condorcet dès l'année suivante). C'est le début d'une scolarité très perturbée, entrecoupée de longues périodes de maladie.

1884. Vacances à Houlgate.

1885. Séjour à Salies-de-Béarn.

1886. Dernier séjour à Illiers, chez sa tante paternelle. Proust redouble sa classe de seconde.

1887. *Novembre* : avec Robert Dreyfus, Daniel Halévy, Abel Desjardins et d'autres camarades de Condorcet, il commence à rédiger *Le Lundi*, éphémère revue polycopiée, suivie de *La Revue de seconde*.

1888. *Juillet* : il reçoit le prix d'honneur en composition française. *Octobre* : en philosophie au lycée Condorcet dans la classe d'Alphonse Darlu, Proust rédige avec quelques camarades la *Revue verte*, puis la *Revue lilas*.

1889. *15 juillet* : Proust est bachelier ès lettres. *Septembre* : vacances à Ostende. *Octobre* : il est présenté à Anatole France. Fréquente le salon de Mme Straus. *Novembre* : service militaire (une année de volontariat, pour échapper aux trois années de la loi commune), à Orléans.

1890. *Novembre* : libéré des obligations militaires, il s'inscrit à la faculté de Droit et à l'École libre des sciences politiques, où il suit les cours de Paul Desjardins, d'Anatole Leroy-Beaulieu, d'Albert Sorel.

1891. *Février* : il publie ses premiers textes dans *Le Mensuel. Septembre-octobre* : vacances à Cabourg, puis à Trouville. Cette année-là, il rencontre Jacques-Émile Blanche et Oscar Wilde.

1892. *Mars* : fondation de la revue *Le Banquet*, par Jacques Bizet, Robert Dreyfus, Horace Finaly, Fernand Gregh, Daniel Halévy, Louis de La Salle et Proust. *Août* : séjour à Trouville. Il écrit « Violante ou la Mondanité » et « La Mer ».

1893. *Janvier* : Proust écrit « Éphémère efficacité du chagrin ». *Mars* : *Le Banquet* cesse de paraître. Ses collaborateurs rejoignent *La Revue blanche*. Proust est bachelier en droit. *13 avril* : chez Madeleine Lemaire, Proust fait la connaissance de Robert de Montesquiou. *Juillet* : il rédige « L'Indifférent ». *Août* : séjour à Saint-Moritz. Il écrit « Mélancolique villégiature de Mme de Breyves » ; avec Gregh, La Salle et Halévy, il écrit quelques pages d'un roman par lettres. Il écrit « Rêve ». *Septembre* : séjour d'une semaine à Évian, où il écrit « Présence réelle », puis à Trouville jusqu'à la fin du mois. *Octobre* : mort de Willie Heath, à qui seront dédiés *Les Plaisirs et les Jours*. Proust obtient sa licence en droit. *Novembre* : Madeleine Lemaire accepte d'illustrer le livre qu'il prépare.

1894. *Mai* : Proust fait la connaissance de Reynaldo Hahn, avec qui le liera une passion de deux années suivie d'une amitié durable. *Juillet* : il rédige sa dédicace à Willie Heath. *Août* : séjour à Réveillon dans la Marne, chez Madeleine Lemaire, avec Reynaldo Hahn. Il écrit « Mélomanie de Bouvard et Pécuchet ». *Septembre* : séjour à Trouville, où il commence « La Mort de Baldassare Silvande », écrit « Sonate Clair de lune » et « Comme à la lumière de la lune ». Durant l'*automne*, il achève « La Confession d'une jeune fille ».

1895. Proust lit Emerson. Au *printemps*, il écrit « Un dîner en ville » et « Promenade ». *Mars* : il obtient la licence ès lettres et fréquente de nombreux salons. *Juin* : il travaille à la bibliothèque Mazarine, comme attaché non rétribué, mais se fait bientôt mettre en congé. *Juillet* : séjour à Kreuznach (Prusse rhénane) avec sa mère. *Août-septembre* : avec Reynaldo Hahn, en vacances à Dieppe (où il rédige « Sous-bois »), Belle-Île et Beg-Meil. Il écrit les « Portraits de musiciens » et commence la rédaction de *Jean Santeuil*. *Fin octobre* : nouveau séjour à Réveillon, où il écrit « Les Marronniers ». Proust se lie avec Lucien, le fils d'Alphonse Daudet.

1896. *28 mars* : « épreuve en deuxième » du *Château du Réveillon* (sic), titre initial du recueil. *12 juin* : parution des *Plaisirs et les Jours*.

1897. *6 février* : Proust se bat en duel avec Jean Lorrain.

1898. Affaire Dreyfus. Proust prend position pour Dreyfus et assiste au procès Zola.

1899. Proust abandonne *Jean Santeuil* pour se consacrer à John Ruskin.

1900. Il publie diverses études sur Ruskin, qui vient de mourir. Deux séjours à Venise.

1901. Il achève sa traduction de *La Bible d'Amiens*, de Ruskin.

1902. Il reprend *Jean Santeuil*, puis l'abandonne définitivement.

1903. Il inaugure dans *Le Figaro* une série de chroniques mondaines. *26 novembre* : mort du père de Proust.

1904. Publication au Mercure de France de *La Bible d'Amiens*, avec une importante préface de Proust.

1905. *26 septembre* : mort de la mère de Proust.

1906. Publication au Mercure de France de *Sésame et les lys* de Ruskin, traduit par Proust.

1907. Deux articles importants publiés dans *Le Figaro* : « Sentiments filiaux d'un parricide » et « Impressions de route en automobile ».

1908. Proust publie, dans *Le Figaro*, une série de pastiches sur l'affaire Lemoine (une escroquerie aux faux diamants). Il entreprend d'écrire un roman, puis un essai contre Sainte-Beuve : c'est le début d'*À la recherche du temps perdu*.

1909-1912. Proust travaille à son roman.

1913. Publication de *Du côté de chez Swann* par Bernard Grasset.

1914-1918. Durant toute la guerre, Proust amplifie son roman, sans quitter Paris.

1916. Les éditions de la Nouvelle Revue française lui proposent de publier la suite de son œuvre.

1919. *Pastiches et Mélanges* et *À l'ombre des jeunes filles en fleurs*. *Décembre* : le second obtient le prix Goncourt.

1920. *Le Côté de Guermantes I*.

1921. *Le Côté de Guermantes II* et *Sodome et Gomorrhe I*.

1922. *Sodome et Gomorrhe II*. *18 novembre* : Proust meurt d'une pneumonie.

1923. *La Prisonnière*.

1924. Première réédition des *Plaisirs et les Jours*, aux éditions de la Nouvelle Revue française.

1925. *Albertine disparue*.

1927. *Le Temps retrouvé*.

BIBLIOGRAPHIE

Pour une bibliographie plus complète, on consultera :

Henri BONNET, *Marcel Proust de 1907 à 1914*, Nizet, 1971-1976, 2 volumes.

Victor E. GRAHAM, *Bibliographie des études sur Marcel Proust et son œuvre*, Genève, Droz, 1976.

Jean-Yves TADIÉ, *Proust*, Belfond, 1983.

« Note bibliographique » publiée dans le tome IV, p. 1501-1512, de l'édition de la Pléiade d'*À la recherche du temps perdu*, 1989.

Jean MILLY, « Actualité de la recherche proustienne », *Bulletin Marcel Proust*, nº 41, 1991, p. 28-47.

Des mises à jour figurent dans la « Bibliographie de Marcel Proust » que René Rancœur a publiée dans chaque volume des *Études proustiennes* (*Cahiers Marcel Proust*, Gallimard, 1973-1987) et, depuis 1992, dans le *Bulletin Marcel Proust* de la Société des amis de Marcel Proust et des amis de Combray. Voir aussi sa *Bibliographie de la littérature française*, Armand Colin, depuis 1961.

I. LES ÉDITIONS DES *PLAISIRS ET LES JOURS*

Les Plaisirs et les Jours, illustrations de Madeleine Lemaire, préface d'Anatole France et quatre pièces pour piano de Reynaldo Hahn, Calmann Lévy, 1896.

Les Plaisirs et les Jours, Éditions de la Nouvelle Revue française, 1924.

Jean Santeuil, précédé de *Les Plaisirs et les Jours*, édition établie par Pierre Clarac avec la collaboration d'Yves Sandre, Gallimard, 1971, « Bibliothèque de la Pléiade ».

Freuden und Tage und andere Erzählungen und Skizzen aus den Jahren 1892-1896, traduction et notes de Luzius Keller, Francfort, Suhrkamp, 1988.

II. AUTRES ŒUVRES DE MARCEL PROUST

À la recherche du temps perdu, édition publiée sous la direction de Jean-Yves Tadié, Gallimard, « Bibliothèque de la Pléiade », 1987-1989, 4 volumes.

À la recherche du temps perdu, Gallimard, Folio, 1988-1990, 8 volumes (reprend le texte établi pour la Pléiade).

Contre Sainte-Beuve précédé de *Pastiches et mélanges* et suivi de *Essais et articles*, édition établie par Pierre Clarac avec la collaboration d'Yves Sandre, Gallimard, « Bibliothèque de la Pléiade », 1971.

L'Indifférent, préface de Philip Kolb, Gallimard, 1978.

Poèmes, édition Claude Francis et Fernande Gontier, Gallimard, 1982, « Cahiers Marcel Proust, 10 ».

Écrits de jeunesse 1887-1895, Institut Marcel Proust international, 1991.

III. CORRESPONDANCE

Marcel PROUST, *Correspondance*, édition Philip Kolb, Plon, 1970-1993, 21 volumes.

Marcel PROUST, Gaston Gallimard, *Correspondance*, édition Pascal Fouché, Gallimard, 1989.

Marcel PROUST, *Mon cher petit, Lettres à Lucien Daudet*, édition Michel Bonduelle, Gallimard, 1991.

Marcel PROUST, *Correspondance avec Daniel Halévy*, édition Anne Borrel et Jean-Pierre Halévy, De Fallois, 1992.

IV. ÉTUDES BIOGRAPHIQUES

Robert de BILLY, *Marcel Proust, Lettres et conversations*, éditions des Portiques, 1930.

Henri BONNET, *Alphonse Darlu, maître de philosophie de Marcel Proust*, Nizet, 1961.

Ghislain de DIESBACH, *Proust*, Perrin, 1991.

Robert DREYFUS, *Souvenirs sur Marcel Proust*, Grasset, 1926.

André FERRÉ, *Les Années de collège de Marcel Proust*, Gallimard, 1959.

Fernand GREGH, *Mon amitié avec Marcel Proust*, Grasset, 1958.

André MAUROIS, *À la recherche de Marcel Proust*, Hachette, 1949, rééd. 1970.

George D. PAINTER, *Marcel Proust* (1959 et 1965), traduction française, Mercure de France, 1966, 2 volumes (nouvelle éd. en 1 volume, 1992).

Jean-Yves TADIÉ, *Marcel Proust*, Gallimard, 1996.

V. ÉTUDES CRITIQUES

Hommage à Marcel Proust, Nouvelle Revue française, 1er janvier 1923, n° 112 (Gallimard, « NRF reprints », 1990).

Marcel Proust. Bezüge und Strukturen, Fünfte Publikation der Marcel Proust Gesellschaft, Francfort, Insel Verlag, 1987 (nombreux articles, en allemand, sur *Les Plaisirs et les Jours*).

Ninette BAILEY, « Couleur picturale et couleur poétique dans *Les Plaisirs et les Jours* », *Bulletin des Amis de Marcel Proust*, n° 16, 1966, p. 411-422.

Maurice BARDÈCHE, *Marcel Proust romancier*, Les Sept Couleurs, 1971, 2 volumes (premier chapitre du t. I).

Germaine BRÉE, « Une étude du style de Proust dans *Les Plaisirs et les Jours* », *French Review*, 15, mars 1942, p. 401-409.

René de CHANTAL, *Marcel Proust, critique littéraire*, Presses de l'Université de Montréal, 1967, 2 volumes.

Antoine COMPAGNON, *Proust entre deux siècles*, Seuil, 1989.

Pierre DAUM, Les Plaisirs et les Jours, *Étude d'un recueil*, Nizet, 1993.

Jacques DEGUY, « Étude de la revue *Le Banquet* », *Bulletin d'informations proustiennes*, n° 4, automne 1976.

Bernard GICQUEL, « La composition des *Plaisirs et les Jours* », *Bulletin des Amis de Marcel Proust*, n° 10, 1960, p. 249-261.

Anne HENRY, *Marcel Proust, Théories pour une esthétique*, Klincksieck, 1981 (deux premiers chapitres : « Un début en littérature : Autour des *Plaisirs et les Jours* » et « La révélation d'une philosophie de l'art », p. 11-97).

A. B. JACKSON, *La Revue blanche (1889-1903)*, Minard, 1960.

Giovanni MACCHIA, *L'Ange de la nuit (Sur Proust)*, Gallimard, 1993 (trois premiers chapitres : « Innocence et mort de l'adolescent », « Proust et l'indifférence » et « Paons et walkyries »).

Marie MIGUET-OLLAGNIER, « Sur quelques vers de Théocrite », *Bulletin des Amis de Marcel Proust*, n° 43, 1993, p. 92-102.

Maria PAGANINI, « Intertextuality and the strategy of desire : Proust's " Mélancolique villégiature de Mme de Breyves " », *Yale French Studies*, n° 57, 1979, p. 136-163.

Jean-Yves TADIÉ, *Proust et le roman* (1971), Gallimard, « Tel », 1986.

Jean-Yves TADIÉ, *Portrait de l'artiste : de Carlyle à Proust*, Oxford, Clarendon Press, 1990.

Jean-Yves TADIÉ, « Proust et France », *La Culture d'Anatole France, Littérature et nation*, 2ᵉ série, n° 11, mars 1993, p. 75-91.

Catherine VIOLLET, « " La Confession d'une jeune fille " : aveu ou fiction ? », *Bulletin d'informations proustiennes*, n° 22, 1991, p. 7-24.

NOTE SUR LE TEXTE

Les rééditions des *Plaisirs et les Jours* sont peu nombreuses. Quoique celle de 1924 ait été « décidée et préparée du vivant de l'auteur [1] », elle n'a pas été revue par Proust et comporte de nombreuses fautes. Celle de la Pléiade (1971), beaucoup plus fidèle, reprend toutefois certaines des erreurs de 1924. Ainsi, toutes deux font écrire à Proust, dans la dédicace à Willie Heath : « Je n'ai jamais peint l'immortalité que chez des êtres d'une conscience délicate », alors qu'il s'agissait de « l'immoralité »...

L'unique édition sur laquelle on puisse s'appuyer pour établir le texte des *Plaisirs et les Jours* est donc l'édition originale de 1896, la seule qui ait été publiée du vivant de Proust. C'est elle que nous avons suivie, en respectant en particulier la disposition des titres.

Le lecteur accoutumé aux situations embrouillées qu'entraîna, pour la *Recherche du temps perdu*, une composition s'étalant sur près de quinze années et sur des milliers de pages, aux interminables campagnes de correction, aux béquets de trois ou quatre mètres de long, aux changements de cap en cours de rédaction, aux chaotiques séries de jeux d'épreuves, ce lecteur doit ici perdre tous ses réflexes. Proust a publié la plupart des textes des *Plaisirs et les Jours* dans des revues, il a relu et corrigé les épreuves du volume, et il a eu le temps de méditer ses repentirs. Il ne subsiste dans son livre que peu de points douteux. Dans tous les cas, la fidélité au texte et à sa ponctuation doit être le seul guide. Les interventions de l'éditeur se limiteront au minimum :

1. *Cahiers Marcel Proust* 6, 1932, p. 32.

ajouter une ou deux virgules indispensables au sens, corriger une faute d'orthographe, ajouter un accent circonflexe sur un imparfait du subjonctif.

Bien qu'elle ne soit accompagnée d'aucun relevé systématique de variantes, notre édition des *Plaisirs et les Jours* ne s'interdit pas de recourir parfois aux états antérieurs du texte, lorsqu'ils fournissent des leçons particulièrement éclairantes. Peu nombreuses, elles sont alors signalées en note.

Nous avons eu recours aux documents suivants :

LE MANUSCRIT (Bibliothèque nationale, Paris, N.a.fr. 16612), très incomplet, est constitué par des textes rédigés à diverses époques sur des supports variés. Davantage qu'un manuscrit des *Plaisirs et les Jours*, c'est un recueil des copies d'impression des « Études » parues dans *Le Banquet* ou *La Revue blanche*. Ainsi, la numérotation en chiffres romains qui paraît sur certaines pièces ne fait-elle pas référence à un classement primitif des *Plaisirs et les Jours*, mais aux numéros d'ordre initialement donnés à ces « Études ». Par exemple, aux folios 16 à 21 figurent trois textes numérotés IV, V et VI : « Rêve » (voir « Les Regrets, rêveries couleur du temps »), « Contre une snob » et « À une snob » (voir « Snobs », dans « Fragments de comédie italienne »). On les retrouve, dans le même ordre et précédés des mêmes chiffres, dans *La Revue blanche* de décembre 1893.

LA DACTYLOGRAPHIE (BN, N.a.fr. 16613) est, elle aussi, très lacunaire. Elle comporte cependant deux textes qui, par la suite, seront retirés du volume (« Conversation » et « Allégorie », voir le Reliquat, p. 270-274). Proust ne l'a pas corrigée.

LES ÉPREUVES (BN, N.a.fr. 16614). Sur ces placards imprimés figure le cachet de la « Typographie G. Chamerot ». C'est une « épreuve en deuxième, expédiée le 28 mars 96 », intitulée *Château du Réveillon* [*sic*], incomplète et ne portant aucune trace de correction. Certains textes, signalés par la table des matières, nous sont inconnus. Celle-ci donne le même classement que l'édition originale, à quelques différences près : « Mondanité et mélomanie de Bouvard et Pécuchet » suit « Mélancolique Villégiature de Mme de Breyves » ; « Les Regrets, rêveries couleur du temps » s'intitulent « Fragments sur la Musique, la Tristesse et la Mer » et se présentent dans l'ordre et avec les titres suivants :

  I.   Versailles — Tuileries
 II.   Paons [Promenade]
III.   Famille écoutant la musique
 IV.   L'Eau couleur du temps [texte supprimé ou ayant
        changé de titre]
  V.   ***

Les publications en revue sont nombreuses. Nous les signalons dans nos notes. Mais il nous a paru intéressant d'en donner ici la liste complète, afin qu'on puisse juger de la variété des combinaisons imaginées par Proust pour le regroupement de ses textes :

CLASSEMENT CHRONOLOGIQUE DES PUBLICATIONS PRÉ-ORIGINALES

Entre parenthèses figure le titre dans *Les Plaisirs et les Jours*.
* = Texte repris sous le même titre dans *Les Plaisirs et les Jours*.
FCI = « Fragments de comédie italienne ».
RCT = « Les Regrets, rêveries couleur du temps ».

Octobre 1891 : *Le Mensuel*, n° 12
 P. 5-6 : « Choses normandes » (non repris)
 P. 7-9 : « Souvenir » (non repris)

Avril 1892 : *Le Banquet*, n° 2
    P. 41 : Études, I. « Les Maîtresses de Fabrice » (FCI : *)
    P. 42-43 : Études, II. « Cydalise » (FCI : « Cires perdues ». I)
    P. 43-44 : Études, III. « Les Amies de la comtesse Myrto » (FCI : *)
    P. 44 : Études, IV. « Heldémone, Adelgise, Ercole » (FCI : *)

Mai 1892 : *Le Banquet*, n° 3
    P. 77 : Études, I. « Snobs ». I (FCI : *)
    P. 77-78 : Études, II. « Snobs ». II (FCI : *)
    P. 78 : Études, III. « Esquisse d'après Madame *** » (FCI : « Cires perdues ». II)
    P. 79 : Études, IV. (FCI : V)
    P. 79 : Études, V. (FCI : « L'Inconstant »)

Juillet 1892 : *Le Banquet*, n° 5
    P. 136-137 : Études, I. (RCT : VI)
    P. 137-138 : Études, II. (RCT : V)
    P. 138-139 : Études, III. (RCT : XV)

Novembre 1892 : *Le Banquet*, n° 6
    P. 170-171 : Études, I. « La Mer » (RCT : *)
    P. 171-172 : Études, II. « Portrait de Madame *** » (non repris)

Février 1893 : *Le Banquet*, n° 7
    P. 201-208 : « Violante ou la Mondanité » (*)

Juillet-août 1893 : *La Revue blanche*, n°s 21-22
    P. 48-50 : Études, I. (RCT : VII)
    P. 51-52 : Études, II. « Autres reliques » (RCT : « Reliques »)
    P. 52-55 : Études, III. « Éventail » (FCI : *)
    P. 55-56 : Études, IV. « La Source des larmes qui sont dans les amours passées » (RCT · « Source des larmes qui sont dans les amours passées »)
    P. 56-57 : Études, V. « Contre la franchise » (FCI : *)
    P. 58-59 : Études, VI. « Éphémère efficacité du chagrin » (RCT : *)
    P. 59-62 : Études, VII. « Scénario » (FCI : *)
    P. 62-68 : Études, VIII. « Mondanité de Bouvard et Pécuchet » (« Mondanité et mélomanie de Bouvard et Pécuchet », I)
    P. 68-69 : Études, IX. « Amitié » (RCT : *)

15 septembre 1893 : *La Revue blanche*, n° 23
    P. 155-170 : « Mélancolique villégiature de Mme de Breyves » (*)

Décembre 1893 : *La Revue blanche*, n° 26
    P. 377-380 : Études, I. « Présence réelle » (RCT : *)

P. 381-385 : Études, II. « Avant la nuit » (non repris)
P. 386-388 : Études, III. « Souvenir » (non repris)
P. 388-391 : Études, IV. « Rêve » (RCT : *)
P. 391-392 : Études, V. « Contre une snob » (FCI : « Snobs ». III. *)
P. 392-393 : Études, VI. « À une snob » (FCI : « Snobs ». IV. *)

21 juin 1895 : *Le Gaulois.*
P. 2 : « Portraits de peintres » (*)

29 octobre 1895 : *La Revue hebdomadaire*, n° 179
P. 584-606 : « La Mort de Baldassare Silvande, vicomte de Sylvanie » (*)

1er mars 1896 : *La Vie contemporaine*
P. 428-439 : « L'Indifférent » (non repris)

12 juin 1896 : *Le Gaulois.*
« Rêverie couleur du temps : Tuileries » (RCT : « Tuileries »)

Certains de ces textes n'ont pas été repris dans *Les Plaisirs et les Jours*. On les trouvera ici, rassemblés dans le Reliquat. On y lira notamment deux textes de la revue *Le Mensuel*, qui, parus en 1891, sont les versions primitives de certaines pages des *Plaisirs et les Jours*. Enfin, on a joint à ces pièces annexes trois textes que Proust ne publia jamais, mais qui sont parents de ceux des *Plaisirs et les Jours* et que nous connaissons grâce au manuscrit et à la dactylographie.

On le constatera au fil de notre annotation, les volumes de la *Correspondance* éditée par Philip Kolb sont irremplaçables pour l'histoire et la compréhension de l'œuvre de Proust. C'est vrai pour la *Recherche* ; ce l'est autant pour *Les Plaisirs et les Jours*.

Nous ne saurions non plus sous-estimer la dette de reconnaissance qui lie notre édition à celle de la Pléiade, due à Yves Sandre et Pierre Clarac, et aux notes de la traduction allemande des *Plaisirs et les Jours*, dues à Luzius Keller (Marcel Proust, *Freuden und Tage und andere Erzählungen und Skizzen aus den Jahren 1892-1896*, Francfort, Suhrkamp, 1988).

Nous sommes également redevables à M. Marcel Troulay, « inventeur » de la revue *Le Mensuel*, à laquelle Proust collabora en 1891.

T.L.

DOCUMENTS

PRÉFACE D'ANATOLE FRANCE

Pourquoi m'a-t-il demandé d'offrir son livre aux esprits curieux ? Et pourquoi lui ai-je promis de prendre ce soin fort agréable, mais bien inutile ? Son livre est comme un jeune visage plein de charme rare et de grâce fine. Il se recommande tout seul, parle de lui-même et s'offre malgré lui.

Sans doute il est jeune. Il est jeune de la jeunesse de l'auteur. Mais il est vieux de la vieillesse du monde. C'est le printemps des feuilles sur les rameaux antiques, dans la forêt séculaire. On dirait que les pousses nouvelles sont attristées du passé profond des bois et portent le deuil de tant de printemps morts.

Le grave Hésiode a dit aux chevriers de l'Hélicon *les Travaux et les Jours* [1]. Il est plus mélancolique de dire à nos mondains et à nos mondaines *les Plaisirs et les Jours*, si, comme le prétend cet homme d'État anglais, la vie serait supportable sans les plaisirs [2]. Aussi le livre de notre jeune ami a-t-il des sourires lassés, des attitudes de fatigue qui ne sont ni sans beauté, ni sans noblesse.

Sa tristesse même on la trouvera plaisante et bien variée, conduite comme elle est et soutenue par un merveilleux esprit d'observation, par une intelligence souple, pénétrante et vraiment subtile. Ce calendrier des *Plaisirs et des Jours* marque et les heures par d'harmonieux tableaux du ciel, de la mer, des bois, et les heures humaines par des portraits fidèles et des peintures de genre, d'un fini merveilleux.

Marcel Proust se plaît également à décrire la splendeur désolée du soleil couchant et les vanités agitées d'une âme *snob*. Il excelle à conter les douleurs élégantes, les souffrances artificielles, qui égalent pour le moins en cruauté celles que la nature nous accorde avec une prodigalité maternelle. J'avoue que ces souffrances inventées, ces douleurs trouvées par génie humain, ces douleurs d'art me semblent infiniment intéressantes et précieuses, et je sais gré à Marcel Proust d'en avoir étudié et décrit quelques exemplaires choisis.

Il nous attire, il nous retient dans une atmosphère de serre chaude, parmi des orchidées savantes qui ne nourrissent pas en terre leur étrange et maladive beauté. Soudain, dans l'air lourd et délicieux, passe une flèche lumineuse, un éclair qui, comme le rayon du docteur allemand, traverse les corps. D'un trait le poète a pénétré la pensée secrète, le désir inavoué.

C'est sa manière et son art. Il y montre une sûreté qui surprend en un si jeune archer. Il n'est pas du tout innocent. Mais il est si sincère et si vrai qu'il en devient naïf et plaît ainsi. Il y a en lui du Bernardin de Saint-Pierre dépravé et du Pétrone ingénu.

Heureux livre que le sien ! Il ira par la ville tout orné, tout parfumé des fleurs dont Madeleine Lemaire l'a jonché de cette main divine qui répand les roses avec leur rosée.

ANATOLE FRANCE.

Paris, le 21 avril 1896.

L'ACCUEIL DE LA CRITIQUE

Paul Perret : « À travers champs »

Les Plaisirs et les Jours, *par M. Marcel Proust. — La vraie modernité. — Un peu de décadence. — La jeunesse littéraire et les critiques. — Retour à Mérimée. — Une poétique. — De l'action et du rêve. — Tableaux de nature. — Un miroir.*

M. Anatole France, dans la courte préface qu'il a bien voulu mettre en tête du livre de M. Marcel Proust, nous dit que cet ouvrage d'un nouveau venu dans les lettres a le charme d'un jeune visage ; on ne saurait mieux dire. Le titre *les Plaisirs et les Jours* a fait connaître le cadre de l'ouvrage ; les tableaux très variés de M. Marcel Proust peignent un monde où l'on ne travaille ni ne peine. Rien que des plaisirs, et ce doit être assez pour remplir la traversée des jours. Il me semble que l'effort du peintre tend précisément à faire voir que cela ne suffit pas. Ils sont mélancoliques — elles sont dévorées de désirs hasardeux et de curiosités inassouvies, les héros et les héroïnes de ces courtes, fines et souvent cruelles histoires.

L'auteur est vraiment un « moderne » — et sa modernité ne consiste point, comme celle de beaucoup d'autres, dans la recherche des formes littéraires baroques et ordinairement vides ; ce n'est point du tout un trouveur d'amphigouris ni un ciseleur en pathos. M. Marcel Proust est moderne, parce qu'il exprime des sentiments qu'on a dans le moment où nous sommes et qu'on n'eut point en d'autres moments. Ce n'est pas gai — c'est même tout le contraire de la jovialité gauloise ; cela sent le profond ennui, le *tædium vitæ*[1] des Romains de l'ère des Césars, et, en général, de toutes les décadences ; c'est subtil, quelque peu pervers ; et comme l'auteur est un amoureux de nature, il a paru à M. Anatole France qu'on pouvait le rapprocher des anciens naturistes, en même temps que des fameux libertins d'autrefois, en lui attribuant plus de candeur, pourtant, qu'à ces devanciers-là : « Il y a bien du Bernardin de Saint-Pierre dépravé et du Pétrone ingénu[2]. » Je salue Pétrone ; il vient à propos pour confirmer ce que je disais à l'instant de cette légère et vague odeur de décadence qui se respire en ces jolies pages.

Dans *les Plaisirs et les Jours*, il y a de tout : de courtes nouvelles, très psychologiques, passablement hardies, toujours attachantes, des descriptions et des paysages, des vers, même de la musique, — le tout illustré par Mme Madeleine Lemaire qui, de sa main de fée, y a semé des bouquets adorables et des figures qui veulent être suggestives. L'habile artiste réussit mieux à rendre le visage des fleurs que les physionomies humaines.

L'ouvrage est dédié à un ami qui n'est plus. L'auteur évoque cette ombre qui lui fut chère : « Vous êtes, hélas ! le seul de mes amis dont mon livre n'ait pas à redouter les critiques[3]. » La jeunesse littéraire d'à présent aime peu les critiques, et pour cause ; elle ressemble à l'architecte mal ferré sur les principes de son art, qui n'en aurait pas moins de l'imagination et des idées et qui, venant d'élever un édifice charmant, n'aurait d'autre souci que d'empêcher la venue des experts. — Écartons ces fâcheux, dirait-il avec impatience ; ils reconnaîtraient que ma construction pèche contre les règles. À quoi bon ? Elle peut bien n'être pas des plus solides, mais n'est-elle pas agréable à voir ?

Les « nouvelles » de M. Marcel Proust sont infiniment agréables à lire ; mais l'expert y regarde de près, c'est son métier. Il aperçoit le défaut des proportions, il signale les parties mal éclairées. Ces récits, au cours desquels la psychologie des personnages est toujours très serrée, sont enchâssés dans des cadres vagues ; ces personnages très réels sont revêtus d'oripeaux étranges dont les couleurs et la coupe n'ont aucune réalité ; ce sont comme des héros et des héroïnes de contes de fées qui s'appellent la princesse de Styrie, le duc de Bohême, etc. Je sais bien que telle est la fantaisie nouvelle ; on l'accouple à la sévère madame Psychologie, c'est un jeu de l'auteur ; mais le liseur attentif remarque bientôt que ladite sévère madame ne se trouve pas très bien d'être ainsi follement appariée. Il regrette que de jeunes ouvriers enlèvent à ce bel art si français de la « nouvelle » ses proportions justes et rigoureuses ; il songe au grand maître oublié, à cet inimitable Mérimée dont l'habileté, pour être exacte, n'en demeurait pas moins toujours et si admirablement sereine.

Toute la poétique de M. Marcel Proust tient en une phrase qui se rencontre dans ses *Rêveries couleur du temps*, un joli morceau : « Le désir fleurit, la possession flétrit toutes choses ; il vaut mieux rêver sa vie que la vivre, encore que la vivre ce soit encore la rêver [1]. » Mais non ! rien n'est moins vrai, ni moins humain, ni moins social. Tout au plus, peut-on accorder qu'en une société confuse et plate comme celle d'à présent, le rêve devient refuge naturel de certaines âmes ou trop délicates ou trop ardentes, qui ne se peuvent dépenser ni en tendresses sincères ni en beaux héroïsmes ; mais alors elles doivent se retrancher dans la méditation, et ne plus jamais sortir de cette prison qui a ses délices. Écrire, c'est se rejeter à nouveau dans le vif de la vie ; un livre, c'est une action, et le tenir enveloppé de cette couleur crépusculaire de la rêverie, c'est lui ôter sa portée et sa force.

Au reste, il y a bien des côtés par lesquels *les Plaisirs et les Jours* ne demeurent pas du tout fidèles à ce caractère de rêve ; l'auteur n'abjure point une certaine malignité de tempérament qui le porte à s'expliquer vivement sur les vices et les sottises de ses contemporains ; M. Marcel Proust est même un joli satiriste. Il n'est presque point de page de son livre qui n'assaille de front ou ne harcèle de flanc l'insupportable snobisme courant. Les traits sont justes et méchants et l'on prend plaisir à suivre cette grêle aiguë qui tombe.

Des trois principales nouvelles écrites par M. Marcel Proust, *la Mort de Baldassaro* [sic] *Silvande*, *la Confession d'une jeune fille*, *Violante ou la Mondanité*, la troisième est la mieux faite, parce qu'elle a un objet précis qui est la satire des mœurs mondaines. La seconde est la plus frappante ; elle analyse la perversité native d'une fille du grand monde, qui, à seize ans, ne peut se défendre du péché, et repentie, régénérée, fiancée à un honnête seigneur, retombe en son égarement sensuel, justement après le souper des fiançailles, le tentateur ayant reparu ; elle se fait justice de sa main et raconte les impressions de sa dernière heure. Le premier des trois récits est le plus « moderne » ; il nous présente la fin lente et cruelle d'un heureux de ce monde, atteint de paralysie générale, mourant d'avoir trop vécu et regrettant ces joies meurtrières. Ici, tout est nouveau, d'une originalité vraie, quelquefois puissante en une belle simplicité de forme ; il y a des pages exquises.

M. Marcel Proust a le culte des grands artistes qui sont, en effet, de vrais dieux ; il parle d'Albert Cuyp, de Van Dyck, de Watteau, de Chopin et de Gluck en vers, c'est plus noble.

> *Tu triomphes, Van Dyck, prince des gestes calmes.*

Et ces portraits des maîtres sont touchés d'un pinceau très juste.

> *Cuyp, soleil déclinant, dessin* [sic] *dans l'air limpide.*

Il comprend admirablement les paysagistes, parce qu'il est lui-même peintre de nature. Ce sont de délicieux tableaux que *la Rencontre au bord du lac*, *Sous-bois*, *la Mer*, *Voiles au port*, etc. L'étonnante variété de ce livre n'est pas son moindre attrait. Ce jeune homme, richement doué, marqué pour un bel avenir d'écrivain, a mis dans son premier ouvrage tout ce qu'il a vu, senti, pensé, observé. *Les Plaisirs et les Jours* deviennent ainsi le miroir littéraire d'une âme et d'un esprit. Tant d'autres ne remplissent ou ne farcissent leurs premiers écrits que d'imitations inconscientes ou d'emprunts sans vergogne.

Édouard Rod

Je ne saurais rien ajouter à la merveilleuse préface que M. Anatole France a écrite pour les *Plaisirs et les jours* — ce premier livre de M. Marcel Proust, — préface dont les lecteurs du *Gaulois* ont eu la primeur. Je tiens pourtant à constater le succès de cet heureux début. M. Marcel Proust entre dans la carrière des lettres — par un chemin fleuri de roses — avec une originalité déjà bien marquée : car, selon le mot si frappant de M. France, il est « jeune de la jeunesse de l'auteur » et « vieux de la vieillesse du monde[1] ». Et ce mélange singulier de fraîcheur et de maturité a produit un livre bien caractéristique du temps où nous sommes. Comment peut-il y avoir tant de qualités d'observation dans un esprit si nouveau ? Par moment, on voit pointer un La Bruyère de notre « monde » ; et cela est très révélateur. Mme Madeleine Lemaire a orné ce volume d'illustrations charmantes, où elle a mis toute sa grâce.

Léon Blum

Avec une préface de M. France, des dessins de Mme Lemaire, imprimé par Chamerot et édité par Lévy, sur un beau papier épais et souple, voici le livre de M. Marcel Proust : *les Plaisirs et les Jours*.

Hésiode comptait les jours par les durs travaux de la terre ; M. Proust les distingue par les plaisirs variés et frais des cités. Nouvelles mondaines, histoires tendres, vers mélodiques où se mêle la musique de Raynolds Hahw [*sic*], fragments où la précision du trait s'atténue dans la grâce molle de la phrase, M. Proust a réuni tous les genres et tous les charmes. Aussi les belles dames et les jeunes gens liront avec un plaisir ému un si beau livre. Mais moi, qui connais M. Proust, qui lui porte la sympathie et l'estime que méritent son talent et des dons si beaux je voudrais avoir sur lui une autorité assez forte, et je lui parlerais affectueusement mais non sans sévérité. Il sait bien ce que je lui dirais, il le sait mieux que moi, et il nous prouvera qu'il le sait. Quand on a tout le talent de style, toute l'aisance de pensée que recèle ce livre trop coquet et trop joli, ce sont là des dons qu'on ne peut pas laisser perdre. Je fais à M. Proust mon compliment sincère et amical pour son début si heureux et si facile, avec un peu de regret que *les Plaisirs et les Jours* n'aient pas paru deux ans plus tôt. Et j'attends avec beaucoup d'impatience et de tranquillité son prochain livre.

Charles Maurras

Il n'est pas simple de louer M. Marcel Proust : son premier livre, ce Traité des *Plaisirs et des Jours*, qu'il vient de publier, marque une si extrême diversité de talents que l'on peut être embarrassé d'avoir à les noter tous à la fois chez un aussi jeune écrivain. Il le faut cependant. Il faut même avouer que ces dons si variés ne se contrarient point, mais, au contraire, forment un assemblage heureux, brillant et facile. Par exemple, cette richesse, un peu précoce, de son expérience n'a pas nui chez M. Marcel Proust à la réflexion, mais a composé avec elle une sagesse douce, malicieuse, solide et un peu rêveuse. De plus, cette sagesse est naturellement gracieuse ; cette grâce, sans nonchalance ; style et pensée, tout va du même mouvement aisé, souple, presque aérien. Cela reste vrai, toutefois. Cet esprit, qui semble sans poids, ne monte jamais aux nuages. Il se tient sur la pauvre et agréable terre, parmi des plaisirs médiocres, des peines grandes et petites, dont il s'applique à démêler le nombre et l'exacte valeur. Mais le souci du vrai ne lui ôte point l'allégresse poétique, qui lui permet de pallier ou de substituer les vérités fâcheuses : il ne perd pas non plus cette douce et discrète chaleur de sentiment d'où sortent toute joie, toute exaltation véritables.

Nos pères avaient coutume d'enseigner que la clairvoyance détruit la sensibilité. Mais c'est un antique sophisme ; aucun de nous n'y veut plus croire :

Si nescis, oculi sunt in amore duces[1] !

Voilà ce que nous répondons avec l'ingénieux Properce.

Il n'est passion si violente qui ne gagne aux lumières d'une intelligence attentive à la diriger. M. Marcel Proust nous sera un témoin nouveau de la vérité retrouvée. Chez lui, aucune sécheresse. Il n'est rien qu'il ne conte avec quelque émotion. Et son ironie elle-même paraît jaillir d'une source de sympathie tenue secrète.

La langue est pure, transparente, sans rythme trop sensible, mesurée par un goût exquis. Chez M. Marcel Proust l'instinct semble aussi droit que le calcul est juste. Il faut que la nouvelle génération s'accoutume à faire fond sur ce jeune écrivain. Il y a dans ce livre des *Plaisirs et des Jours* deux ou trois contes, d'un négligé apparent, presque sans indication de dessin, mais de la plus harmonieuse tonalité, et qui marquent un sens extrêmement vif des nuances. Telle maxime, tel caractère, telle exhortation amoureuse, telle lettre enfin, M. Proust était seul capable de les tourner ; je ne vois personne, du moins, d'une pénétration ainsi délicate, ainsi sûre, et d'une si simple élégance. Un maître illustre a d'ailleurs dit ces choses, à l'entrée du volume de M. Marcel Proust, avec une entière clarté : il les a dites d'une voix enchanteresse. Ainsi devaient parler les premiers poètes d'Athènes quand, la muse ayant distingué quelqu'un de la jeunesse, ils attachaient le myrte, la rose et le laurier sur le seuil de ce favori.

Jean Lorrain

I

MM. José-Maria de Heredia et Anatole France sont vraiment bien coupables. Avec leur condescendance de *gualantuhomo*[1], en écrivant des préfaces complaisantes à de jolis petits jeunes gens du monde en mal de littérature et de succès de salons, ils ont ouvert la voie ; pis, ils l'ont tracée à un tas de gens armés des meilleures intentions et qui, sans leurs précédents, eussent été de rapports possibles, sinon agréables. Mais voilà, les *Hortensias bleus* de Montesquiou, les *Plaisirs et les Joies* de M. Marcel Proust, estampillés de la signature de l'Académie, ont tourné la cervelle à tous les petits kioukious, poètes peu ou prou, qui fréquentent chez Mme Lemaire.

Tout le monde, aujourd'hui, s'est mis en tête d'écrire, de remuer la Presse et l'opinion autour de sa petite gloire et à coups de dîners, d'influences mondaines, de petites intrigues d'éventails, de menus d'évêque et de garden-parties, d'arracher à Pierre une préface, à Jean un article et à tous une réclame, afin de violenter sinon d'attirer l'attention. Tous les snobs ont voulu être auteur et y ont réussi, encouragés par un snobisme plus décevant encore, celui des gens de lettres, flattés, chatouillés, titillés dans leur amour-propre par les plus adroites manœuvres. Ce fut, du vivant de Leconte de Lisle, toute une intrigue menée autour du grand poète. M. de Montesquiou en fut le bénéficiaire. Le cher comte a fait son chemin depuis ; M. de Heredia, qui aurait pu signer ce jour-là *Hérédiou*, a consacré de sa plume autorisée l'auteur des *Hortensias*. Si Paul Hervieu ne s'appelle pas, aujourd'hui, Paul *Herviou*, c'est qu'il a plus d'indépendance. Enfin, brochant sur le tout, le salon de Mme Armand de Caillavou vient d'avoir raison des dernières résistances de l'auteur de *Thaïs*, et nous devons à M. Anatole France, ce succédané de M. de Fezensac[1] jusqu'alors unique dans son genre, le jeune et charmant Marcel Proust. Prout et Brou !

II

D'ailleurs, l'amateurisme des gens du monde. Un livre commis par l'un d'eux, livre autour duquel grand bruit fut mené l'autre printemps, me tombe entre les mains. Préfacé par M. Anatole France, qui ne put refuser l'appui de sa belle prose et de sa signature à une chère madame (il y avait tant dîné), ce délicat volume ne serait pas un exemple-type du genre, s'il n'était illustré par Mme Madeleine Lemaire.

Les Plaisirs et les Jours, de M. Marcel Proust : de graves mélancolies, d'élégiaques veuleries, des petits riens d'élégance et de subtilité, des tendresses vaines, d'inanes flirts en style précieux et prétentieux, avec, entre les marges ou en tête des chapitres, des fleurs de Mme Lemaire en symboles jetées, et l'un de ces chapitres s'appelle : *La mort de Baldassare de Silvande*, le vicomte de Silvande. Illustration : deux cruches. Un autre, *Violante ou la Mondanité*. Illustration : des feuilles de roses (je n'invente pas). L'ingéniosité de Mme Lemaire ne s'est jamais adaptée aussi étroitement à un talent d'auteur ; M. Paul Hervieu, et son *Flirt*, n'avaient certainement pas inspiré aussi spirituellement la charmante peintresse[2]. C'est ainsi qu'une histoire de M. Proust, intitulée : *Amis : Octavian et Fabrice*, a pour commentaires deux chattes jouant de la guitare, et une autre, dite *Rêverie couleur de temps*, s'illustre de trois plumes de paon.

Oui, madame, trois plumes de paon ; après cela, n'est-ce pas, on peut tirer l'échelle.

On trouve aussi dans *Ces Plaisirs et ces Jours* un chapitre intitulé : *Mélancolique villégiature de Mme de Bresve*, de Bresve, grève, rêve, oh ! la douceur fugitive de ce *Bresve*, et trois héroïnes s'y ornent des noms charmants d'Heldemonde, Aldegise et Hercole, et ce sont trois Parisiennes du pur, du noble faubourg.

Le fouet, monsieur.

M. Marcel Proust n'en a pas moins eu sa préface de M. Anatole France, qui n'eût préfacé ni M. Marcel Schwob, ni M. Pierre Louÿs, ni

M. Maurice Barrès ; mais ainsi va le train du monde et soyez sûrs que, pour son prochain volume, M. Marcel Proust obtiendra sa préface de M. Alphonse Daudet, de l'intransigeant M. Alphonse Daudet, lui-même, qui ne pourra la refuser, cette préface, ni à Mme Lemaire ni à son fils Lucien.

André Gide : « en relisant
" Les plaisirs et les jours " »

Je ne me lasse point d'admirer que les deux écrivains de ma génération pour lesquels il me semble le moins imprudent d'espérer une glorieuse survie — l'un poète, l'autre prosateur — tous deux à peu près s'ignorant, tous deux incapables mutuellement de se comprendre, — aient connu chacun fortune à la fois si particulière et si semblable : Marcel Proust et Paul Valéry. Tous deux, à bien peu de chose près, du même âge, publièrent à peu près en même temps leurs premiers écrits ; puis se turent pendant quinze ans. Un recensement des forces intellectuelles françaises, un an avant la guerre, ne les eût même pas signalés, et pour cause. À notre époque impatiente quel admirable exemple ils donnent, montrant à quelle subite gloire peut atteindre le dédain du succès, et de quelle domination devient capable un artiste qui sait attendre.

Quand je relis aujourd'hui *Les Plaisirs et les Jours*, les qualités de ce livre délicat, paru en 1896, me paraissent si éclatantes, que je m'étonne qu'on n'en ait pas été d'abord ébloui. Mais aujourd'hui notre œil est averti et tout ce que, depuis, nous pûmes admirer dans les livres récents de Marcel Proust, nous le reconnaissons ici où d'abord nous n'avions pas su le découvrir. Oui, tout ce que nous admirons dans *Swann* ou dans *Guermantes* se trouve ici déjà, subtilement et comme insidieusement proposé : attente enfantine du bonsoir maternel ; intermittence du souvenir, émoussement du regret, puissance évocatrice des noms de lieux, troubles de la jalousie, persuasion des paysages — et même les dîners Verdurin, le snobisme des convives, l'épaisse vanité des propos — ou telle considération très subtile que je note en passant, considération particulièrement chère à Marcel Proust et dont s'alimentera souvent sa pensée — que je trouve dans ce premier livre déjà par deux fois indiquée, la première à propos de cet enfant, qui sans cesse éprouvant le besoin de comparer « avec désespoir » à « l'absolue perfection » de son rêve ou de son souvenir, la « perfection imparfaite » de la réalité, s'étonne et meurt. « Chaque fois, dit Proust, il essayait de trouver dans l'imperfection des circonstances la raison accidentelle de sa déception [1]. » Et plus loin, dans la

Critique de l'Espérance à la lumière de l'Amour : « Comme l'alchimiste qui attribue chacun de ses insuccès à une cause accidentelle et chaque fois différente, loin de soupçonner dans l'essence même du présent une imperfection incurable, nous accusons la malignité des circonstances particulières [1]... »

Oui, tout ce qui plus tard va s'épanouir splendidement dans ces longs romans, s'offre à l'état naissant dans ce livre, frais boutons de ces larges fleurs — tout ce que nous admirerons plus tard ; à moins que, ce que nous admirons, ce ne soit précisément ce détail et cette abondance, l'extraordinaire foisonnement, l'exagération et la multiplication apparente de tout ce qui n'est encore ici qu'à l'état de promesse et qu'en germe... Et non seulement tous les motifs, ou presque, que plus tard dans *la Recherche du Temps Perdu* glanera cette recherche même, — mais encore l'annonce et la prédiction presque de ce futur foisonnement ; de sorte qu'il nous semble l'entendre parler de son œuvre à venir, quand nous lisons : « Il y avait dans tout cela des petites choses précises de sensualité ou de tendresse sur presque rien des circonstances de sa vie, et c'était *comme une fresque très vaste qui dépeignait sa vie sans la raconter*, dans sa couleur passionnée seulement, d'une manière très vague et très particulière en même temps, *avec une grande puissance touchante [2].* »

Et naturellement je n'irai point jusqu'à dire que nous trouvions dans ces premiers écrits la subtile perfection des pages de sa maturité — encore que parmi les vingt pages de sa *Confession d'une Jeune Fille*, certaines vaillent à mon avis ce qu'il écrivit de meilleur — mais je m'étonne de trouver, dans ces pages-ci, un ordre de préoccupations que Proust, hélas, abandonnera complètement par la suite — et qu'indique suffisamment cette phrase de *l'Imitation de Jésus-Christ* qu'il y épingle en épigraphe : « Les désirs des sens nous entraînent çà et là, mais l'heure passée que rapportez-vous ? des remords de conscience et de la dissipation d'esprit [3]. » — Mais sans doute son œuvre inédite nous réserve-t-elle bien des surprises. Tout ce que je puis dire, c'est que, de tous les thèmes proposés dans son premier livre, il n'en est aucun qui me paraisse mériter mieux d'occuper l'attention de Proust et dont je souhaite davantage retrouver l'écho détaillé.

Mais voici plus étrange et plus révélateur encore : dans sa préface des *Plaisirs et les Jours*, ou plus exactement : dans sa lettre-dédicace datée de 1894, nous lisons : « Quand j'étais tout enfant, le sort d'aucun personnage de l'histoire sainte ne me semblait aussi misérable que celui de Noé, à cause du déluge qui le tint enfermé dans l'arche pendant quarante jours. Plus tard, je fus souvent malade, et pendant de longs jours je dus rester aussi dans l'" arche ". *Je compris alors que jamais Noé ne put si bien voir le monde que de l'arche, malgré qu'elle fût close et qu'il fît nuit sur la terre [4].* » La vie de Proust a chargé cette prophétique petite phrase d'une émotion singulière. Depuis longtemps la maladie retenait Proust enfermé dans l'« arche » et l'invitait ou le contraignait à cette existence toute nocturne à laquelle il avait fini par se faire, sur le fond obscur de laquelle apparaissent si lumineusement les préparations microscopiques fournies par son prestigieux souvenir, et dont ne le distrayaient plus que par instants les rumeurs de l'heure présente, durant son interminable loisir. Je ne parlerai pas ici des angoisses, des souffrances de sa maladie, non plus que des élans exquis d'un cœur qu'occupait sans cesse l'amour — élans, qui, dans cette atmosphère si mystiquement raréfiée où il avait pris coutume de vivre, s'amplifiaient distinctement de sorte que chaque sentiment, si menu fût-il, et que chez tout autre la vie journalière eût balayé, devenait création ingénieuse, réfléchie, susceptible, et douloureuse, — et qui faisait de lui un ami si merveilleux, si fastueux, que près de lui l'on se sentait souvent un peu pris de court, et comme honteux d'une certaine indigence sentimentale... « Les malades, dit-il encore dans cette préface, se sentent plus près de leur âme. » Et encore : « La vie est chose dure qui serre de trop près, perpétuellement nous fait mal à l'âme. *À sentir ses liens un moment se relâcher, on peut éprouver de clairvoyantes douceurs*[1]. » Le clair génie de Proust déjà respire dans cette phrase juvénile et c'est bien de ces « clairvoyantes douceurs » que son œuvre future sera toute imprégnée : Je veux rapprocher cette phrase d'une autre, que je lis un peu plus loin dans ce même livre : « Et de nos noces avec la mort qui sait si pourra naître notre *consciente immortalité*[2]. »

Extrait d'une revue satirique :
Les lauriers sont coupés...

PROUST, *s'adressant à Ernest La Jeunesse*[3]. — Est-ce que vous l'avez lu, mon livre ?

LA JEUNESSE. — Non, monsieur, il est trop cher.

PROUST. — Hélas ! c'est ce que tout le monde me dit... Et toi, Gregh, tu l'as lu ?

GREGH. — Oui, je l'ai découpé, pour en rendre compte[4].

PROUST. — Et toi aussi, tu as trouvé que c'était trop cher ?

GREGH. — Mais non, mais non, on en avait pour son argent.

PROUST. — N'est-ce pas !... Une préface de M. France, quatre francs... Des tableaux de Mme Lemaire, quatre francs... De la musique de Reynaldo Hahn, quatre francs... De la prose de moi, un franc... Quelques vers de moi, cinquante centimes... Total treize francs cinquante, ça n'était pas exagéré ?

LA JEUNESSE. — Mais, monsieur, il y a bien plus de choses que ça dans l'*Almanach Hachette*, et ça ne coûte que vingt-cinq sous !

PROUST, *éclatant de rire.* — Ah! que c'est drôle!... Oh! que ça me fait mal de rire comme ça!... Comme vous avez de l'esprit, monsieur La Jeunesse! Comme ça doit être amusant d'avoir de l'esprit comme vous!

NOTES

Abréviations utilisées

Corr.   Marcel Proust, *Correspondance*, édition de Philip Kolb, Plon,
          1970-1993, 21 volumes.

CSB, PM

ou EA   *Contre Sainte-Beuve* précédé de *Pastiches et mélanges* et suivi
          de *Essais et articles*, édition de Pierre Clarac et Yves Sandre,
          Gallimard, Bibliothèque de la Pléiade, 1971.

Sauf mention particulière, nous citons *À la recherche du temps perdu*
dans l'édition Folio.

Page 39.   « À MON AMI WILLIE HEATH »

Fernand Gregh, qui n'aimait pas *Les Plaisirs et les Jours*, a vu dans
cette dédicace une preuve du snobisme de Proust, « ce snobisme
indéniable dont il devait tant se défendre et qui devait tant l'inspirer.
Car, que je sache, il n'avait jamais été tellement l'ami de ce jeune
Anglais, William Heath, mort tout jeune, qu'il lui dédiât un livre
entier. Mais je veux plutôt croire qu'il inaugurait ainsi ce goût pour les
étrangers " chic " qui allait de pair avec son adoration aiguisée d'ironie
pour les personnes titrées » (Fernand Gregh, *Mon amitié avec Marcel
Proust*, Grasset, 1958, p. 9-10). Il est vrai que le nom de Willie Heath,

que Proust rencontra au printemps de 1893, n'apparaît que deux ou trois fois dans toute la *Correspondance* de Proust, laquelle est pourtant un assez fidèle témoin de ses goûts et de ses amitiés. Et, comme il l'a confié en novembre 1893 à Robert de Billy, Proust n'avait pas songé à dédier seulement son livre au jeune Anglais : « J'avais eu tout de suite la pensée de dédier ce petit livre à la mémoire de deux êtres que j'ai connus peu de temps mais que j'ai aimés, que j'aime de tout mon cœur, Edgar Aubert — et Willie Heath que, je crois, vous n'avez pas connu, qui est mort de la dysenterie il y a à peine un mois — et qui après une vie d'une admirable élévation est mort avec une résignation héroïque [...]. Mais la médiocrité de l'ouvrage, la grande liberté de certaines parties, l'inutilité d'un hommage public toujours inférieur au souvenir inexprimé m'avaient détourné de leur donner autrement que dans l'élan de mon cœur. Mais un petit fait a changé mes déterminations. Mme Madeleine Lemaire va illustrer ce petit livre. Aussi va-t-il courir dans bien des bibliothèques d'écrivains, d'artistes, de gens considérables de partout qui l'auraient ignoré sans cela et ne le garderont que pour les illustrations. Il me serait doux alors que toute cette élite qui eût apprécié Edgar et Heath si elle les avait connus, qui les eût admirés, aimés, sache au moins par mon humble témoignage, par une courte préface, qui ils ont perdu. La famille de Heath a paru heureuse de ce projet » (*Corr.*, t. I, p. 247-248). La famille Aubert, paraît-il, fut moins enthousiaste, et « le livre parut avec la seule dédicace à Willy Heath » (Robert de Billy, « Une amitié de trente-deux ans », *Hommage à Marcel Proust, Nouvelle Revue française*, 1er janvier 1923, n° 112, p. 34). Edgar Aubert (1869-1892), fils d'un magistrat genevois, était mort d'une appendicite.

Proust n'innove guère en offrant son livre à un mort : en 1894 (l'année même de cette épître dédicatoire), Maurice Barrès a dédié *Du sang, de la volupté et de la mort* à son ami Jules Tellier, auquel il consacre également une sorte de préface de son ouvrage.

1. Proust cite des bribes de la dédicace (« À l'âme pure de ma sœur Henriette, morte à Byblos, le 24 septembre 1861 ») qu'Ernest Renan a placée au début de la *Vie de Jésus* : « Te souviens-tu, du sein de Dieu où tu reposes, de ces longues journées de Ghazir, où, seul avec toi, j'écrivais ces pages inspirées par les lieux que nous avons visités ensemble ? [...] Révèle-moi, ô bon génie, à moi que tu aimais, ces vérités qui dominent la mort, empêchent de la craindre et la font presque aimer » (Folio, p. 31 ; voir *PM*, p. 139, où Proust fait la même citation).

2. Voir Homère, *Odyssée*, chant X (L'Évocation des morts) : « Fais à tous les défunts les trois libations, d'abord de lait miellé, ensuite de vin doux, et d'eau pure en troisième ; puis saupoudrant le trou d'une blanche farine, invoque longuement les morts » (trad. Victor Bérard,

Folio, p. 227). Proust reprendra dans *Le Temps retrouvé* (p. 304) l'image des gâteaux funéraires.

3. Madeleine Lemaire, née Coll (1845-1928), élève de Mme Herbelin et de Chaplin, était peintre de fleurs et de portraits. Très introduite dans les milieux mondains et artistes, elle avait été la maîtresse d'Alexandre Dumas fils. Proust a longtemps flatté cette dame, qu'il connut en 1892 et dont il utilisera certains traits de caractère dans la *Recherche*, pour les personnages de Mme Verdurin et de Mme de Villeparisis (qui, comme elle, peint des fleurs, voir *Guermantes I*, p. 181, 205). En 1894, après lui avoir demandé d'illustrer *Les Plaisirs et les Jours*, il lui adresse des vers : « Vous faites plus que Dieu : un éternel printemps, / Et c'est auprès des lys et des rosiers grimpants / Que vous allez chercher vos couleurs, Madeleine » (*EA*, p. 366). Dans son article « La cour aux lilas et l'atelier des roses, le salon de Mme Madeleine Lemaire », publié dans *Le Figaro* du 11 mai 1903, il écrit : « Je ne sais plus quel écrivain a dit que c'était elle " qui avait créé le plus de roses après Dieu " » (*ibid.*, p. 457-464).

4. En septembre 1894, Proust demandait à Robert de Montesquiou la permission de citer « un ou deux des très ingénieux et très beaux vers » qu'il avait ajoutés en tête de l'exemplaire de son livre *Le Chef des odeurs suaves* (1893) offert à Madeleine Lemaire (*Corr.*, t. I, p. 331). Montesquiou publiera ces vers en 1901, dans son recueil *Les Paons*, avec d'autres envois à Madeleine Lemaire : « Les fleurs pensent à vous bien avant que d'éclore ; / Poser pour vos pinceaux les engage à fleurir / Sur cette terre où tout se défeuille et s'éplore... / Vous êtes leur Vigée et la sensible Flore / Qui les immortalise où l'autre fait mourir ! » (vers cités par Philip Kolb, *ibid.*, p. 332). — Élisabeth Vigée-Lebrun (1755-1842), portraitiste de la Cour.

Page 40.

1. Antoine Van Dyck (1599-1641), peintre flamand qui vécut et travailla à Anvers, à Gênes, à Londres, a peint de nombreux princes. Sans doute, comme dans le « Portrait de peintre » qu'il lui a consacré, Proust évoque-t-il ici *L'Homme au pourpoint* (Louvre), puisque, pour décrire Heath au Bois, il recopie discrètement trois mots de son poème : « debout, mais reposé » (voir p. 134 et 207).

2. Dans le *Portrait de Charles Ier d'Angleterre* (Louvre), que Proust décrit également dans son poème (p. 134) et qu'il évoquera à nouveau dans *Albertine disparue* (p. 141), le roi, au retour de la chasse, est debout près de son cheval, sous un arbre. Charles Ier (1600-1649), époux d'Henriette de France, dont Bossuet prononcera l'oraison funèbre, devait mourir décapité.

3. « Un jour, nous allâmes au Louvre, Marcel et moi, et je lui montrai les tableaux que j'aimais. [...] Puis il s'arrêta devant le duc de Richmond de Van Dyck, et je lui dis que toute cette belle jeunesse dont

on voit les portraits en Angleterre, à Dresde, à l'Ermitage, avait été fauchée par les Côtes de Fer de Cromwell. Nous philosophâmes sur la mort des " Cavaliers " et de leur roi Charles » (Robert de Billy, *Marcel Proust, Lettres et conversations*, éditions des Portiques, 1930, p. 28 et 30).

4. Proust, qui, à vingt ans, plaçait Léonard de Vinci parmi ses peintres favoris (*EA*, p. 337), décrit ici le *Saint Jean Baptiste* du Louvre.

Page 41.

1. Quand les eaux du déluge commencèrent de se retirer, « Noé ouvrit la fenêtre qu'il avait faite dans l'arche, et laissa aller un corbeau [...]. Il envoya aussi une colombe après le corbeau, pour voir si les eaux avaient cessé de couvrir la terre. Mais la colombe n'ayant pu trouver où mettre le pied, parce que la terre était toute couverte d'eau, elle revint à lui [...]. Il attendit encore sept autres jours, et il envoya de nouveau la colombe hors de l'arche. Elle revint à lui sur le soir, portant dans son bec un rameau d'olivier dont les feuilles étaient toutes vertes. Noé reconnut donc que les eaux s'étaient retirées de dessus la terre. Il attendit néanmoins encore sept jours, et il envoya la colombe, qui ne revint plus à lui » Genèse, VIII, 6-12 (trad. Lemaître de Sacy, Laffont, 1990, p. 13). Comme le note Juliette Hassine, « la Genèse ne mentionne pas qu'il fît nuit sur terre » (« Proust lecteur de la Bible : le thème de l'Arche dans la *Recherche* », *Bulletin des amis de Marcel Proust*, n° 32, 1982, p. 527).

2. Peut-être y a-t-il ici un écho virgilien : « les ouvrages délaissés restent suspendus » (« *pendent opera interrupta* », *Énéide*, liv. IV, v. 88, trad. Jacques Perret, Folio, p. 134 ; voir *Guermantes I*, p. 80, n. 2).

3. Racine, *Phèdre* (I, III, v. 158-160). Phèdre à Œnone : « Que ces vains ornements, que ces voiles me pèsent ! / Quelle importune main, en formant tous ces nœuds, / A pris soin sur mon front d'assembler mes cheveux ? »

Page 42.

1. Lors d'un dîner que Proust donna le 6 juin 1893 et auquel fut également convié Willie Heath, le comte Charles de Grancey occupait la place d'honneur, à la droite de Mme Proust (*Corr.*, t. I, p. 210-211).

Page 43.

1. « L'ami véritable » est Reynaldo Hahn (voir n. 1, p. 113), qui avait composé de la musique pour accompagner les « Portraits de peintres » ; « le Maître illustre » Anatole France, signataire de la préface.

2. Alphonse Darlu (1849-1921) était professeur de philosophie au lycée Condorcet (voir Henri Bonnet, *Alphonse Darlu, maître de philosophie de Marcel Proust*, Nizet, 1961). Proust, qui suivit ses cours en 1888-1889, lui voua d'emblée une admiration profonde, tempérée par cette note de 1909 : « Aucun homme n'a jamais eu d'influence sur moi (que

Darlu et je l'ai reconnue mauvaise) » (Marcel Proust, *Le Carnet de 1908*,
Gallimard, 1976, p. 101).

Page 45.   LA MORT DE BALDASSARE SILVANDE,
                    VICOMTE DE SYLVANIE

Première publication : *La Revue hebdomadaire*, n° 179, 29 octobre
1895, p. 584-606. Avec cette dédicace : « À Reynaldo Hahn, poète,
chanteur et musicien. »

Proust a composé cette « très triste nouvelle » en septembre-octobre
1894. C'est une « imitation de vous », confie-t-il à Robert de Montesquiou (*Corr.*, t. I, p. 452). « Pastiche », voire « parodie », serait un mot
plus juste, car la satire n'est pas absente de ce texte, qui semble
prendre ses distances avec le volume qu'il inaugure.

Afin de l'introduire dans *Les Plaisirs et les Jours*, Proust supprimera
« L'Indifférent » (voir la notice de « L'Indifférent », p. 347).

Pour cette nouvelle, *La Revue hebdomadaire* donnera cent cinquante
francs à Proust (*Corr.*, t. I, p. 441-442).

1. Proust lisait en 1895 les œuvres du philosophe américain Emerson (1803-1882) « avec ivresse » (*Corr.*, t. I, p. 363). Il cite les *Essais de
philosophie américaine* dans la traduction d'Émile Montégut (Charpentier, 1851, p. 78). L'œuvre d'Emerson a fourni plusieurs épigraphes aux
Plaisirs et les Jours (voir p. 80, 162, 225). Toutes sont « imprégnées
d'une spiritualité qui est bien dans l'esprit fin de siècle, préraphaélite
ou symboliste » (Jean-Yves Tadié, *Portrait de l'artiste : de Carlyle à
Proust*, Oxford, Clarendon Press, 1990, p. 11).

2. Tous les noms propres des *Plaisirs et les Jours* ont un air exotique
et désuet, et évoquent à la fois l'Europe centrale, les Balkans, l'Italie et
quelques références littéraires. Pour couper la scène où se déroulent
ses récits de tout contexte familier au lecteur, Proust utilise des noms
de fantaisie : dans celui de Sylvanie, comme dans Silvande, on devine
la racine latine *silva* (forêt) et on entend les dernières syllabes de la
Transylvanie, région montagneuse de la Roumanie ; le nom, diversement orthographié, n'est pas rare chez Verlaine (voir « Silvanie »,
dans « Lettre » des *Fêtes galantes*, et « Sylvandre », dans *Les Uns et les
Autres*, *Jadis et naguère*). Dans l'Antiquité, l'Illyrie comprenait les
actuelles Croatie, Dalmatie, Bosnie-Herzégovine et Albanie ; Shakespeare y a situé l'action du *Soir des rois* ; Gérard de Nerval a écrit le
« Chant des femmes en Illyrie » *(Les Monténégrins, Petits Châteaux de
Bohême)*. La Renaissance italienne est également mise à contribution.
Baldassare emprunte son prénom à Baldassare Castiglione (1478-
1529), auteur du *Parfait Courtisan*, dont Raphaël a peint un portrait
fameux que Proust a pu voir au Louvre. Le prénom de Jean Galeas fut
illustré au XVe siècle par la célèbre et puissante famille milanaise des
Sforza : c'était celui d'un duc de Milan (Gian Galeazzo Sforza, 1469-

1494). Le prénom Lucretia est peut-être suggéré par Lucrèce Borgia (Lucrezia Borgia, 1480-1519), duchesse de Ferrare, inspiratrice du drame de Victor Hugo. La figure de Castruccio Castracani (1280-1328), en revanche, appartient encore au Moyen Âge : en 1325, cet homme de guerre remporta sur Florence la victoire d'Altopascio ; Machiavel a écrit sa vie. Le prénom Pia, qui vient de Dante (Pia de' Tolomei, *Purgatoire*, V, 130-136), se retrouve chez Anatole France (« La Pia », *Les Noces corinthiennes*, Lemerre, 1876, p. 135-139) ou Maurice Barrès (« Un amateur d'âmes », *Du sang, de la volupté et de la mort*). D'autres noms à consonance italienne (Beppo, Rocco), sans compter celui du duc de Parme, achèvent de parfaire l'illusion.

3. Dans *Don Quichotte*, Cardénio, « chevalier Déguenillé », est le descendant d'une noble famille d'Andalousie (Iʳᵉ partie, chap. XXIV, Folio, t. I, p. 270).

Page 51.

1. Proust reprend ce nom de *d'Alériouvres* au roman par lettres dont il avait écrit quelques pages, en 1893, avec Fernand Gregh, Daniel Halévy et Louis de La Salle (voir Marcel Proust, *Écrits de jeunesse 1887-1895*, Institut Marcel Proust international, 1991, p. 231, n. 3 et 4, et p. 250). Le même patronyme reparaît ailleurs dans *Les Plaisirs et les Jours* (« Mélancolique villégiature de Mme de Breyves », p. 121 et « La Fin de la jalousie », p. 215), dans « L'Indifférent » (p. 257) ou dans *Jean Santeuil* (Pléiade, p. 398).

Page 52.

1. « La chair est triste, hélas ! et j'ai lu tous les livres » (Mallarmé, « Brise marine », premier vers, *Poésies*, Poésie/Gallimard, 1992, p. 22).

Page 54.

1. Réminiscence baudelairienne : « Bourreau plein de remords, je ferai sept Couteaux / Bien affilés, et, comme un jongleur insensible, / Prenant le plus profond de ton amour pour cible, / Je les planterai tous dans ton Cœur pantelant » (« À une madone », *Les Fleurs du mal*, Poésie/Gallimard, p. 90).

Page 55.

1. « Votre enfant fut hier au bal chez M. de Chartres ; il était fort joli ; il vous mandera ses prospérités. Il ne faut point, ma fille, que vous comptiez sur ses lectures : il nous avoua hier tout bonnement qu'il en est incapable présentement ; sa jeunesse lui fait du bruit, il n'entend pas » (à Mme de Grignan, 24 janvier 1689, Mme de Sévigné, *Lettres*, éd. Monmerqué, Hachette, t. VIII, 1862, p. 426).

Page 57.

1. C'est la morale de la fable contée dans « L'Étranger » (p. 188-190).

Page 58.

1. Philip Kolb rapproche ce passage d'une lettre que Proust, en septembre 1894, écrivit à Suzette Lemaire, fille de l'illustratrice des *Plaisirs et les Jours* : « J'ai dormi cette nuit et cela ne m'était pas arrivé depuis longtemps — et si je me réveillais je sentais de chères petites mains, des petites mains industrieuses et fraîches — où tombent des larmes et d'où naissent des fleurs qui ressemblent à s'y méprendre aux fleurs des jardins et des champs [...] — je disais avant cette parenthèse que si je me réveillais je sentais vos chères petites mains adroites et fraîches se poser sur mon front » (*Corr.*, t. I, p. 337-338). Voir aussi « Avant la nuit », p. 249.

Page 62.

1. Proust cite l'acte V, scène v, de *Macbeth* (Macbeth apprenant la mort de la reine).

Page 65.

1. Il s'agit de la réplique d'Horatio, devant Hamlet qui vient de mourir, et dont le texte exact, dans la traduction d'Émile Montégut, est le suivant : « Voilà que se brise un noble cœur. Bonne nuit, aimable prince, et que des essaims d'anges bercent par leurs chants ton sommeil ! » (*Hamlet*, V, ii, *Œuvres complètes de Shakespeare*, Hachette, t. III, 1870, p. 544). À la suite d'Anatole France, qui la donne dans son feuilleton du *Temps* le 3 octobre 1886 (repris dans *La Vie littéraire*, t. I [1889], p. 1), Proust l'a citée à plusieurs reprises : dans une lettre à Charles Grandjean du 7 novembre 1893 (*Corr.*, t. I, p. 250), dans une autre lettre à Reynaldo Hahn de septembre 1894 (*Ibid.*, p. 321) et dans « Le Salon de la princesse Edmond de Polignac », qu'il publia dans *Le Figaro* du 6 septembre 1903 et qu'il signa précisément « Horatio » (*EA*, p. 464 et 469).

Page 67.

1. Cette métaphore de la mort, assimilée à un bateau, hante depuis toujours l'imaginaire occidental, de la mythologie grecque, qui fait de Charon le nocher du fleuve Achéron, jusqu'à Baudelaire (« Le Voyage »), en passant par les légendes de Tristan et Iseut, reprises par Wagner.

Page 68.

1. Proust semble ici se souvenir du ton et des thèmes de « Tristesse d'Olympio » de Victor Hugo : « il revit ces lieux où par tant de blessures / Son cœur s'est répandu ! Il voulut tout revoir, l'étang près de la source, / La masure où l'aumône avait vidé leur bourse, / Le vieux frêne plié, / Les retraites d'amour au fond des bois perdues, / L'arbre où dans les baisers leurs âmes confondues / Avaient tout oublié ! » (*Les Rayons et les ombres*, Poésie/Gallimard, p. 315). Proust citait volontiers ces vers (voir *CSB*, p. 274 ; *Sodome*, p. 437).

2. Anne Henry signale les nombreuses ressemblances, qui confinent au plagiat, entre la mort de Baldassare Silvande et celle d'Ivan Ilitch, que Proust avait pu lire dans *La Mort*, un volume où le traducteur Halpérine avait rassemblé et présenté divers textes de Tolstoï étudiant « la psychologie intime du mourant, tantôt sur le lit de moribond, tantôt sur le champ de bataille » : « La Mort d'Ivan Ilitch », « Trois Morts », « La Mort du prince Andréi », extrait de *Guerre et Paix*, « La Mort de Nicolaï Levine », extrait d'*Anna Karénine*. « La littérature contemporaine, précisait Halpérine, n'offre certes rien de comparable à cette saisissante description de la mort où éclatent à la fois le terrible réalisme, la profondeur de l'observation et cette intuition innée de l'équilibre artistique que possède, à un aussi haut degré, le grand maître des lettres russes » (*La Mort*, trad. M. E. Halpérine, Perrin, 1886, préface, p. I-II). Entre autres rapprochements, Anne Henry note que « chevaux de chasse et dettes de jeu, alliances princières, revolvers et policiers rossés arrivent tout droit de Moscou pour peupler le délire de Baldassare ». Comme Ivan Ilitch, Baldassare entend sonner des cloches, refuse le « mensonge » qu'a représenté sa vie et voit tout son passé défiler devant lui. « Ainsi meurt Baldassare et " le docteur écoutant son cœur avait dit — *c'est la fin* " et ce médecin répète : " *C'est fini !* ". Reportons-nous au texte d'*Ivan Ilitch* : " *C'est la fin !* fit quelqu'un au-dessus de sa tête. Il entendit ces paroles et les répéta mentalement* ". » Voir Anne Henry, *Marcel Proust, Théories pour une esthétique*, Klincksieck, 1981, p. 34-37.

3. La critique a relevé quelques similitudes entre la mort de Baldassare Silvande et la fin de *Pelléas et Mélisande*, de Maeterlinck, publié en 1892 (*Freuden und Tage und andere Erzählungen und Skizzen aus den Jahren 1892-1896*, traduction et notes de Luzius Keller, Francfort, Suhrkamp, 1988, p. 294). Au cinquième et dernier acte de la pièce, Mélisande est mourante. Elle demande qu'on ouvre « la grande fenêtre », qui donne sur la mer. Puis « la chambre est envahie, peu à peu, par les servantes du château, qui se rangent en silence le long des murs et attendent ». Au moment où la jeune femme expire, « toutes les servantes tombent subitement à genoux au fond de la chambre » (V, II, Bruxelles, Paul Lacomblez, 1898, p. 144, 154 et 157). Il paraît toutefois que Proust ne connaissait pas cette pièce de Maeterlinck avant 1904 (voir *Corr.*, t. IV, p. 118).

Page 69.   VIOLANTE OU LA MONDANITÉ

Première publication : *Le Banquet*, n° 7, février 1893, p. 201-208. Avec une dédicace « À M. Anatole France ». Quelques mois auparavant, en septembre 1892, France avait, dans *L'Étui de nacre*, dédié à Proust la nouvelle « Madame de Luzy ».

D'abord intitulé « Histoire de Violante », ce « conte » (tel est le sous-titre que Proust lui donne dans le manuscrit [folio 8] et dans *Le Banquet*) a été écrit en août 1892.

En 1911, Proust l'a commenté de cette façon, faisant une rare allusion à son œuvre passée, dans une esquisse du *Temps retrouvé* : « quand je vivais trop de la vie du monde, j'avais été tenté de voir dans la mondanité d'une jeune Violante, et de quelques autres, le véritable péché contre l'esprit, et d'attacher à la solitude que je ne possédais pas une valeur que j'avais reconnue depuis, qu'elle n'avait pas » (*Recherche*, Pléiade, t. IV, p. 902).

Le prénom de Violante est également celui d'une héroïne sévillane de Maurice Barrès (« Un amour de Thulé », *Du sang, de la volupté et de la mort*, 1894).

1. C'est Anatole France qui a inspiré à Proust cet usage profane de l'*Imitation de Jésus-Christ*, œuvre attribuée à Thomas a Kempis (1379/1380-1471). En exergue d'un article consacré au roman de Paul Bourget, *Mensonges*, et paru dans *Le Temps* du 13 novembre 1887, France cite ces extraits de l'*Imitation* : « Ayez peu de commerce avec les jeunes gens et les personnes du monde. / Ne flattez point les riches et ne désirez point de paraître devant les grands... / N'ayez de familiarité avec aucune femme, mais recommandez à Dieu toutes celles qui sont vertueuses... / Il arrive que, sans la connaître, on estime une personne sur sa bonne réputation ; et, en se montrant, elle détruit l'opinion qu'on avait d'elle » (*Imitation de Jésus-Christ*, livre I, ch. VIII, trad. F. de Lamennais, Tours, Alfred Mame et fils, 1870, p. 25). Puis il commente : « Ayant lu jusqu'à la dernière page, avidement, mais non sans tristesse, le livre douloureux de M. Paul Bourget, j'ai tout de suite regardé mon *Imitation de Jésus-Christ*, à la page où elle s'ouvre toute seule, et j'ai récité avec ferveur les versets que je viens de transcrire. Chacun de ces versets répond à un chapitre du roman nouveau. Chacune de ces maximes est un baume et un électuaire pour une des plaies que l'habile écrivain a montrées. N'est-il pas merveilleux que l'*Imitation*, composée dans un âge de foi, par un humble ascète, pour des âmes pieuses et solitaires, convienne admirablement aujourd'hui aux sceptiques et aux gens du monde ? Un pur déiste, un doux athée peut en faire son livre de chevet. Bien plus, je sens par moi-même que ce délicieux écrit doit être mieux goûté, du moins dans quelques-unes de ses parties, par ceux qui doutent ou qui nient que par ceux qui adorent et qui croient. En effet, le solitaire dont c'est l'ouvrage alliait à de célestes espérances une sagesse humaine que l'homme de peu de foi est particulièrement apte à goûter. Il connaissait profondément la vie ; il avait pénétré les secrets de l'âme et ceux des sens. Il n'ignorait rien du monde des apparences, au milieu duquel nous nous débattons avec une faiblesse cruelle et des illusions touchantes. Il connaissait les passions mieux que ceux qui les éprouvent ; car il en savait la vanité

définitive. Ses sentences sont des joyaux de psychologie dont les connaisseurs restent émerveillés. C'est le livre des meilleurs, puisque c'est le livre des malheureux. Il n'est pas de plus sûr conseiller ni de plus intime consolateur ». (*La Vie littéraire*, Calmann-Lévy, s. d. [1888], t. I, p. 19-20 ; voir Anne Henry, *op. cit.*, p. 22). Les épigraphes tirées de l'*Imitation* (voir la note suivante) ne figuraient pas dans *Le Banquet*, lors de la première publication de « Violante », en février 1893 ; Proust les ajouta au moment où il reprit son texte en volume. À Pierre Lavallée, en septembre 1893, il écrivait d'ailleurs : « Je te rapporterai ton *Imitation* dont j'ai beaucoup joui et usé » (*Corr.*, t. I, p. 234). Proust cite encore l'*Imitation* dans « La Confession d'une jeune fille » (p. 139).

Page 70.

1. *Imitation de Jésus-Christ*, trad. citée, liv. II, chap. VII, p. 81. Thomas a Kempis paraphrase Isaïe, XL, 6.

Page 80.   FRAGMENTS DE COMÉDIE ITALIENNE

Les quatorze textes qui forment cette section du recueil furent publiés entre avril 1892 et décembre 1893 dans *Le Banquet* et *La Revue blanche*. Proust les a regroupés, sans respecter l'ordre initial qu'il leur avait assigné, à l'enseigne de la mondanité, de la comédie sociale. C'est le moraliste qui écrit, et qui entre parfois en conflit avec le styliste : il n'a pas encore formulé cette morale du style qui distinguera la *Recherche du temps perdu*.

La thématique italianisante — un mélange de goût rocaille, de *commedia dell'arte*, d'esthétique décadente — est d'époque : les noms de Banville, de Verlaine, des frères Goncourt, de D'Annunzio s'imposent, au côté de celui de Watteau (le seul artiste français des « Portraits de peintres »). Proust dit avoir écrit ces « Fragments » à l'âge de vingt-trois ans (voir la dédicace à Willie Heath, p. 42).

1. On comprend mieux le sens de cette épigraphe en la replaçant dans son contexte : « Lorsque nous lisons, nous devons devenir Grecs, Romains, Turcs, prêtres, rois, martyrs et bourreaux ; nous devons rattacher ces images à quelque réalité cachée dans notre expérience secrète ; autrement nous ne verrons rien, nous n'apprendrons rien, nous ne nous souviendrons de rien. Ce qui est arrivé à Asdrubal ou à César Borgia est une *illustration* des puissances et des dépravations de l'esprit, aussi bien que ce qui nous est arrivé. Chaque nouvelle loi, chaque mouvement politique a son sens en vous. Asseyez-vous devant chacun de ces bulletins, et dites : Ici est une de mes pensées ; sous ce masque fantastique, odieux ou gracieux, ma nature de Protée se cache. Cela remédie à la trop grande proximité de nos actions et les jette dans la perspective ; et de même que l'écrevisse, le bélier, le scorpion, la

balance et le verseau perdent toute bassesse quand ils apparaissent comme signes du zodiaque, ainsi je puis voir mes propres vices sans colère dans les personnes éloignées de Salomon, d'Alcibiade et de Catilina » (Emerson, *Essais de philosophie américaine*, trad. Montégut, p. 56-57).

I. *Les Maîtresses de Fabrice*
Première publication : Études, I. *Le Banquet*, n° 2, avril 1892, p. 41

2. Le prénom de Fabrice est, bien sûr, stendhalien.

Page 81.
1. « J'aime les femmes mystérieuses, puisque vous l'êtes, et je l'ai souvent dit dans *le Banquet* où j'aurais souvent aimé que vous vous soyez reconnue. » À cette déclaration qu'il adresse à Mme Straus, à la fin de 1892 ou au début de 1893, Proust ajoute celle-ci, qui laisse penser qu'elle non plus « ne prit point la peine » de l'aimer : « Mais vous n'êtes pas assez pénétrée de cette vérité [...] *qu'il faut accorder beaucoup* à l'amour platonique » (*Corr.*, t. I, p. 195). Fille du compositeur Fromental Halévy, veuve de Bizet, Geneviève Straus (1849-1926) n'eut pas d'admirateur plus fervent et plus fidèle que Proust, qui loua sa beauté et son esprit.

II. *Les Amies de la comtesse Myrto*
Première publication : Études, III. *Le Banquet*, n° 2, avril 1892, p. 43-44.

2. Dans la mythologie grecque, Myrto est la fille de Ménœtios et la sœur de Patrocle. Mais, en choisissant ce nom, Proust ne pouvait pas ne pas songer à l'héroïne du poème de Chénier, « La Jeune Tarentine » (*Bucoliques*), et au poème de Nerval, « Myrtho » » : « Je pense à toi, Myrtho, divine enchanteresse » (*Les Chimères*).
3. Sans doute convient-il de n'accorder que peu d'importance à l'origine ou au sens étymologique de tous ces noms : Parthénis, « vierge » en grec ; Lalagé, une femme, chantée par Horace (*Odes*, I, XXII et II, v), dont le nom grec signifie « babillard » ; Cléanthis, nom de la femme de Sosie dans *Amphitryon* de Molière ; Doris, « don, présent » en grec.

Page 82.
III. *Heldémone, Adelgise, Ercole*
Première publication : Études, IV. *Le Banquet*, n° 2, avril 1892, p. 44.

1. Proust donne des noms masculins à des femmes : Adelgise (variante d'Adalgise, mais Adalgisa est du féminin en italien) et Ercole (Hercule, en italien). Quant à Heldémone, on y entend « elle » et

« démone » ; ce nom semble formé sur Desdémone, personnage d'*Othello* de Shakespeare.

Page 83.

IV. *L'Inconstant*
  Première publication : Études, V. Sans titre. *Le Banquet*, n° 3, mai 1892, p. 79.

Page 84.

V.
  Première publication : Études, IV. Sans titre. *Le Banquet*, n° 3, mai 1892, p. 79.

VI. *Cires perdues*
  I. Première publication : Études, II. Sous le titre : « Cydalise ». *Le Banquet*, n° 2, avril 1892, p. 42-43.
  II. Première publication : Études, III. Sous le titre : « Esquisse d'après Mme *** ». *Le Banquet*, n° 3, mai 1892, p. 78.
  Pour la première de ces « Cires perdues », Proust songeait à faire le portrait de Mme Jean de Reszké, alors comtesse de Mailly-Nesle, née Marie de Goulaine. En 1907, Reynaldo Hahn fit lire le texte au modèle. « Je regrette un peu que vous ayez montré *Cydalise* à Cydalise, lui écrivit Proust le 1er août. Elle ne pourra se reconnaître dans ce miroir où ne s'est reflété qu'un aspect [...] — peut-être irréel et en tout cas si fragmentaire, si passager, si relatif à moi, — d'elle-même, que je suis peut-être le seul à pouvoir en le confrontant à un souvenir y trouver quelque vérité. Non, Madame de Reszké pour moi, c'est Viviane, la féerique apparition, au seuil de la Forêt de Brocéliande ou du Lac d'Amour [...]. Mais seule Madame de Reszké est la créature du songe, qui dépasse infiniment la beauté que nous nous sommes faite avec la Bretagne, mais qui doit être la vraie beauté de Cornouailles, celle que ses poètes seuls ont vue, celle de Viviane encore une fois, celle d'Iseult, d'Iseult qui errait mélancolique et dédaigneuse d'une destinée princière, jusqu'au jour où elle entendit la voix de Tristan. [...] Naturellement toutes les personnes qui la connaissent et les faux gens d'esprit diront que ce n'est pas elle du tout, qu'elle est gaie, parisienne, mondaine, qu'elle s'ennuierait dans la lande et la Brocéliande et n'a rien d'une fleur d'ajonc. C'est possible. Mais cela n'enlève rien à la vérité de mon point de vue, que d'ailleurs Madame de Reszké trouverait peut-être très faux. Que ses yeux, son visage, aient un mystère qu'elle ne connaisse pas elle-même, cela n'empêche pas que ce mystère est ce qu'un poète doit s'efforcer de saisir et d'exprimer [...]. *Cydalise* a été écrit en revenant de chez la princesse Mathilde où Mme de Reszké (alors de Mailly Nesle) était ce soir-là en rouge et parlait à Porto-Riche » (*Corr.*, t. VII, p. 239-240).
  Dans *Le Banquet*, ce portrait s'achevait ainsi :

« J'aurais voulu vous voir tenir dans la main quelque hanap, une de ces coupes de Venise, d'une forme si fière et si triste, d'une couleur si fine, si voluptueuse et si chaude. Il y a ainsi des femmes vraiment exilées parmi nous, qui par leur type, par l'expression spéciale de leurs regards, de leurs gestes et de leurs corps, appartiennent à une race depuis longtemps abolie, ou qui ne viendra que bien plus tard sur la terre, si elle s'y réalise jamais autrement qu'en cette créature seule. Aussi le cadre qu'il faudrait à leur beauté n'existe pas encore ou depuis des siècles est en poussière. Quelques débris en demeurent parfois dans des musées, comme ce hanap que j'aurais voulu vous voir élever à vos lèvres, Cydalise. Mais n'importe : la grâce singulière de ces exilées est comme magicienne. Ce qu'elles touchent prend un peu de la dignité, ou de la gracilité, — ou de la mélancolie qu'il faudrait. Est-ce notre imagination vivement exaltée par leur présence qui établit comme une harmonie mystérieuse entre les choses et elles ? »

Le texte était enfin nuancé par une note de bas de page, que Proust supprima dans l'édition originale : « Il se peut d'ailleurs que Cydalise ait d'exquises drôleries. La résignation des mélancoliques captives peut s'allier aux fantaisies les plus charmantes et les plus joyeuses. En un certain sens, le personnage de Fantasio dans Musset n'est que l'incarnation de la gaieté d'Elsbeth, si douce et si triste pourtant. Et dans ses nefs symboliques, Henri de Régnier ne s'est-il pas plu à rapprocher des langoureuses princesses " les bouffons hilares " ? »

Le choix du prénom, Cydalise, a peut-être été dicté par Nerval, qui, dans *Petits Châteaux de Bohême*, consacre plusieurs pages aux Cydalises, ces jeunes femmes partageant la Bohême des artistes.

Quant à Hippolyta, son modèle serait la comtesse Adhéaume de Chevigné, née Laure de Sade (1859-1936), dont, à vingt ans, Proust prétendait être amoureux (voir Robert Dreyfus, *Souvenirs sur Marcel Proust*, Grasset, 1926, p. 92-95). Il reprendra cette comparaison entre la femme, la déesse et l'oiseau, à propos de la duchesse de Guermantes ; ce sera, également, dans une loge de théâtre (*Guermantes I*, p. 46-47, 51-52, 55).

Page 85.

1. À propos de quelques poèmes de son correspondant, Proust écrit à Montesquiou, le 25 juin 1893 : « Vos verres de Venise, ces hanaps d'une forme si fière et si triste ont de ces nuances qui comme dit Michelet des perles font " *délirer le cœur* " » (*Corr.*, t. I, p. 214).

Page 86.

VII. Snobs

I et II. Première publication : Études, I et II. *Le Banquet*, n° 3, mai 1892, p. 77-78.

III. Contre une snob. Première publication : Études, V. *La Revue blanche*, n° 26, décembre 1893, p. 391-392.

IV. *À une snob*. Première publication : Études, VI. *La Revue blanche*, nº 26, décembre 1893, p. 392-393.

Page 87.

1. *Le Gaulois*, quotidien national fondé en 1868, fut tour à tour libéral, bonapartiste, républicain, puis, sous la direction d'Arthur Meyer à partir de 1882, devint le très élégant organe du parti légitimiste. Proust y publia notamment ses « Portraits de peintres » en 1895 et quelques articles mondains ou de circonstance.

Page 88.

1. Molière a mis en scène Éliante, cousine de Célimène, dans *Le Misanthrope*.

Page 89.

1. *Tout-Paris* et *La Société et le High-Life*, annuaires de la société parisienne publiés à Paris, le premier depuis 1884, le second depuis 1883. *L'Almanach de Gotha*, annuaire diplomatique et généalogique publié à Gotha (Allemagne) de 1763 à 1945. Marie-Nicolas Bouillet, professeur et lexicographe français (1798-1864), est l'auteur de plusieurs ouvrages savants, dont un *Dictionnaire universel d'histoire et de géographie* (1842). Ce texte annonce les développements de la *Recherche* sur les pouvoirs évocateurs des noms dans les généalogies nobles (voir par exemple *Guermantes I*, p. 247).

VIII. Oranthe

Page 90.

1. *Cinname* : ancien nom du cinnamome (cannelier). L'huile de cinname était une substance aromatique fort recherchée dans l'Antiquité.

Page 91.

IX. Contre la franchise

Première publication : Études, V. *La Revue blanche*, nᵒˢ 21-22, juillet-août 1893, p. 56-57.

Page 92.

X.

Sur la dactylographie des *Plaisirs et les Jours*, cette pièce est intitulée « Pensées ». Mais une note dactylographiée et biffée indique : « (ne portera pas de titre dans le livre) ».

Sur le manuscrit (folio 25 recto) et sur la dactylographie, on lit ces deux pensées, écartées par la suite (nous donnons le texte de la dactylographie) :

« Les trois quarts des gens du monde trouvent une personne intelligente parce qu'elle passe pour intelligente. Et parce qu'elle passe pour intelligente, le dernier quart la trouve bête. Ce qu'elle est en réalité échappe aux uns et aux autres.

Une bêtise est plus orgueilleuse, plus puissante, plus intraitable, plus difficile à entamer qu'une opinion politique ou une croyance religieuse. Elle a tant de chances de compter plus d'adhérents. »

Le manuscrit donne à la suite cette dernière pensée : « Notre âme n'est que la plus belle de ces amies que notre bonheur éloigne de nous et qui nous apparaissent dès que nous avons du chagrin » (folio 25 verso).

1. « L'hypocrisie est un hommage que le vice rend à la vertu » (La Rochefoucauld, *Maximes*, maxime 218 Folio, p. 79).

Page 93.

XI. *Scénario*
   Première publication : Études, VII. *La Revue blanche*, nos 21-22, juillet-août 1893, p. 59-62.

Page 96.

XII. *Éventail*
   Première publication : Études, III. Éventail. Avec cette dédicace : « À Monsieur le comte du Pont de Gault-Saussine » (voir la n. 2, p. 97). *La Revue blanche*, nos 21-22, juillet-août 1893, p. 52-55.

   À la fin du XIXe siècle, la décoration d'éventails, un art pratiqué par Watteau ou Boucher au XVIIIe siècle, n'est pas dédaignée par les peintres, de Gervex à Gauguin, de Renoir à Pissarro, de Forain à Degas. Kokoschka en peint encore au XXe. Parallèlement, les poètes écrivent des vers à calligraphier : Mallarmé a ainsi composé une dizaine de quatrains pour les éventails de ses amies.

Page 97.
   1. Vincent d'Indy fut l'élève de César Franck, qui admirait Wagner. Mais la musique ancienne de Palestrina, de Haendel, de Haydn, que l'on redécouvrait à la fin du XIXe siècle, supplante ici l'œuvre des modernes, qui ont pourtant tout fait pour la remettre à l'honneur : la Schola cantorum, qui allait être fondée à Paris en 1894 et dirigée à partir de 1896 par Vincent d'Indy, se proposait notamment de restaurer les formes grégoriennes et palestriniennes. Il semble que ce soit dans le salon du comte de Saussine (voir la note suivante) que Proust a connu la musique de Wagner et rencontré Vincent d'Indy (Painter, *op. cit.*, t. I, p. 229-230).
   2. Cette indication permet de penser que Proust s'adresse ici à Mme de Saussine, née Marie-Camille de Villedieu de Torcy (1864-1954). En effet, le 5 juillet 1893, il écrit à Henri de Saussine, à propos d'un livre que celui-ci vient de publier : « Au fond de toutes les descriptions j'aperçois Madame de Saussine sur le canapé, un peu lasse et très

attentive tout de même. » Puis il demande à son correspondant s'il accepte la dédicace d'un texte à paraître dans *La Revue blanche* : cet *Éventail*. Le comte Henri de Saussine (1859-1940) était compositeur et écrivain. En même temps que Proust lui dédiait cette étude dans *La Revue blanche*, il consacrait (dans *Gratis Journal*) un article élogieux à son dernier roman, *Le Nez de Cléopâtre (EA*, p. 358-359). Proust se montrera par la suite sévère envers Saussine, qu'on peut, dans *Le Temps retrouvé* (p. 199 et n. 1), reconnaître derrière le « célibataire de l'art ».

Page 98.
   1. Cf. « Oranthe », p. 89-90.
   2. Whistler (1834-1903), que Proust a connu et qu'il admirait (s'il « n'est pas un grand peintre, écrit-il en 1905, c'est à penser qu'il n'y en eut jamais », *Corr.*, t. V, p. 261), est ici l'artiste original (ce sera l'un des modèles d'Elstir), annonciateur de l'impressionnisme, l'ami de Courbet, de Fantin-Latour, de Manet, de Mallarmé — et de Montesquiou, dont il fit le portrait (New York, Frick Collection ; Proust l'évoquera dans *Sodome*, p. 52). William Bouguereau (1825-1905) est au contraire la figure du peintre académique, qui voulut devenir, en plein XIXe siècle, un Raphaël bourgeois, ennemi juré des impressionnistes qu'il combattit en leur interdisant l'accès au Salon, et qui ne lui témoignèrent en retour que du mépris. Le texte de *La Revue blanche* donnait : « Bouguereau ou Toulmouche » ; Auguste Toulmouche (1829-1890) est un aimable peintre de genre, à qui on doit des portraits d'artistes, en particulier celui de Réjane (1888).
   3. Sur la mode de Botticelli en France, voir Émilien Carassus, *Le Snobisme et les lettres françaises de Paul Bourget à Marcel Proust (1884-1914)*, Colin, 1966, p. 264-267. Les ouvrages de l'époque sont pleins de grâces botticelliennes, voir par exemple *Physiologie de l'amour moderne* de Bourget, Plon, 1890. On sait le développement que ces lignes connaîtront dans les pages où Swann retrouve en Odette les traits de la Zéphora de la chapelle Sixtine (*Swann*, p. 219-222 et 234).

Page 100.

XIV. Personnages de la comédie mondaine
   1. Comme dans « Olivian », tous ces noms sont ceux des personnages de l'ancienne comédie italienne à l'impromptu (*commedia dell'arte*). Proust respecte l'attribution traditionnelle des rôles et des caractères. Scaramouche, type napolitain, est un fier-à-bras. Arlequin, originaire de Bergame, est le bouffon rustre et méchant. Le Romain Pasquino est un valet menteur, beau parleur et meneur de jeu. Le Vénitien Pantalon est un vieillard libidineux et pingre, victime de tous les mauvais tours que lui jouent les valets.

Page 101.
1. Certains de ces noms paraissent également dans « La Mort de Baldassare Silvande » (voir encore n. 2, p. 45). Iago, bien sûr, a pris son nom chez Shakespeare, dans *Othello*.

Page 103.
1. Cette métamorphose s'opère notamment chez Marivaux (*Arlequin poli par l'Amour*).

Page 104.   MONDANITÉ ET MÉLOMANIE
                    DE BOUVARD ET PÉCUCHET

On connaît le « programme » imaginé par Bouvard et Pécuchet pour tromper l'ennui : explorer la réalité en encyclopédistes dilettantes, conjuguer exhaustivité et superficialité. Ainsi les deux copistes en retraite étudient-ils la plupart des domaines du savoir et de l'activité humaines, de l'agronomie à l'archéologie, de l'histoire de France à la gymnastique. Proust imagine de reprendre les personnages inventés par Flaubert et de leur faire aborder deux disciplines qu'ils ont négligées : le snobisme et la musique.
Il n'est pas indifférent que Proust ait choisi de pasticher Flaubert. Pour Proust, l'œuvre de Flaubert cristallise les principales questions relatives au style. Il reviendra sur le sujet à plusieurs reprises : en 1908, avec deux pastiches, « L'Affaire Lemoine par Gustave Flaubert » et « Critique du roman de M. Gustave Flaubert sur l'" Affaire Lemoine " par Sainte-Beuve, dans son feuilleton du *Constitutionnel* » (*PM*, p. 12-21) ; à la même époque, dans un fragment du *Contre Sainte-Beuve* (« À ajouter à Flaubert », *CSB*, p. 299-302) ; et en 1920, dans un important article, « À propos du " style " de Flaubert » (*EA*, p. 586-600).

I. Mondanité
Première publication : Études, VIII. Sous le titre : « Mondanité de Bouvard et Pécuchet ». Avec la dédicace : « À mes trois chers petits Robert, Robert Proust, Robert de Flers et Robert de Billy, pour nous amuser. » *La Revue blanche*, nᵒˢ 21-22, juillet-août 1893, p. 62-68. Robert de Flers (1872-1927), condisciple de Proust à Condorcet, collabora au *Banquet*. Robert de Billy (1869-1953), que Proust connut à Orléans en 1890, allait devenir l'un de ses amis intimes.

Page 105.
1. À l'époque où il écrit ces lignes, Proust est en désaccord avec un tel jugement. Depuis toujours, il aime Leconte de Lisle. Son admiration faiblira, quoique, en 1921 encore, il note : « Seul (avant le Parnasse et le Symbolisme) un poète continue, bien diminuée, la tradition des Grands Maîtres. C'est Leconte de Lisle » (« À propos de

Baudelaire », *EA*, p. 634). Jean Santeuil, sans doute proche en cela de l'auteur, « préférait à tous les poètes Verlaine et Leconte de Lisle » (*Jean Santeuil*, Pléiade, p. 236). Cependant, on comprend toute l'ironie avec laquelle Proust considère les réflexions de Bouvard et Pécuchet, lorsqu'on lit un article qu'il écrit en 1894 sur Montesquiou, mais qu'il ne publiera pas : « M. Robert de Montesquiou est très admiré des gens du monde — comme Wagner. Les personnes, qui au fond n'aiment que l'opérette et *La Favorite* et, en littérature, trouvent M. Leconte de Lisle incompréhensible et M. Mallarmé insensé, se pâment à *La Walkyrie* et se pâmeront au *Chef des odeurs suaves*, se consolant d'être des imbéciles, en se donnant l'illusion d'être des précurseurs » (*EA*, p. 405). De même, le Bouvard proustien aimera Wagner.

2. À vingt ans, Proust comptait, parmi ses « auteurs favoris en prose », Anatole France et Pierre Loti (*EA*, p. 337). Mais il reprochera bientôt au second d'être « trop subjectif » (*CSB*, p. 240).

3. Paschal Grousset (1845-1909), journaliste et homme politique français, participa à la Commune, fut déporté en Nouvelle-Calédonie, s'évada, puis, après l'amnistie, fut élu député de Paris. Il a écrit de nombreux ouvrages sous divers pseudonymes. Sous celui d'André Laurie, il a signé *La Vie de collège dans tous les pays* (1882-1898) et des romans pour la jeunesse.

4. Proust s'est longtemps intéressé à Henri de Régnier. Dès 1892, il lui consacrait un article dans *Le Banquet*, où il déclarait que le poète était « le pair » de Baudelaire, Lamartine ou Vigny (*EA*, p. 354). En 1908, il rédigea un pastiche de Régnier, à propos de l'affaire Lemoine (*PM*, p. 21-23)

5. Bien que les monologues de Mallarmé au cours de ses mardis aient été célèbres, cette phrase prend le contre-pied du point de vue de Proust. On lit dans une lettre de Proust à Reynaldo Hahn de novembre 1895 : Alphonse Daudet « est délicieux, [...] mais trop simpliste d'intelligence. Il croit que Mallarmé mystifie. Il faut toujours supposer que les pactes sont faits entre l'intelligence du poète et sa sensibilité et qu'il les ignore lui-même, qu'il en est le jouet. C'est plus intéressant et c'est plus profond. Paresse ou étroitesse d'esprit à expliquer par un pacte matériel (avec intention charlatanesque) avec ses disciples. Si c'était cela, cela ne nous intéresserait plus. Et cela ne peut pas être cela (*Corr.*, t. I, p. 444-445 ; voir également notre n. 1, p. 105). D'autre part, que Mallarmé n'ait pas de talent, mais qu'il soit « un brillant causeur », voilà une idée qui ne pouvait qu'irriter Proust, lui qui a toujours considéré la conversation, et dès *Les Plaisirs et les Jours*, comme « le plaisir des hommes sans imagination » (« Olivian », p. 99). En 1908-1909, il condamne Sainte-Beuve, qui n'a jamais « conçu la littérature d'une façon vraiment profonde. Il la met sur le même plan que la conversation » (*CSB*, p. 225). En 1920, dans sa préface à *Tendres Stocks* de Paul Morand, il reproche encore à Stendhal d'avoir regardé

la littérature comme une distraction et d'avoir écrit *La Chartreuse de Parme* « faute de maisons où l'on cause agréablement et où l'on serve du zambajon » : « voilà qui est tout à l'opposé de ce poème ou même de cet alexandrin unique vers lequel tendent, selon Mallarmé, les diverses et vaines activités de la vie universelle » (*EA*, p. 612 ; voir également *Guermantes II*, p. 233 et la n. 1).

Page 106.

1. Proust admire l'œuvre de Maeterlinck, mais trouve son style peu adapté aux sujets qu'affectionne l'écrivain belge : « la beauté même du style, la lourdeur de sa *carrosserie* ne conviennent pas à ces explorations de l'Impalpable » (lettre d'août 1911 à Georges de Lauris, *Corr.*, t. X, p. 337). Outre cette brève esquisse, il le pastichera à deux reprises : en 1908 dans un texte inachevé sur l'affaire Lemoine (*PM*, p. 197-201), et en mars 1911, où il se livrera à une « adaptation » de *Pelléas et Mélisande*, dans laquelle, comme dans « Mondanité de Bouvard et Pécuchet », il reproduit les anaphores, la parataxe, les phrases courtes et élémentaires, caractéristiques du style de Maeterlinck (*PM*, p. 206-207 ; voir *Corr.*, t. X, p. 261).

2. *Revue des Deux Mondes* : revue bimensuelle fondée en 1829. En leur temps, elle soutint les romantiques, mais, en 1893, sous la direction de Ferdinand Brunetière, elle n'était plus guère synonyme d'audace, de fraîcheur et de jeunesse. Proust n'y publia rien.

3. « J'aime Lemaître mais aucun imitateur », écrit Proust en 1908 (*Corr.*, t. VIII, p. 45). Jules Lemaitre (1853-1914) fut critique littéraire et théâtral à la *Revue bleue*, au *Journal des débats*, à la *Revue des Deux Mondes*. Ses feuilletons, réunis en volumes, composent les huit tomes des *Contemporains* et les neuf tomes des *Impressions de théâtre*. On sait que Bergotte lui empruntera plusieurs traits (voir *Swann*, p. 89 et 402, n. 1).

4. Après avoir, dans *Les Plaisirs et les Jours*, déclaré une allégeance totale à Anatole France, Proust s'éloigna peu à peu de son maître. En 1920, dans sa préface à *Tendres Stocks*, il alla jusqu'à polémiquer avec lui. De même, lycéen, Proust témoigna à Paul Bourget une admiration telle que celui-ci s'exclama : « Il cessera d'aimer mes livres parce qu'il les aime trop » (André Maurois, *À la recherche de Marcel Proust*, Hachette, 1970, p. 37). De fait, il allait par la suite considérer son œuvre d'un œil critique. En 1908, par exemple, il écrivait à Mme Straus : « Les gens du monde sont si pénétrés de leur propre stupidité qu'ils ne peuvent jamais croire qu'un des leurs a du talent. Ils n'apprécient que les gens de lettres qui ne sont pas du monde. Seulement (c'est encore un effet de leur stupidité) ils n'apprécient les gens de lettres que s'ils expriment leur mentalité à eux gens du monde. Ils trouvent les livres de Madame de Noailles stupides et ceux de Bourget sublimes » (*Corr.*, t. VIII, p. 40).

Page 109.

1. Dans *Bouvard et Pécuchet*, Pécuchet prétend que les catholiques ont « fait plus de martyrs chez les juifs, les musulmans, les protestants, et les libres penseurs que tous les Romains autrefois ». Il énumère ses preuves : « les massacres des Albigeois ! et la Saint-Barthélemy ! et la Révocation de l'édit de Nantes ! » (*Bouvard et Pécuchet*, éd. Claudine Gothot-Mersch, Folio, 1979, p. 350.)

Page 110.

1. Preuve du génie de Proust pasticheur : en composant ce florilège de lieux communs, il rejoint bien souvent le *Dictionnaire des idées reçues* que Flaubert avait réunies durant toute sa vie, *Dictionnaire* qui ne fut publié, dans une version incomplète, qu'en 1911. Sur les artistes et les gens de théâtre, par exemple, Flaubert note dans son dictionnaire : « ACTRICE. La perte des fils de famille. / Sont d'une lubricité fantastique. Elles dorment le jour, font des orgies la nuit, mangent des millions et finissent à l'hôpital. — Pardon ! il y en a qui sont bonnes mères de famille ! [...] ARTISTES. [...] Tous farceurs. Vanter leur désintéressement » (*ibid.*, p. 486 et 489).

2. Sur les Juifs, Flaubert a également recueilli le cliché suivant, dans un article du *Dictionnaire des idées reçues* qui ne semble pas avoir été publié avant 1951 : « Les Juifs sont tous marchands de lorgnettes » (*ibid.*, p. 535 ; voir l'édition diplomatique du *Dictionnaire*, par Lea Caminiti, Naples, Liguori, 1966, p. 193). Proust a-t-il eu accès aux papiers inédits de Flaubert ? Ou les deux écrivains puisent-ils à la même source ? Il s'agit d'ailleurs d'un lieu commun de l'antisémitisme, qu'on retrouve par exemple dans le peu délicat pamphlet d'Édouard Drumont, *La France juive* : « Incapable de s'élancer à la découverte dans les régions de l'art, le Sémite n'a pas davantage interrogé les domaines inconnus de la science. Tout ce qui est une exploration de l'infini par l'homme, un effort pour agrandir le monde terrestre est absolument en dehors de sa nature. Il vend des lorgnettes ou fabrique des verres de lunettes comme Spinoza, mais il ne découvre pas d'étoiles dans l'immensité des cieux comme Leverrier » (Marpon et Flammarion, 1886, t. I, p. 31-32 ; voir aussi, t. II, p. 106 : « Edmond [de Rothschild] est le classique marchand de lorgnettes », et p. 183, où Arthur Meyer est « fatigué de son apprentissage dans le commerce des lorgnettes »).

Page 111.

II. Mélomanie

La seconde partie de ce pastiche n'a pas été publiée en revue. Elle fut composée pendant l'été 1894 pour Reynaldo Hahn, à qui Proust l'envoya avec ce commentaire : « je continue mes modestes exercices sur Bouvard et Pécuchet, pour vous, et sur la musique. Depuis le peu de temps que je vous connais, j'ai déjà été tant de fois l'un et l'autre de ces deux imbéciles avec vous, que je n'aurai pas besoin d'aller chercher bien loin mes modèles. [...] Je suis un peu fatigué, comme ces mélancoliques facéties, laborieuses et haletantes, peuvent vous le prouver » (lettre du 27 août ou du 3 septembre 1894, *Corr.*, t. I, p. 321).

1. *Le Domino noir* : opéra-comique en trois actes, musique d'Auber, livret de Scribe, créé à l'Opéra-Comique en 1837. Dans *Swann*, le héros, enfant, est fasciné par une affiche annonçant des représentations du *Domino noir* (p. 73). »

2. Né à Leipzig, mort à Venise, Wagner n'a jamais vécu à Berlin. — Dans le *Dictionnaire des idées reçues*, Flaubert note : « WAGNER. Ricaner quand on entend son nom et faire des plaisanteries sur l'avenir de la musique » (*Bouvard et Pécuchet*, éd. cit., p. 555). La controverse entre Bouvard et Pécuchet imaginée par Proust se répétera dans *Guermantes II*, où le duc et la duchesse de Guermantes seront partisans des factions opposées : « le soir, si ma femme se met au piano, il m'arrive de lui demander un vieil air d'Auber, de Boieldieu, même de Beethoven ! Voilà ce que j'aime. En revanche, pour Wagner, cela m'endort immédiatement. / — Vous avez tort, dit Mme de Guermantes » (p. 175).

3. La Société des concerts du Conservatoire fut fondée en 1828 ; l'Association des concerts Colonne, en 1871, par Juda Colonna, dit Édouard Colonne ; la Société des nouveaux concerts, en 1881, par Charles Lamoureux, ardent wagnérien. Proust a fréquenté tous ces concerts, où s'est formée sa culture musicale. Dans un article de janvier 1895, il décrit l'exécution de la Cinquième Symphonie de Beethoven au Conservatoire, « ce " Sénat " des concerts, qui, comme *Le Journal des Débats* ou *La Revue des Deux Mondes*, s'en tient à cette forme indirecte, centre-gauche et limitée de l'influence, à cette sorte d'influence honoraire qui s'appelle l'autorité, vieille maison où, comme dans certaines parties du faubourg Saint-Germain, l'inconfort, à force d'avoir été une habitude, a reçu de l'avancement et pris le rang d'un principe, d'un privilège » (« Un dimanche au Conservatoire », *EA*, p. 367-368). Dans une lettre à Mme de Noailles, en juin 1913, il évoque « les *Adieux de Wotan*, le *Prélude* de *Tristan*, entendus autrefois à l'Orchestre Pasdeloup ou Colonne [qui] ne pouvaient tout de même pas donner l'idée de l'œuvre Wagnérienne entière » (*Corr.*, t. XII, p. 214). Enfin, en 1921, il écrit : « Pour moi qui admire beaucoup Wagner, me souviens que dans mon enfance, aux Concerts Lamoureux, l'enthousiasme qu'on devrait réserver aux vrais chefs-d'œuvre comme *Tristan* ou *Les Maîtres chanteurs*, était excité, sans distinction aucune, par des morceaux insipides comme la romance à l'étoile ou la prière d'Élisabeth, du *Tannhäuser* » (« À propos de Baudelaire », *EA*, p. 623).

4. En 1864, appelé en Bavière par le roi Louis II, Wagner put enfin

voir ses opéras montés dans des conditions dignes. C'est à Munich que furent créés *Tristan et Isolde*, *Les Maîtres chanteurs de Nuremberg*, *L'Or du Rhin* et *La Walkyrie*. À Bayreuth, où, grâce au souverain mélomane et à quelques souscripteurs, Wagner bâtit un théâtre adapté aux exigences de son œuvre, a lieu chaque année depuis 1876 un festival wagnérien, fréquenté autant par les amateurs véritables que par les snobs du monde entier.

5. En 1477 ou 1478, Sandro Botticelli peignit un tableau que Vasari et la postérité désignèrent sous le titre *Allégorie du Printemps*, ou *Le Printemps*, mais dont le sujet reste matière à controverse. Il est conservé à la Galerie des Offices de Florence. — Cf. *Jean Santeuil*, p. 659, où M. Maindant vivait, « malgré sa grande fortune, parmi les ouvriers dont il embellissait la vie en leur jouant du César Franck, en leur donnant des reproductions de Botticelli ».

6. Il n'y a pas de « Chant du printemps » dans *La Walkyrie*, mais, à l'acte I, scène III, ce qu'Albert Lavignac appelle un « Hymne au Printemps » (*Le Voyage artistique à Bayreuth*, Delagrave, 1897, rééd. 1960, p. 369), et un « Chant d'Amour », où Siegmund et Sieglinde se déclarent leur sentiment : « Nul ne sort — / quelqu'un entre : / vois — le printemps / rit dans la salle ! / L'âpre hiver a fui / le printemps vainqueur, / d'un doux éclat / rayonne l'Avril » (Wagner, *L'Œuvre lyrique*, trad. Alfred Ernst, Le Chemin Vert, 1983, p. 654-655). Dans une esquisse d'*Albertine disparue*, le Narrateur joue ce chant au piano et éprouve « une tristesse, une lassitude vagues et profondes » (*Recherche*, Pléiade, t. IV, p. 738 et n. 1).

Page 112.

1. *Rienzi, le dernier des Tribuns*, deuxième opéra de Wagner, créé en 1842, fut ensuite renié par son compositeur : l'influence italienne, dont il allait s'affranchir, s'y fait encore sentir, et l'œuvre n'a jamais été beaucoup représentée. Dans *Le Côté de Guermantes*, la duchesse de Guermantes se comporte comme Bouvard et, « comme chaque génération de critiques se borne à prendre le contre-pied des vérités admises par leurs prédécesseurs », elle affirme que « Flaubert, cet ennemi des bourgeois, était avant tout un bourgeois, ou qu'il y avait beaucoup de musique italienne dans Wagner » (*Guermantes II*, p. 154).

2. Adolescent, Proust plaçait Gounod au nombre de ses compositeurs préférés, aux côtés de Mozart (*EA*, p. 336), et en 1885-1886, il parlait des « divines mélodies de Massenet et de Gounod » (*Corr.*, t. I, p. 97). Mais, en 1906, dans une lettre à Reynaldo Hahn, il a ce mot ambigu : « Gounod, ce premier Marsyas de la mélodie, dont les successeurs ne devaient écorcher que... nos oreilles » (*Corr.*, t. VI, p. 339). Et il ne parle plus de Gounod que comme d'un compositeur pompeux et ennuyeux (voir notre n. 5, ci-après). Quant à Verdi, il ne l'aime pas, et, en 1912, le traite de « vieux con » (*Corr.*, t. XI, p. 191).

Mais, de toute la musique italienne, Proust ne semble avoir compris et apprécié que « O sole mio ».

3. Proust écrit « Eric-Sati ». En 1894, Érik Satie (1866-1925) avait déjà composé quelques pièces d'importance (les *Gymnopédies*, les *Gnossiennes*), mais était encore peu connu : il est remarquable que Proust le cite dans ce contexte. Dans une paperole de *Sodome et Gomorrhe* figure ce commentaire, qui peut éclairer l'intention de Proust dans ce passage des *Plaisirs et les Jours* : « D'ailleurs le temps devait venir bientôt où Debussy lui-même serait momentanément *[un ' mot absent au bord du manuscrit]* où la race dont l'appétit effrénément capricieux et vite blasé se nourrit d'idées, après avoir dit dans le temps que Debussy lui apparaissait comme un Rameau, que Wagner était plus italien qu'on ne croyait, imitateur de Bellini dont les seules idées originales étaient de Liszt, nous montreraient qu'il n'y a dans *Mélisande* que le trémoussement musical, à peine déguisé, de *Manon*, et que Debussy usant pour cela exclusivement de l'art de Massenet n'avait fait qu'appliquer quelques idées neuves d'Érik Satie » (*Recherche*, Pléiade, t. III, p. 1461-1462, variante *a* de la p. 210).

4. Dans toute cette page, Proust semble se moquer de Robert Dreyfus, auteur d'un article polémique, « La situation en littérature », paru dans *Le Banquet* de juillet 1892. Après sa lecture, Proust écrivit en effet à son ami : « cet éloge de Voltaire a l'air d'appliquer la recette : admirer les choses démodées est encore plus élégant que d'être à la mode, et d'ailleurs cela devient très vite à la mode. Ainsi, quand on commença à admirer Wagner, les ex-wagnériens préférèrent Beethoven, puis Bach, puis Haendel. Après cela je ne sais plus. C'est toujours cette conception matérielle [...] de la littérature et de l'art » (lettre à R. Dreyfus, juillet 1892, *Corr.*, t. I, p. 173-174). Si Proust semble indifférent à la musique de Bach, il admire en revanche Beethoven, peut-être plus encore qu'il n'aime Wagner : une de ses symphonies « est non seulement ce qu'il y a de plus beau en musique, mais encore ce qui remplit la plus haute *fonction* de la musique, puisqu'elle se meut en dehors du particulier, du concret » (lettre à Suzette Lemaire, 20 mai 1895, *ibid.*, p. 389).

5. Après avoir, en décembre 1895, écrit sur Saint-Saëns pianiste un article enthousiaste, mais qui ne fut pas publié (*EA*, p. 382-384), Proust en donna un autre, dans *Le Gaulois* du 14 décembre 1895, consacré cette fois au compositeur (*EA*, p. 385-386). Dans le second, il écrit : « nul ne semble avoir mieux retenu cette pensée célèbre : " Toutes les beautés intellectuelles qui se trouvent dans un beau style, tous les rapports dont il est composé sont autant de vérités... plus précieuses peut-être que celles qui peuvent faire le fond du discours " » (p. 385). On sait que la « petite phrase » de la sonate de Vinteuil a pour modèle une phrase de Saint-Saëns (*Swann*, p. 209, n. 1). Mais en 1918, Proust avoue qu'il « n'aime pas » ce musicien (*Corr.*, t. XVII, p. 193), et, en

1919, il confie à Jean Cocteau : « Jamais un musicien ne m'a autant emmerdé (Gounod dans *Faust* encore plus) » (*Corr.*, t. XVIII, p. 267).

6. Pécuchet fait sienne la formule de La Bruyère appliquée à Corneille et Racine, traditionnel prétexte à dissertations françaises : « L'un élève, étonne, maîtrise, instruit ; l'autre plaît, remue, touche, pénètre » (*Les Caractères*, Folio, p. 38-39).

7. Gaston Lemaire (1854-1928) a composé quelques mélodies, un peu de musique religieuse, et beaucoup d'opérettes : *Les Maris de Juanita*, *Marquise pour rire*, *Le Supplice de Jeannot*, *Le Rêve de Manette*, etc.

8. Ernest Chausson (1855-1899), élève de Massenet et de César Franck, a subi l'influence de Wagner. — Cécile Chaminade (1857-1944) a composé de la musique « sérieuse » (une symphonie lyrique, *Les Amazones*, des *Poèmes évangéliques*, etc.) et de la musique « légère », pièces de piano pour salon ou mélodies auxquelles elle devait sa notoriété.

9. Proust a connu le compositeur Charles Levadé (1869-1948), élève de Massenet et prix de Rome, par l'intermédiaire de Reynaldo Hahn, dont il était l'ami (voir *Corr.*, t. II, p. 39-40 et t. XII, p. 396-397). Il a écrit des mélodies, de la musique de chambre, un opéra (*Les Hérétiques*, 1905), etc.

10. À l'époque romantique, la gloire de Delphine de Girardin, née Gay (1804-1855), poétesse, romancière, fut immense. Elle avait débuté, en 1824, par la publication d'*Essais poétiques*, et c'est précisément sur un poème d'elle que Levadé, en 1892, composa une mélodie souvent rééditée : « Tu ne saurais m'oublier ! » — Le roman par lettres que, en 1893, Proust projetait d'écrire avec quelques amis avait été inspiré par celui que Mme de Girardin avait publié en 1846, en collaboration avec Théophile Gautier, Jules Sandeau et Méry, *La Croix de Berny*.

Page 113.
1. Né à Caracas en 1875, Reynaldo Hahn vint en France à l'âge de trois ans. Sa vocation de musicien se déclara très tôt. Il étudia, au Conservatoire de Paris, l'harmonie avec Théodore Dubois et Albert Lavignac, la composition avec Massenet. Lorsque Proust fit sa connaissance en mai 1894, il était déjà très fêté dans les salons. Il avait composé des mélodies sur des poèmes de Verlaine (*Chansons grises*), dont Proust écrira : « Sans doute, sa manière deviendra plus forte, s'approfondira, s'objectivera davantage. Mais même quand une œuvre est devenue plus puissante, qui peut se défendre parfois d'un retour et d'un regret vers ces productions plus simples de la première jeunesse qui embaument encore de ces fleurs qui se fanent si vite ensuite et qu'on ne retrouve plus ? » (*EA*, p. 556.)
2. Jacques Normand (1848-1931), avocat et archiviste-paléographe,

« s'est fait connaître comme un écrivain élégant et spirituel, un poète aux vers alertes et imagés », auteur de fantaisies, d'à-propos, de prologues (*Nouveau Larousse illustré*). Il est l'auteur de recueils de vers (*La Muse qui trotte*, 1894), de pièces de théâtre (*Les Petites Marmites*, 1878, ou *Musotte*, 1891, en collaboration avec Maupassant). C'est lui qui, lecteur aux éditions Fasquelle en 1912, devait rédiger sous le pseudonyme de Jacques Madeleine un rapport très défavorable sur un roman de Proust qui ne s'intitulait pas encore *À la recherche du temps perdu* (voir *Corr.*, t. XI, p. xxviii et *Swann*, p. 446-450). — Proust n'estimait guère la poésie du « noble Sully Prudhomme, au profil, au regard à la fois divin et chevalin mais qui n'était pas un bien vigoureux Pégase » (« À propos de Baudelaire », *EA*, p. 634). En mai 1888, cependant, il déclarait que, « dans ce siècle », il aimait « surtout Musset, le père Hugo, Michelet, Renan, Sully Prudhomme, Leconte de Lisle, Halévy, Taine, Becque, France » (*Correspondance avec Daniel Halévy*, De Fallois, 1992, p. 39). — Le vicomte Raymond de Borrelli (1837-1906) a écrit des vers héroïques, d'une grande valeur patriotique, mais d'un faible poids poétique : *Alain Chartier* (1889), *Dactyles* (1892) ou *Rimes d'argent* (1893). Dans la *Recherche*, Proust se servira de lui pour mettre en évidence le mauvais goût des gens du monde : c'est l'un des « grands poètes » qu'aime Odette (*Swann*, p. 237), et la duchesse de Guermantes le préfère à Maeterlinck (*Guermantes I*, p. 240).

3. Proust reproduit ici l'un des jugements qui avaient cours à son époque : à l'article « Cacophone » des « Additions » du *Supplément* au *Dictionnaire de la langue française*, Littré donne cette citation du *Gaulois* du 2 novembre 1876 : « Les compositions du célèbre cacophone (Richard Wagner) sont bien bruyantes pour des oreilles françaises » (Hachette, 1884, p. 359).

4. C'est Proust qui, en mars 1894, présenta à Robert de Montesquiou le pianiste Léon Delafosse âgé de vingt ans. Le poète allait s'enticher du musicien, qui jouait la partie de piano de la *Fantaisie* d'Henri de Saussine, composition pour piano, quatuor vocal et quatuor instrumental, d'après *Les Chauves-Souris*, recueil de vers publié par Montesquiou en 1892. Delafosse avait lui-même composé quelques mélodies sur des poèmes du même recueil et il avait chargé Proust de demander à leur auteur l'autorisation de les publier : « À mon humble avis elles sont exquises », écrivit Proust à Montesquiou (*Corr.*, t. I, p. 276-277 ; voir *EA*, p. 360-365). En avril 1894, Delafosse publia une mélodie qu'il avait composée sur un poème de Proust (*Mensonges*, Au Ménestrel, Heugel & Cie ; voir *Textes retrouvés*, Gallimard, 1971, « Cahiers Marcel Proust, 3 », p. 345-347, 381 ; *EA*, p. 367 ; et la reproduction de la partition dans les *Poèmes* de Proust, Gallimard, 1982, « Cahiers Marcel Proust, 10 », p. 169-171). — Le comte Robert de Montesquiou-Fezensac (1855-1921), poète vaniteux et homme du monde colérique, amateur

de rimes précieuses et de vers-bibelots, organisateur de fêtes fastueuses, a publié des recueils dont les titres disent assez l'ambition : *Le Chef des odeurs suaves* ou *Les Hortensias bleus*. Proust le rencontra chez Madeleine Lemaire en avril 1893. Il a inspiré à Huysmans le personnage de Des Esseintes (*À rebours*) et à Proust, qui, par intérêt mondain et romanesque, l'a flagorné au-delà de toute mesure, certains aspects du baron de Charlus, dans la *Recherche*.

Page 114.

1. Pécuchet confond les alouettes du proverbe avec celles de César. On connaît l'expression « attendre que les alouettes tombent toutes rôties » (dont Proust lui-même fournit un exemple dans *Guermantes I*, p. 249). D'autre part, on sait que Jules César avait formé la légion des Alouettes, en recrutant des Gaulois, les Alaudes (de *alauda*, « alouette », en latin), qu'il avait équipés à ses frais d'un casque portant deux ailes d'alouette.

Page 115. MÉLANCOLIQUE VILLÉGIATURE
      DE MME DE BREYVES

Première publication : *La Revue blanche*, n° 23, 15 septembre 1893, p. 155-170. Avec cette dédicace : « À Madame Meredith Howland en respectueux souvenir des lacs d'Engadine et particulièrement du lac de Silva Plana. *Saint-Moritz, août 93.* » (Proust passa trois semaines à Saint-Moritz en août 1893. Il y rencontra Mme Meredith Howland, née Adélaïde Torrance [1849-1932].)

Proust a remanié le texte de *La Revue blanche*, en le raccourcissant. Les citations de Wagner ont notamment été réduites (voir la n. 1, p. 125). Proust réutilisera en 1899 le nom de Françoise de Breyves dans deux articles de *La Presse* (*EA*, p. 424).

On rapprochera cette nouvelle de « L'Indifférent » (p. 255). Dans les deux textes, une femme se jette à la tête d'un homme qui reste insensible à ses avances. Proust excelle à peindre les tourments d'une âme vertueuse découvrant la force du désir.

1. Racine, *Phèdre* (acte I, scène III, v. 253-254).

2. Sans doute s'agit-il de Jean de Reszké (1850-1925), ténor polonais, qui devait épouser Mme de Mailly-Nesle (la « Cydalise » des « Cires perdues », voir p. 84). Il chanta dans le monde entier, mais l'essentiel de sa carrière se déroula à Paris, où il fit partie de la troupe de l'Opéra, et où il s'illustra dans tous les rôles du répertoire, de Verdi à Massenet, de Wagner à Leoncavallo. Il fréquentait le salon de Madeleine Lemaire. Son frère, Édouard (1853-1917), était également un chanteur renommé.

Page 122.

1. Dans la légende d'Égée, comme dans celle Tristan, c'est la voile d'un navire qui doit annoncer au héros la nouvelle dont sa vie dépend (le retour de Thésée dans le premier cas, celui d'Iseut dans le second).

Page 123.

1. En formant ce nom de *Voragynes*, Proust, lecteur de *La Légende dorée*, pense peut-être à son auteur, le dominicain Jacques de Voragine (Iacopo da Varazze, en italien). Mais sans doute sait-il aussi que le mot *vorago*, *voraginis*, signifie, en latin, le gouffre, l'abîme, le tourbillon. Ces deux sens du nom éclairent d'une lueur ambiguë le personnage de Mme de Breyves, à la fois sainte et damnée. De fait, Proust décrit parfois ce martyre comme Flaubert peignait la tentation de saint Antoine. Le nom de *Breyves* signifie-t-il que ces tourments ne dureront point ?

Page 125.

1. La dactylographie et *La Revue blanche* portent ici une importante variante (nous donnons le texte de la revue) : « [...] elle donnait à ce mirage toute la réalité de sa propre souffrance si vraie et de son incontestable volupté. Ah ! qu'elle aurait voulu l'avoir ici, amoureux, qu'elle aurait voulu lui dire comme Sieglinde : " Ah ! s'il vient quelque jour ce généreux ami pour délivrer une femme opprimée, les tourments incessants de mon âme alarmée, tout s'oubliera, mon cœur retrouvera tout ce qu'il a perdu, ce que j'ai pleuré me sera rendu quand dans mes bras, ô joie infinie ! je pourrai presser ce héros " : Il lui répondrait avec Siegmund : " Oublie enfin tes maux, je suis le vengeur de ton rêve. Ah que d'ardents et de tendres aveux, mon cœur vers mes lèvres soulève. En toi je trouve enfin l'objet de tous mes vœux, ô femme aimée, ô femme pure et sainte. Si tu souffris la honte et la contrainte, si j'ai subi les mépris orgueilleux, l'amour va nous venger de toutes nos souffrances. Ah ! quelle ineffable douceur ! Ah que de chères espérances quand près du mien je sens battre ton cœur. " [*La Walkyrie*, acte I, sc. v.]

« Et elle entendait ces paroles en une musique plus surnaturellement enivrée que celle pourtant toute extase, spasmes, caresses et félicité dont Wagner les rythma. C'était aussi une phrase des *Maîtres chanteurs* — entendue à la soirée de la princesse d'A... qui avait le don [...] »

La Walkyrie fut donnée pour la première fois en France, dans la traduction de Victor Wilder, à l'Opéra de Paris le 12 mai 1893, sous la direction d'Édouard Colonne. Proust assista à l'une des représentations qui suivirent : « Je travaille beaucoup et sors un peu mais surtout pour aller à la *Walkyrie* », écrit-il en juillet (*Corr.*, t. I, p. 226).

2. « L'oiseau qu'on vient d'ouïr, / il a bon bec et larges ailes » (*Les*

Maîtres chanteurs II, III, trad. Albert Ernst, *L'Œuvre lyrique*, éd. citée, p. 496).

Page 127.

1. « Que les fins de journées d'automne sont pénétrantes ! Ah ! pénétrantes jusqu'à la douleur ! car il est de certaines sensations délicieuses dont le vague n'exclut pas l'intensité ; et il n'est pas de pointe plus acérée que celle de l'Infini » (« Le *Confiteor* de l'artiste », *Petits Poëmes en prose*). Proust fait cette même citation, à propos de Nerval, dans les esquisses composant le *Contre Sainte-Beuve* : « Je pense que tout homme qui a une sensibilité aiguë peut se laisser suggestionner par cette rêverie qui nous laisse une sorte de pointe, " car il n'est pas de pointe plus acérée que celle de l'Infini " » (*CSB*, p. 241).

2. « Bien des fois les brebis revinrent seules du vert pâturage à l'étable, tandis qu'il [Polyphème amoureux de Galatée] se consumait, depuis le jour levant, sur les algues du bord, gardant au fond de son cœur, comme une flèche dans le foie, la plaie cuisante de la grande Kypris » (Théocrite, « Le Cyclope », *Idylles*, XI, 14-16, trad. Leconte de Lisle, Lemerre, 1909, p. 196). Nous corrigeons le texte grec très fautif donné par Proust en suivant l'édition des *Idylles* due à Ph.-E. Legrand (*Bucoliques grecs*, t. I, Les Belles Lettres, 1925, p, 74-75).

Page 129.

1. Voir « Éloge de la mauvaise musique », p. 183-184.

Page 131.

1. En vérité, août.

Page 132. PORTRAITS DE PEINTRES ET DE MUSICIENS

Le modèle de ces huit poèmes est évident : ce sont « Les Phares » de Baudelaire, qui ont inspiré, comme une mode, toute une floraison d'alexandrins consacrés à des artistes (c'est d'ailleurs Gautier qui, avant Baudelaire, semble être l'inventeur de ces transpositions d'art). Mais Proust imitait aussi Montesquiou, et l'invitait à venir entendre les « Portraits de peintres » et à « constater dans les vers des jeunes gens non seulement l'admiration mais l'imitation » des siens (lettre du 27 mai 1895, *Corr.*, t. I, p. 393).

On trouvera des variantes de ces poèmes dans : Marcel Proust, *Poèmes*, Gallimard, 1982, « Cahiers Marcel Proust, 10 ».

Portraits de peintres

Première publication : *Le Gaulois*, 21 juin 1895, p. 2. Les quatre poèmes étaient précédés de ce « chapeau » : « Nous sommes heureux de donner à nos lecteurs la primeur de vers délicats d'un jeune poète charmant, M. Marcel Proust dont le *Gaulois* a déjà publié quelques articles. Ces vers ont été dits, l'autre jour, chez Mme Madeleine

Lemaire, par Mlle Bartet, sur une très agréable musique de M. Rinaldo Hann [*sic*]. »

« Céleste me dit que vous avez les *Plaisirs et les Jours*, écrit Proust à Jean-Louis Vaudoyer, le 24 mai 1921. Vous y trouverez les seuls vers sur Cuyp restés dans mon souvenir. Ils furent écrits avant une classe à Condorcet, en sortant du Louvre où je venais de voir les cavaliers qui ont une plume rose au chapeau » (*Corr.*, t. XX, p. 291-292). Ils dateraient donc, au plus tard, de 1889, année où Proust quitta le lycée Condorcet. Mais Robert de Billy, qui fit la connaissance de Proust en 1890, raconte : « Après une promenade au Louvre où il avait été avec moi, poussé, je crois, par la lecture des vers de Baudelaire sur les peintres, il avait longuement regardé les Van Dyck et les Cuyp : ému par leur grâce, [...] il composa, en revenant, les beaux vers qui furent plus tard édités avec la musique de Reynaldo Hahn, sous le titre de *Portraits de peintres* » (Robert de Billy, « Une amitié de trente-deux ans », *Hommage à Marcel Proust*, *Nouvelle Revue française*, 1er janvier 1923, n° 112, p. 33). Quoi qu'il en soit, Proust, en allant au Louvre, avait son Fromentin sous le bras : ce sont *Les Maîtres d'autrefois* (1876) qui lui ont signalé quels tableaux il fallait admirer. Au demeurant, comme Fromentin, il ne s'intéresse qu'aux peintres du nord.

D'après le témoignage de Colette (alors Mme Henry Gauthier-Villars), Proust lisait volontiers ces poèmes en société : « Nous avons trouvé fines et belles vos gloses de peintres l'autre soir, écrit-elle. Il ne faut pas les abîmer comme vous faites en les disant mal, c'est très malheureux » (lettre de Colette Willy à Proust, mai 1895, *Corr.*, t. I, p. 385). De la déclamation à la musique, il n'y avait qu'un pas : Reynaldo Hahn composa un accompagnement musical aux « Portraits de peintres » — accompagnement, et non pas mélodie, car ils ne sont jamais chantés, mais « dits », sur le fond musical. Instruit par les réactions de son auditoire, Proust ne tarda pas, cependant, à confier la récitation à de plus experts que lui. Lors d'une soirée, chez Madeleine Lemaire, le 28 mai 1895, par exemple, comédiens et pianistes se chargèrent de l'exécution : MM. Fugère, Edmond Clément et Édouard Risler, le pianiste à qui, dans les épreuves des *Plaisirs et les Jours*, Proust dédiera son poème sur Chopin (*Corr.*, t. I, p. 393-394). Le 21 avril 1897, au théâtre de la Bodinière, la récitante était Marguerite Moreno (*Corr.*, t. II, p. 186), concert à l'occasion duquel Mallarmé composa un « avant-dire » (Mallarmé, Pléiade, p. 860).

Avant de l'être dans *Les Plaisirs et les Jours*, la partition et les poèmes, dédiés à José-Maria de Heredia, furent publiés chez Heugel, « Au ménestrel », en 1896. L'ensemble était dédié à Madeleine Lemaire.

1. D'Albert Cuyp (1620-1691), peintre hollandais de paysages et de scènes de genre, le musée du Louvre possédait *La Promenade*, *Départ pour la promenade* et *Coqs et poules*. Proust décrit avec une grande

précision les deux premiers, sans doute après avoir lu la page que Fromentin leur consacre dans *Les Maîtres d'autrefois* : « Son *Départ pour la promenade* et sa *Promenade*, deux pages équestres d'un si beau format, de si noble allure, sont aussi remplis de ses plus fines qualités : le tout baigne dans le soleil et se trempe dans ces ondes dorées qui sont pour ainsi dire la couleur ordinaire de son esprit. » Ailleurs, Fromentin parle de « la blonde atmosphère de Cuyp, et l'ingénieuse habitude de placer dans ce bain de lumière et d'or des bateaux, des villes, des chevaux et des cavaliers » (*Œuvres complètes*, Pléiade, p. 706 et 696)

Page 133.

1. Habile peintre animalier, Paulus Potter (1625-1654) a peint beaucoup de vaches et de bœufs, dans diverses attitudes (debout, couchés, marchant, urinant, etc.), et au milieu de paysages bucoliques. Au Louvre, Proust a pu admirer *Prairie avec trois bœufs et trois moutons* et *Petite auberge ou Chevaux à la porte d'une chaumière*. C'est Fromentin qui a attiré l'attention des amateurs sur ses paysages ; avant lui, on se contentait de louer la grâce et la ressemblance de ses ruminants. Au sommet de sa production, il place la *Petite auberge*, qu'il décrit ainsi : « C'est un effet de soir. Deux chevaux dételés, mais harnachés, sont arrêtés devant une auge ; l'un est bai, l'autre blanc ; le blanc est exténué. Le charretier vient de puiser de l'eau à la rivière ; il remonte la berge un bras en l'air, de l'autre tenant un seau, et se détache en silhouette douce sur le ciel où le soleil couché envoie des lueurs. C'est unique par le sentiment, par le dessin, par le mystère de l'effet, par la beauté du ton, par la délicieuse et spirituelle intimité du travail » (*ibid.*, p. 683).

2. Proust affronte ici directement son modèle, Baudelaire, qui consacre un quatrain à Watteau dans « Les Phares ». Mais la tonalité d'ensemble est peut-être davantage verlainienne (*Fêtes galantes*). Longtemps négligé, l'art de Watteau avait été remis à l'honneur par les Goncourt (*L'Art du XVIIIe siècle*). — Proust a écrit, d'autre part, des réflexions sur la vie de Watteau (*EA*, p. 665-667). Le premier quatrain évoque *L'Indifférent*, le second *L'Embarquement pour Cythère*, tous deux au Louvre. En 1920, encore, en réponse à une enquête de *L'Opinion*, Proust doit choisir, parmi les tableaux du Louvre, huit œuvres pour constituer une tribune de l'art français. De Watteau, il désigne *L'Indifférent* et l'*Embarquement* (*EA*, p. 601).

3. Voir nos n. 1, 2 et 3, p. 40. Proust évoque d'abord le portrait de *Charles Ier d'Angleterre*, puis *L'Homme au pourpoint* (Louvre).

Page 134.

1. Voir le portrait que Fromentin trace de Van Dyck : « un mauvais sujet adoré, décrié, calomnié plus tard, meilleur au fond que sa réputation, qui se fait tout pardonner par un don suprême, une des formes du génie, la grâce — pour tout dire : un prince de Galles mort

aussitôt après la vacance du trône et qui de toutes façons ne devait pas régner » (*op. cit.*, p. 645).

2. En 1905, Proust avoue à Antoine Bibesco que ce portrait du duc de Richmond a été « l'objet d'une de [ses] grandes admirations autrefois et le sujet de vers qui se trouvent dans les *Plaisirs et les Jours* ». Il ajoute cependant : « Je vois que je me trompe pour le Duc de Richmond. Car quand le premier Duc de Richmond Lennox est né (n'étant pas encore duc de Richmond) Van Dyck était déjà mort » (*Corr.*, t. V, p. 311). Cet *Homme au pourpoint* était en fait James Stuart, duc de Richmond et de Lennox (1612-1655), cousin du roi Charles Ier, qu'il accompagna jusque dans sa captivité et dont il organisa les funérailles à Saint-George's Chapel. Van Dyck a plusieurs fois peint son portrait. D'autre part, dans la lettre à Jean-Louis Vaudoyer du 24 mai 1921, Proust précise : « On m'a assuré depuis que le vêtement du duc de Richemond [*sic*] était non bleu pâle, mais blanc » (*Corr.*, t. XX, p. 291-292). Voir ici même notre n. 3, p. 40.

Pour Reynaldo Hahn, Proust a ajouté deux quatrains à ce poème :

> *Du Souvenir des yeux à l'oubli clair des soies*
> *— « Silences » des regards ou « trilles » des dentelles !*
> *C'est un chant grave et doux comme des violoncelles*
> *Qui consolent l'exil et méprisent les joies ;*
>
> *Silence qui s'est tu et qui parle, adagio,*
> *Ô bel ! au bois dormant, qu'éveilla Reynaldo,*
> *Pour qu'il en soit béni, souris à l'enchanteur,*
> *Reynaldo, citharède, poète et chanteur !*

(Pierre Clarac et André Ferré, *Album Proust*, Pléiade, 1965, p. 150-151.)

Page 135.

Portraits de musiciens

On sera surpris de ne trouver parmi ces musiciens aucun de ceux qu'admire vraiment Proust : Beethoven, Wagner, Franck ou Fauré. Ce sont les choix de sa jeunesse — sur l'album d'Antoinette Faure, Proust enfant compte Mozart parmi ses musiciens préférés ; mais, quelques années plus tard, il le remplace par Schumann (*EA*, p. 336-337) — et sans doute aussi ceux de Reynaldo Hahn, dont on sent ici l'influence et le goût classique : il chante les mélodies de Schumann (*Corr.*, t. I, p. 338), et, lorsque, en 1912, Proust veut faire un cadeau à son ami, il recherche « un autographe de Mozart ou de Chopin (mais avec grande préférence pour Mozart) » (*Corr.*, t. XI, p. 329). Hahn a en effet une prédilection pour Mozart : il dirigera souvent ses œuvres, notamment à Salzbourg, et, en 1925, composera une musique de scène, sur un texte de Sacha Guitry, intitulée *Mozart*.

De fait, Proust a dû écrire ces vers durant l'été 1895, auprès de Hahn, avec qui il a passé de nombreux jours de vacances, à Saint-Germain-en-Laye et en Normandie. Il s'est ensuite donné beaucoup de mal pour les faire accepter par une revue : ce fut en vain. En septembre 1895, il songe à les dédier à José-Maria de Heredia, et il écrit à la fille du poète, Marie, pour l'en informer : « Mais avant je voudrais que vous me les corrigiez car je sens qu'ils sont pleins de fautes que je ne sais pas » (*Corr.*, t. XX, p. 611). Cette étrange demande dissimulait peut-être l'espoir de voir la famille Heredia-Régnier favoriser la publication des poèmes. (Ce sont finalement les « Portraits de peintres » qui, en 1896, seront dédiés à Heredia dans l'édition Heugel.) En octobre 1895, il demande à Léon Daudet d'intercéder en sa faveur auprès de Juliette Adam, directrice de la *Nouvelle Revue*. Celle-ci les refuse (Marcel Proust, *Mon cher petit, Lettres à Lucien Daudet*, Gallimard, 1991, p. 82 et 84). En novembre 1895, il les propose à Pierre Mainguet, directeur de *La Revue hebdomadaire*, qui vient de publier « La mort de Baldassare Silvande » (*Corr.*, t. I, p. 447-448). Nouvel échec. Aussi, contrairement aux « Portraits de peintres », ces poèmes restèrent-ils inédits jusqu'à la parution des *Plaisirs et les Jours*.

1. Sur les placards imprimés des *Plaisirs et les Jours*, cette pièce était dédiée au pianiste Édouard Risler (1873-1929), interprète des « Portraits de peintres » chez Madeleine Lemaire. Proust supprima la dédicace avant l'impression du volume

Il est intéressant de comparer ce portrait au jugement que, à l'époque du *Contre Sainte-Beuve*, Proust portera sur Chopin : « Chopin, ce grand artiste maladif, sensible, égoïste et dandy qui déploie pendant un instant doucement dans sa musique les aspects successifs et contrastés d'une disposition intime qui change sans cesse et n'est pendant plus d'un moment doucement progressive sans que vienne l'arrêter, se heurtant à elle et s'y juxtaposant, une toute différente, mais toujours avec un accent intime maladif, et replié sur soi-même dans ses frénésies d'action, avec toujours de la sensibilité et jamais de cœur, souvent de furieux élans, jamais la détente, la douceur, la fusion à quelque chose d'autre que soi, qu'a Schumann » (*CSB*, p. 281). Ces lignes sont à rapprocher de celles de la *Recherche* où Proust, à propos de Mme de Cambremer, évoque la place de Chopin dans l'évolution du goût (*Swann*, p. 326 ; *Sodome*, p. 209 et 212). En août 1894, Proust aurait eu le projet d'écrire une vie de Chopin, en collaboration avec Hahn (voir *Corr.*, t. I, p. 78).

2. Proust mêle ici diverses allusions aux principaux opéras de Gluck. Dans *Alceste* (1767, livret de Calzabigi, d'après Euripide), Alceste, épouse d'Admète, le roi de Phères condamné à mort par les dieux, se sacrifie pour sauver la vie de son mari, et s'adresse aux « Divinités du Styx » dans une aria célèbre · émus par ce dévouement

amoureux, Hercule vient chasser les esprits infernaux qui allaient s'emparer d'Alceste, et Apollon accorde la vie au couple royal. Dans *Armide* (1777, livret de Quinault, d'après le Tasse), la magicienne Armide transporte le croisé Renaud, qu'elle veut séduire, sur une île enchantée. Iphigénie paraît dans *Iphigénie en Aulide* (1774, livret de Calzabigi, d'après Racine) et dans *Iphigénie en Tauride* (1779, livret de Guillard). Enfin, dans *Orphée et Eurydice* (1762, livret de Calzabigi, d'après Virgile), le poète Orphée obtient de Jupiter de pouvoir aller chercher aux Enfers sa jeune épouse Eurydice, qui vient de mourir ; mais son impatience la lui fait perdre une seconde et dernière fois.

Dans « Sur la lecture », préface à sa traduction de *Sésame et les lys* de Ruskin publiée en 1906, Proust note : « Je ne crois pas que l'essence particulière de la musique de Gluck se trahisse autant dans tel air sublime que dans telle cadence de ses récitatifs où l'harmonie est comme le son même de la voix de son génie quand elle retombe sur une intonation involontaire où est marquée toute sa gravité naïve et sa distinction, chaque fois qu'on l'entend pour ainsi dire reprendre haleine » (*PM*, p. 192-193).

Page 136.

1. Proust n'a pas seulement choisi Cnide pour préparer la rime d'Armide : dans l'Antiquité, on admirait dans cette ville d'Asie Mineure une célèbre statue d'Aphrodite, chef-d'œuvre de Praxitèle.

2. Réminiscence horatienne : « [...] *nunc pede libero / pulsanda tellus* » (« maintenant il faut, d'un pied libéré, frapper la terre », *Odes*, I, 37, trad. F. Villeneuve, Les Belles Lettres, 1929).

3. Proust joue avec les titres des œuvres de Schumann. On reconnaît, pêle-mêle, des Lieder (« Le Noyer », op. 25 ; « Dis-moi pauvre hirondelle » et « Le Jasmin », op. 27 ; « Nuit sur le Rhin », op. 36 ; « Clair de lune », op. 39 ; « Le Soldat », op. 40 ; « Mon jardin », op. 77 ; trois extraits des *Amours du poète*, op. 48, « La Rose, le lys », « La Grande et Sainte Cologne », « Tambours et flûtes résonnent » ; « Les Hirondelles », op. 79 ; « Tends-moi la main, nuage », op. 104) et des pièces pour piano (*Carnaval*, op. 9, « Rêverie » et « Au coin du feu », tirées des *Scènes d'enfant*, op. 15)

Page 137.

1. De Mozart, Proust évoque surtout les opéras : *Les Noces de Figaro* (où l'on voit le personnage de Chérubin) et *Don Juan*, qui se déroulent tous deux en Andalousie, à ou près de Séville ; *La Flûte enchantée* (où paraît la Reine de la Nuit).

Page 139.   LA CONFESSION D'UNE JEUNE FILLE

En octobre 1894, Proust songe à offrir cette « obscure nouvelle » « À M. le comte Robert de Montesquiou Fezensac » (*Corr.*, t. I, p. 344 et

361). Mais comme toutes les dédicaces particulières des *Plaisirs et les Jours*, celle-ci, qui figure sur les placards imprimés, aura disparu dans l'édition originale.

Cette « Confession d'une jeune fille » doit beaucoup aux *Confessions* de saint Augustin : le titre, le ton, l'amour pour la mère, l'inquiétude de celle-ci pour le salut de son enfant, la thématique du péché qui est une jouissance, l'intelligence brillante qui s'égare, le mariage retardé, l'appel à Dieu, etc. Seule nouvelle des *Plaisirs et les Jours* écrite à la première personne, mais aussi seul texte de toute son œuvre où Proust crée une « narratrice », cette « Confession » n'est sans doute pas un simple pastiche, mais évoque vraisemblablement une expérience intime, comme le laisseraient penser certains thèmes que l'on trouve déjà dans « Avant la nuit » (voir « Reliquat », p. 247). On peut y voir un embryon de la *Recherche du temps perdu* : comme le Narrateur du grand roman proustien, cette jeune fille n'a pas de prénom — le détail est remarquable dans un livre où les noms sont choisis avec tant de soin. Catherine Viollet remarque par ailleurs que, dans le manuscrit de cette nouvelle, les fautes d'accord du genre (« Je m'étais *trompé* en disant que je n'avais jamais retrouvé la douceur du baiser aux Oublis ») sont trop nombreuses pour être innocentes (« " La Confession d'une jeune fille " : aveu ou fiction ? », *Bulletin d'informations proustiennes*, n° 22, 1991, p. 15-16).

1. « Les désirs des sens entraînent çà et là ; mais, l'heure passée, que rapportez-vous, qu'une conscience pesante et un cœur dissipé ? / Parce qu'on est sorti dans la joie, souvent on revient dans la tristesse ; et la veille joyeuse du soir attriste le matin. / Ainsi toute joie des sens s'insinue avec douceur ; mais à la fin elle blesse et tue » (*Imitation de Jésus-Christ*, trad. citée, livre I, chap. XX [et non, comme l'indique fautivement Proust, chap. XVIII]). Sur l'*Imitation*, voir notre n. 1, p. 69.

2. Henri de Régnier, *Sites* (1887), poème VIII.

Page 140.

1. On sait l'importance que prendra l'épisode du baiser du soir dans *Jean Santeuil* (p. 202-211) et dans *Swann* (p. 13-39).

Page 145.

1. Proust se rappelle encore saint Augustin : « Et cependant je ne faisais pas alors ce que je désirais avec une passion sans comparaison plus grande que toutes ces actions, et ce que j'aurais pu faire aussitôt que je l'aurais voulu, parce qu'il était impossible que le voulant je ne le voulusse pas » (*Confessions*, liv. VIII, chap. 8, trad. Arnauld d'Andilly, Folio, p. 280).

2. « Femmes damnées : Delphine et Hippolyte », vers 99-100 (Pièces condamnées tirées des *Fleurs du mal*).

Page 148.
   1. « Le Cygne », vers 45-46 (*Les Fleurs du mal*).
   2. Proust évoque ici le débat intérieur sur la chasteté qui agite saint Augustin avant sa conversion (voir notamment, le livre VIII des *Confessions*).

Page 149.
   1. Cf. Jean, XIX, 30 : « Jésus, ayant donc pris le vinaigre, dit : Tout est accompli. Et baissant la tête, il rendit l'esprit » (trad. Lemaître de Sacy).

Page 152.
   1. Voir « Avant la nuit », p. 251-252.

Page 153.   UN DÎNER EN VILLE

   Cette nouvelle, que Proust jugeait « dans le genre » des contes du *Gaulois*, quoique « plus littéraire », fut écrite au printemps de 1895. Il tenta de la faire accepter par le quotidien à laquelle il la destinait, mais, malgré l'appui de Madeleine Lemaire, n'y parvint pas (voir *Corr.*, t. I, p. 390-392 et 448).

   1. Horace, *Satires*, liv. II, VIII, v. 18-19 : « *Sed quis cenantibus una, Fundani, pulchre fuerit tibi, nosse laboro* ». (Il s'agit d'un dialogue entre Horace et Fundanius, ce dernier racontant un grand dîner auquel il a participé chez le riche Nasidienus.) Proust cite la traduction de Génin (*Œuvres complètes d'Horace*, Firmin-Didot, 1875, p. 130, où il remplace « festin » par « repas »).
   2. Paul Desjardins (1859-1940), avait fondé en 1892 l'Union pour l'action morale, et publiait un Bulletin auquel Proust, qui fut son élève à l'École libre des sciences politiques, était abonné. — Eugène Melchior, vicomte de Vogüé (1848-1910), auteur du *Roman russe*, avait fait connaître en France le quiétisme de Tolstoï et le mysticisme de Dostoïevski. Il était à l'origine d'un mouvement « néo-chrétien » combattant le naturalisme et le positivisme. — Avant de devenir, à partir de 1890, l'écrivain nationaliste que l'on connaît, Maurice Barrès était un styliste dandy, décadent, égotiste : le tenant de l'Art pour l'Art n'a pas tardé à vouloir que la littérature s'engage. Les deux incarnations du personnage n'enthousiasmèrent pas Proust, qui oppose ici — dans un dîner parisien qui est leur négation commune — l'idéalisme de la foi au scepticisme du dilettante, comme, en juillet 1892, dans cette lettre à Robert Dreyfus qui, dans un article du *Banquet*, avait attaqué Desjardins : « tu es bien dur pour Desjardins. Sans m'arrêter à ce qu'il y a d'irrévérencieux dans " l'éteignoir de la foi ", ne penses-tu pas que celle de Desjardins est une lumière de la raison à côté du scepticisme de Barrès ? Au moins c'est la Raison qui décide : ne nous

fions pas à la raison. Et c'est énorme auprès de ce que dit la raison de Barrès » (*Corr.*, t. I, p. 174)

Page 155.
   1. En 1890, la France envoya au Dahomey (l'actuel Bénin) un corps expédition.naire pour faire respecter le protectorat que lui reconnaissaient des traités anciens et que contestait le roi Behanzin. Ce fut le début d'une campagne pleine de rebondissements, qui n'était pas encore tout à fait achevée quand parurent *Les Plaisirs et les Jours*.

Page 159.
   1. Proust rend ici hommage à l'un des poètes célèbres susceptibles de l'introduire dans le monde des lettres. À l'origine, José-Maria de Heredia, que Proust connaissait depuis 1893, devait peut-être apporter un soutien direct à la réussite des *Plaisirs et les Jours*, en acceptant la dédicace de « Portraits de musiciens » (voir p. 328). En effet, lorsqu'il songea à dédier « La Confession d'une jeune fille » à Montesquiou, Proust lui confia : « Quant à la compagnie, que je crois bonne, puisqu'il n'y entre que des gens que j'admire ou que j'aime, elle ne sera pas toujours illustre. Mais soyez assuré de celle de M. France et de celle de M. de Heredia, que vous trouverez certainement choisie puisque vous l'élisez souvent » (*Corr.*, t. I, p. 344).
   2. Allusion à *Émaux et Camées* de Théophile Gautier (1852).

Page 162.   LES REGRETS,
                       RÊVERIES COULEUR DU TEMPS
   Comme les « Fragments de comédie italienne », onze des tre.:te poèmes en prose qui suivent furent publiés en revue, en 1892-1893.
   Sur les placards imprimés, où ils sont regroupés sous le titre général « Fragments sur la Musique, la Tristesse et la Mer », Proust les dédiait « À M. Darlu : Maître de Conférences, de Psychologie et de Morale, à l'École normale de Sèvres » (voir n. 2, p. 43).
   L'expression « couleur du temps » a deux significations : d'une part, elle désigne le bleu, en langage poétique ; d'autre part, elle est synonyme de « la nature des circonstances ».

   1. Emerson, « Le Poète », *Sept Essais*, trad. I. Will, Bruxelles, Paul Lacomblez, 1907, p. 160.

I. Tuileries
   Ce texte a paru sous le titre « Rêverie couleur du temps : Tuileries », dans *Le Gaulois*, le 12 juin 1896, jour même de la parution des *Plaisirs et les Jours*.
   Sur le manuscrit, il est précédé de ce fragment :
   « Tout à l'heure en traversant les Tuileries, caressé par un air si doux, voyant au loin devant moi le ciel si magnifique, les arbres si

puissants et tant de soleil et tant de fleurs, je fus attristé du regret [de n'avoir] pas encore joui de cet été. Bientôt le sentiment d'un bonheur ardent m'embrasa tout entier : j'allais enfin pouvoir m'enivrer de toute cette gloire et savourer toute cette joie. Cependant le bruit de mes pas, depuis quelques instants, était comme étouffé. Ce silence était doux mais même avant que j'en eus[se] remarqué la cause, je sentis la mortelle tristesse de sa douceur. Je baissai les yeux et m'aperçus alors que malgré l'été si splendide on marchait déjà sur des feuilles mortes. Et pourtant l'été ne devait pas encore s'épuiser ; le soleil encore chaud criblait ces feuilles mortes de ses flèches d'or. Mais elles y venaient briser leurs pointes éblouissantes et l'été réussissait seulement à transfigurer la jonchée lamentable en la colorant d'une lumière irréelle et merveilleuse, en faisant passer entre mes yeux et elle le mensonge frémissant de ses rayons, tout le mirage de l'Imagination, du Regret et du Souvenir. »

Page 163.

1. Proust évoque *La Renommée* de Coysevox, qui orne la grande porte du jardin des Tuileries, du côté de la place de la Concorde.

II. Versailles

2. « Les cygnes qui couvroient autrefois toute la riviere se sont retirez en ce lieu de seureté, & vivent dans un canal, qui fait resver les plus grands parleurs aussi tost qu'ils s'en approchent, & au bord duquel je suis tousjours heureux, soit que je sois joyeux, soit que je sois triste » (Guez de Balzac, lettre XXXI, « À Monsieur de La Motte Aigron », *Premières Lettres de Guez de Balzac*, Droz, 1933, t. I, p. 134).

Page 164.

1. Barrès a parlé de Versailles dans « Notes de Versailles » (paru dans *Le Journal* du 3 novembre 1893 et repris dans « Sur la décomposition », *Du sang, de la volupté et de la mort*, 1894) dont Proust disait que c'était « mille fois mieux [que] ce [qu'il a] essayé de dire de Versailles dans les *Plaisirs et les Jours* » (*Corr.*, t. XI, p. 239) ; Henri de Régnier dans quelques poèmes d'*Apaisement* (1886 ; en 1902, il consacrera tout un recueil au château : *La Cité des Eaux*) ; et Montesquiou dans *Les Perles rouges* (paru en 1899, mais que Proust connaissait déjà pour avoir entendu l'auteur en lire quelques pièces en société ; voir « Robert de Montesquiou à Versailles » et « M. de Montesquiou, historien et poète », *EA*, p. 409-412).

Page 165.

1. Proust développe ce thème dans « Marine » (p. 211), dans « Avant la nuit » (p. 248) et dans « L'automne à Beg-Meil » (*Jean Santeuil*, p. 362-364).

III. Promenade

Ce texte a été écrit en avril 1895, après une visite de Proust au château de Segrez à Saint-Sulpice-de-Favières (Essonne), propriété des parents de son ancien camarade de collège Pierre Lavallée. Victime d'une crise d'asthme, Proust ne put rester plus d'une nuit à la campagne et dut retourner précipitamment à Paris. « Au moins verras-tu, écrivit-il à Pierre Lavallée, par quelques pages que je te montrerai à ton retour que je ne me suis pas promené à Segrez en aveugle et que j'ai *vu* assez pour regretter, assez aussi pour me souvenir. Pense quelquefois à moi au bord de la rivière, ou le soir sous les étoiles, je te montrerai que j'ai pensé à l'une et aux autres avec une émotion que Reynaldo a bien voulu trouver contagieuse » (*Corr.*, t. I, p. 377).

Dans les placards imprimés du volume, le titre de cette pièce est « Paons ». Elle est dédiée à Pierre Lavallée, et précédée de cette épigraphe : « " Et parce que je n'ai ni l'âme ni les yeux avares, je trouve les émeraudes de vos paons d'aussi grand prix que celles des lapidaires " (*Lettre de Balzac à M. de Forgues*). » Proust supprimera la citation de Guez de Balzac de ses épreuves, pour ne pas déplaire à Montesquiou, qui souhaitait l'utiliser lui-même comme épigraphe (voir *Corr.*, t. II, p. 53-54).

Le paon est l'animal décadent par excellence, et Montesquiou, bien sûr, l'a chanté : Proust déclarait d'ailleurs une admiration particulière pour « Pavones » et « Paon, l'oiseau paon est mort », deux poèmes que le comte versificateur avait publiés dans *Le Chef des odeurs suaves* en 1893 (*Corr.*, t. I, p. 214-219). En 1908, Montesquiou donnera libre cours à son obsession, avec une édition définitive des *Paons* (initialement parus en 1901) comptant plus de cinq cents pages.

Page 166.
1. Allusion à la légende grecque selon laquelle Héra (Junon à Rome) aurait transporté les innombrables yeux de son serviteur Argos (Argus) sur les plumes du paon, l'animal qui lui était consacré.
2. Après la prise de Troie, Andromaque, veuve d'Hector, devient l'esclave de Pyrrhus, fils d'Achille. Proust pense plutôt à la tragédie de Racine qu'à celle d'Euripide.
3. Pour punir Apollon d'avoir tué les Cyclopes, Zeus le condamna à être, pendant un an, l'esclave d'un mortel. Ainsi devint-il le bouvier d'Admète, roi de Phères. C'est, dans *Les Plaisirs et les Jours*, la troisième allusion à cette légende (voir p. 45, l'épigraphe d'Emerson, et, p. 136).

Page 167.
IV. *Famille écoutant la musique*
1. Hugo, *Hernani*, V, III (Doña Sol à Hernani).

Page 169.
V.
Première publication : Études, II. Sans titre. *Le Banquet*, n° 5, juillet 1892, p. 137-138.

Page 170.

1. Henri Meilhac (1831-1897) et Ludovic Halévy (1834-1908, père de Daniel, l'ami de Proust) ont écrit en collaboration des pièces de théâtre, des livrets d'opéras bouffes (pour Offenbach), qui sont une brillante expression du Second Empire : *La Belle-Hélène* (1864), *Barbe-Bleue* (1866), *La Vie parisienne* (1866), *La Grande Duchesse de Gérolstein* (1867), *La Périchole* (1868), *Frou-Frou* (1869). On leur doit également le livret de la *Carmen* de Bizet. Dans *Swann*, Proust écrit que leur théâtre est la « dernière expression » de « l'esprit alerte, dépouillé de lieux communs et de sentiments convenus, qui descend de Mérimée » (p. 328).

2. Cythère : consacrée à Vénus, cette île grecque est le symbole de l'amour, du plaisir, et le prétexte d'un fameux tableau de Watteau (voir n. 2, p. 133).

VI.

Première publication : Études, I. Sans titre. *Le Banquet*, n° 5, juillet 1892, p. 136-137.

Page 172.

VII.

Première publication : Études, I. Sans titre. *La Revue blanche*, n°ˢ 21-22, juillet-août 1893, p. 48-50. Avec cette dédicace : « À Gladys H. » (Gladys Harvey, nom que, dans un récit paru en 1888 dans *Les Lettres et les Arts*, Paul Bourget donna à Laure Hayman (1851-1932), courtisane de haut vol que Proust devait connaître la même année : elle était amie de son oncle Louis Weil et devait prêter plus d'un trait à l'Odette de *Swann ;* en octobre, elle lui fit cadeau d'un exemplaire du récit de Bourget qu'elle avait fait relier avec l'étoffe d'un de ses jupons et auquel elle ajouta cette inscription : « À Marcel Proust/N'aimez pas une Gladys Harvey./Laure Hayman » ; voir *Corr.*, t. I, p. 120 et le catalogue de l'exposition Marcel Proust, Bibliothèque nationale, Paris, 1965, n° 119).

Dans le manuscrit (folio 149), ce texte s'intitule « Autres Reliques » (voir la notice du texte VIII, ci-après).

Page 175.

1. Proust décrit les sandales ailées et le caducée d'Hermès (Mercure), héraut de Zeus et des dieux infernaux.

VIII. Reliques

Première publication : Études, II. Autres Reliques. *La Revue blanche*, n°ˢ 21-22, juillet-août 1893, p. 51-52. Avec cette dédicace : « À Paul Baignères. » Paul Baignères (1869-1936) avait peint, en 1892-1893, un portrait de Proust, dont il avait d'abord réalisé une esquisse au crayon à Trouville.

Sans doute Proust a-t-il songé à écrire un poème sur ce thème. On possède en effet ce quatrain :

« Elle est morte et sa chienne et son cher Isliki
Ces cartes, ce roman qui porte aux plats ses armes
Hélas subsistent seuls de celle-là pour qui
Volèrent mes désirs et coulèrent les larmes. »
(*Écrits de jeunesse*, éd. cit., p. 214, n. 21.)

Ce texte s'intitula successivement « Reliques » dans le manuscrit, « Autres Reliques » dans *La Revue blanche*, puis de nouveau « Reliques » dans l'édition originale. Dans le manuscrit, « Autres Reliques » est le titre de la pièce VII des « Regrets, rêveries couleur du temps ».

Le titre fait peut-être référence aux *Reliques* de Jules Tellier (1863-1889), livre paru en 1890 et que Proust connaissait (voir *Corr.*, t. I, p. 416).

Mais cette prose rappelle plutôt certaines pages de Nerval : l'évocation du « sanctuaire des souvenirs fidèles » de *Sylvie* ou du reliquaire d'*Aurélia* (*Les Filles du feu*, suivies de *Aurélia*, Folio, p. 144-146 et 327).

Page 176.

1. Voir p. 170-171 : « il vaut mieux rêver sa vie que la vivre ». On sait qu'*Aurélia*, jeu du rêve et de la vie, commence par ces mots : « Le Rêve est une seconde vie » (*ibid.*, p. 291).

IX. *Sonate Clair de lune*

De Trouville, le 16 septembre 1894, Proust écrit à Reynaldo Hahn : « Il fait un temps charmant, des clairs de lune dont vous lirez une interprétation selon vous » (*Corr.*, t. I, p. 326). Sans doute fait-il allusion au présent texte et à « Comme à la lumière de la lune » (p. 203).

La *Sonate pour piano en do dièse mineur op. 27 n° 2* de Beethoven (1801) a été surnommée *Sonate « Clair de lune »*.

Dans « Un amour de Swann », Proust se moque-t-il de l'attitude artiste qu'il met en scène dans ce texte des *Plaisirs et les Jours*, lorsque, évoquant le programme d'une soirée à Chatou, Biche déclare : « Il ne faudra aucune lumière et qu'il [le pianiste] joue la sonate *Clair de lune* dans l'obscurité pour mieux voir s'éclairer les choses » ? (*Swann*, p. 279.)

2. Pia (Pie) et Assunta (Assomption), prénoms italiens. Dans l'iconographie chrétienne, la Vierge de l'Assomption est souvent représentée debout sur un croissant de lune. Dans « La Mort de Baldassare Silvande », Proust parle également de « l'indifférence de Pia, petite princesse syracusaine » (voir p. 58, et la n. 2, p. 45).

Page 178.

1. Dans *La Mer* (1861), Jules Michelet raconte avoir un jour trouvé, sur une plage, une méduse : « Pourquoi ce terrible nom pour un être si

charmant ? Jamais je n'avais arrêté mon attention sur ces naufragées qu'on voit si souvent au bord de la mer. Celle-ci était petite, de la grandeur de ma main, mais singulièrement jolie, de nuances douces et légères. Elle était d'un blanc d'opale où se perdait, comme dans un nuage, une couronne de tendre lilas. [...] S'il faut tout dire, à la toucher j'avais un peu de répugnance. La délicieuse créature, avec son innocence visible et l'iris de ses douces couleurs, était comme une gelée tremblotante, glissait, échappait. Je passai outre cependant » (Folio, p. 151-152). Proust évoque encore ce passage dans « Avant la nuit », p. 251.

Page 180.

1. Cf. Baudelaire, « Tristesses de la lune » (*Les Fleurs du mal*).

X. Source des larmes qui sont dans les amours passées

Première publication : Études, IV. *La Revue blanche*, n°s 21-22, juillet-août 1893, p. 55-56.

Page 181.

XI. Amitié

Première publication : Études, IX. *La Revue blanche*, n°s 21-22, juillet-août 1893, p. 68-69. Avec cette dédicace : « À ******. »

Page 182.

XII. Éphémère efficacité du chagrin

Première publication : Études, VI. *La Revue blanche*, n°s 21-22, juillet-août 1893, p. 58-59.

On reconnaît dans le thème de cette « Rêverie » l'un des leitmotive de la *Recherche* : l'évocation du monstre dévorateur de l'oubli (*Albertine disparue*, p. 223).

Page 183.

1. *L'Invitée*, comédie en trois actes de François de Curel (1854-1928), fut créée à Paris, au théâtre du Vaudeville, le 19 janvier 1893. Proust, qui assista à cette première représentation (*Corr.*, t. I, p. 201), fait allusion à une scène de l'acte II où, après une séparation de vingt ans, l'héroïne, Anna, retrouve son mari, et ses filles qu'elle n'a pas vues grandir : « L'ai-je assez mutilé, ce pauvre cœur ! s'exclame-t-elle. [...] C'est un jardin transformé en cour pierreuse sans un coin de verdure. À force d'y persécuter l'ivraie, le bon grain n'y peut plus pousser... » (*L'Invitée*, Calmann-Lévy, s. d., p. 54-55.)

Page 184.

XIII. Éloge de la mauvaise musique

1. On peut sans doute mettre bien des noms de musiciens derrière ces citations : celui d'Augusta Holmès, par exemple, dont, au cours de l'été 1893, Proust disait qu'il était, « à les jouer, serré par les *Griffes*

d'or, et broyé, et charmé, sans [s']illusionner d'ailleurs sur la valeur de cette musique » (*Corr.*, t. I, p. 212), ceux d'Olivier Métra, de Tagliafico, de Victor Massé, d'Antonin-Louis Clapisson, que, dans « Un amour de Swann », Odette ne saura pas distinguer de Vinteuil ou de Bach (*Swann*, p. 232-233, 285 et 296). Mais, sur le manuscrit de ce passage (folio 166), Proust donne une autre source : « Les mélodies de M. Fauré dont la valeur esthétique est infinie ont une petite importance sociale. Celles de M. [Godard *biffé*] X., d'un moindre prix sans doute, sont parmi les confidentes élues par la foule et l'élite des romanesques et des amoureuses. Confidentes ingénieuses et inspirées qui ennoblissent le chagrin, exaltent le rêve, et en échange du secret ardent qu'on leur confie donnent l'enivrante illusion de la beauté. La musique française n'a pas donné de mélodie plus enchanteresse et plus sincère que le *Chant d'automne* de M. Fauré ou que sa *Rose*. Mais ce n'est pas là que vont pleurer les plus beaux yeux du monde. » Benjamin Godard (1849-1895), que l'on disait doué mais peu exigeant, a composé des symphonies, des concertos, des opéras, dont *Jocelyn* (op. 100, 1888), sur un livret d'Armand Silvestre et Victor Capoul d'après le poème de Lamartine, dont la « Berceuse » pour ténor était célèbre : « Oh ! ne t'éveille pas encor / Pour qu'un bel ange de ton rêve / En déroulant son long fil d'or / Enfant, permette qu'il s'achève ! » (*Berceuse*, musique de B. Godard, Choudens fils, 1889, p. 2-3.) Dans *Sodome et Gomorrhe*, Proust cite encore cet exemple comme celui d'une musique qui « excède » son auditoire (p. 414).

Page 187.

XV.

Première publication : Études, III. Sans titre. *Le Banquet*, n° 5, juillet 1892, p. 138-139.

Pour Philip Kolb, ce texte est une nouvelle évocation de Mme Straus (voir n. 1, p. 81 et *Corr.*, t. I, p. 196, n. 2).

Page 188.

XVI. *L'Étranger*

Page 189.

1. Peut-être faut-il voir dans cette trame une allusion au mythe de Don Juan.

Page 190.

XVII. *Rêve*

Première publication : Études, IV. *La Revue blanche*, n° 26, décembre 1893, p. 388-391. Avec cette dédicace : « À M. Clarence Barker, en souvenir de Saint-Moritz et de Chopin. »

1. *Les Noces corinthiennes* (1876), 1re partie, sc. III, éd. cit., p. 18.

Page 194.

XVIII. Tableaux de genre du souvenir
   Proust accomplit son service militaire à Orléans du 15 novembre 1889 au 14 novembre 1890.
   La comparaison qu'il fait ici entre la vie de garnison et la peinture flamande sera reprise et développée dans *Le Côté de Guermantes I*, p. 90-91.

Page 195.

XIX. Vent de mer à la campagne
   1. « Je te porterais ou des lis blancs, ou un jeune pavot aux pétales rouges, mais non tous deux à la fois, car les uns germent en été et les autres en hiver » (Théocrite, « Le Cyclope », *Idylles*, XI, 55-56, trad. Leconte de Lisle, p. 198).

Page 196.

XX. Les Perles
   Dans la dactylographie, ce texte est précédé de la mention : « (n'aura pas de titre dans le volume) ».

Page 197.

XXI. Les Rivages de l'oubli
   Dans le manuscrit (folio 187), le titre initial de ce texte, « Le Pardon après avoir aimé » est remplacé par « Les Rivages de l'oubli ».

   1. Paul Viallaneix nous indique que cette citation est extraite de l'*Histoire de France*, livre VIII, chapitre I, où Michelet médite sur la mort de Louis d'Orléans (*Œuvres complètes*, Flammarion, t. V, p. 352).

Page 199.

XXII. Présence réelle
   Première publication : Études, I. *La Revue blanche*, n° 26, décembre 1893, p. 377-380. Avec cette dédicace : « À L. Yeatman. » (Léon Yeatman, 1873-1930, condisciple de Proust à la Sorbonne en 1893-1895.)
   Le manuscrit de ce texte est un papier à en-tête du Grand Hôtel d'Évian, où Proust séjourna une semaine fin août-début septembre 1893.
   Le titre fait référence à la liturgie chrétienne, au mystère de l'Eucharistie.

Page 203.

XXIV. Comme à la lumière de la lune

Page 204.

1. Cette conclusion fait écho au titre de la pièce précédente.
« Coucher de soleil intérieur ».

XXV. Critique de l'espérance à la lumière de l'amour

« La *Critique de l'espérance* a été écrite en un quart d'heure, avoue
Proust à Reynaldo Hahn, et jamais corrigée de sorte que malgré ma
confiance dans le goût du petit maître je ne puis la croire bien écrite.
D'ailleurs moralement elle est fausse. Mais du moment que fût-ce une
minute je l'ai sentie comme vraie, cela lui donne une vérité psychologique à laquelle (heureusement) rien ne correspond dans la réalité »
(lettre que Philip Kolb date d'avril-mai 1895, *Corr.*, t. I, p. 382.)

Page 207.

XXVI. Sous-bois
1. Voir la n. 1, p. 40.

Page 208.

1. Proust et Hahn séjournèrent à Dieppe, chez Madeleine Lemaire,
du 10 août au 30 août 1895.

XXVII. Les Marronniers
2. C'est à la fin d'octobre et au début de novembre 1895 que Proust
se rend au château de Réveillon (où il avait déjà séjourné l'année
précédente), près de Courgivaux, dans la Marne, propriété de Madeleine Lemaire. On sait que *Les Plaisirs et les Jours* s'intitulèrent dans un
premier temps *Le Château de Réveillon*, et le rôle que joue cette
demeure dans *Jean Santeuil* (p. 457-537).

Page 209.

XXVIII. La Mer
Première publication : Études, I. *Le Banquet*, n° 6, novembre 1892,
p. 170-171. Avec cette dédicace : « À Louis de La Salle. » Condisciple
de Proust à Condorcet, Louis de La Salle (1872-1915) fut, avec Gregh,
Halévy et Proust, l'un des auteurs d'un roman par lettres resté
inachevé, en août 1893.
Ce souvenir de Trouville, où Proust passe quelques jours au mois
d'août 1892, est plein de réminiscences baudelairiennes : « Homme
libre, toujours tu chériras la mer ! » (« L'Homme et la mer », *Les Fleurs
du mal*) et « La musique souvent me prend comme une mer ! » (« La
Musique »).

XXIX. Marine

Page 211.
1. Cf. p. 165.

Page 213.

LA FIN DE LA JALOUSIE

Cette dernière nouvelle du recueil est aussi celle que Proust semblait préférer, car elle traçait le chemin sur lequel il allait désormais s'engager. Alors qu'il a souvent exprimé un mépris plus ou moins sincère pour l'ensemble du volume, il a toujours considéré « La Fin de la jalousie » comme un texte dont il n'avait pas à rougir. En avril 1904, il présente ainsi *Les Plaisirs et les Jours* à Henry Bordeaux : « Il y a quelques vers dedans, mais c'est surtout un volume de nouvelles. Il y en a une ou deux, notamment la *Fin de la jalousie*, qui sont je crois assez vivantes » (*Corr.*, t. IV, p. 104). Et, en août 1913, il reconnaît que le livre qu'il s'apprête à publier (*Du côté de chez Swann*) « ressemble peut-être un peu à la *Fin de la jalousie* mais en cent fois moins mal et plus approfondi » (*Corr.*, t. XII, p. 251).

1. Platon, *Le Second Alcibiade* (dialogue apocryphe), 143 a. Proust cite la traduction de Dacier et Grou (*Œuvres complètes de Platon*, publiées sous la direction d'Émile Saisset, Charpentier, 1882, t. X, p. 50).

2. Reynaldo Hahn avait surnommé Proust « poney ».

3. « Je crois que c'est dans la *Fin de la jalousie* que je dis : " Mon pays ". Comme c'est vrai. Comme j'apaise ma nostalgie quand je suis à penser à toi » (lettre de Proust à R. Hahn, août 1912, *Corr.*, t. XI, p. 198).

Page 216.

1. Matthieu, XII, 49.

Page 218.

1. Les opérations militaires au Tonkin, dirigées contre la Chine et l'Annam à partir de 1883, cessèrent le 4 avril 1885, après la signature des préliminaires de paix. En 1887, le Tonkin fut intégré dans l'Union indochinoise.

Page 219.

1. Cette épigraphe est reprise à Emerson, qui la donne au début de ses *Essais de philosophie américaine*, trad. Montégut, p. 1.

Page 220

1. La citation exacte est : « Belles petites mains qui fermerez nos yeux ! » (*Sagesse*, I, XVIII.)

Page 222.

1. *Bromidia* : « préparation américaine, hypnotique, antinévralgique », contenant de l'hydrate de chloral, du bromure de potassium, des extraits de chanvre indien et de jusquiame (Littré, *Dictionnaire de*

médecine, de chirurgie, de pharmacie et des sciences qui s'y rapportent, 21ᵉ édition, Baillière et fils, 1908, p. 191).

Page 225.
  1. *Essais de philosophie américaine*, trad. citée, p 102.

Page 230.
  1. Proust évoque encore l'asthme, dont il a souffert toute sa vie, dans « L'Indifférent » (p. 258).

Page 236.
  1. Voir n. 1 et 2, p. 68.

RELIQUAT

Page 241.

TEXTES PUBLIÉS EN REVUE ET NON REPRIS PAR PROUST DANS LES PLAISIRS ET LES JOURS

CHOSES NORMANDES

Première publication : *Le Mensuel*, n° 12, octobre 1891, p. 5-6.
Proust avait séjourné à Cabourg en septembre 1891.

  1. Paul Grunebaum-Ballin (1871-1969), condisciple de Proust à Condorcet et à l'École libre des sciences politiques, écrivit quelques pièces de théâtre avant d'entreprendre une brillante carrière de haut fonctionnaire.

Page 242.
  1. « J'aime de vos longs yeux la lumière verdâtre, / Douce beauté, mais tout aujourd'hui m'est amer, / Et rien, ni votre amour, ni le boudoir, ni l'âtre, / Ne me vaut le soleil rayonnant sur la mer » (Baudelaire, « Chant d'automne », v. 17-20, *Les Fleurs du mal*).
  2. « Et puis, surtout, il y a une sorte de plaisir mystérieux et aristocratique pour celui qui n'a plus ni curiosité ni ambition, à contempler, couché dans le belvédère ou accoudé sur le môle, tous ces mouvements de ceux qui partent et de ceux qui reviennent, de ceux qui ont encore la force de vouloir, le désir de voyager ou de s'enrichir » (Baudelaire, « Le Port », *Petits Poëmes en prose*).

Page 243.
  1. « Que de souvenirs, la Maison Persane ! » écrit Proust en 1911 (*Corr.*, t. X, p. 321). En 1891, elle appartenait à la princesse de Sagan.
  2. Gabriel Trarieux (1870-1940), autre condisciple de Proust, colla-

borait aussi au *Mensuel*. Son recueil, *Confiteor* (1891), comporte des poèmes dédiés à Marcel Proust et à Paul Grunebaum (voir *Écrits de jeunesse*, p. 202).

SOUVENIR

Première publication : *Le Mensuel*, n° 12, octobre 1891, p 7-9.

Malgré la signature, « Pierre de Touche », il n'est guère douteux que ce texte, publié ici pour la première fois depuis 1891, est le premier essai de fiction connu du jeune Marcel Proust. On appréciera que, déjà, il place son œuvre sous le signe du souvenir. Et l'on retrouvera dans *Les Plaisirs et les Jours* certains des thèmes qu'il aborde pour la première fois (« La Mort de Baldassare Silvande », « La Mer »). Mais ce « Souvenir » apparaît surtout comme une première version d'« Avant la nuit » (*p. 247-252*). Quant au prénom d'Odette, il sera, dans « Un amour de Swann », promis à la gloire que l'on sait.

Page 246.   PORTRAIT DE MADAME ***

Première publication : Études, II. *Le Banquet*, n° 6, novembre 1892, p. 171-172. Repris, comme les deux textes suivants, en appendice des *Plaisirs et les Jours* dans la Pléiade de 1971.

Philip Kolb a identifié cette « Madame*** ». Il s'agirait de Mme Guillaume Beer, née Elena Goldschmidt-Franchetti (Pellegrino, Italie, 1874-Montmorillon, 1949). Sous le pseudonyme de Jean Dornis, elle publia des romans, des ouvrages sur la peinture italienne et des études sur Leconte de Lisle, qui fut amoureux d'elle (voir *Corr.*, t. I, p. 189, n. 3, et t. II, p. 56, n. 2). Vers 1892, Proust alla quelquefois déjeuner chez elle, à Louveciennes.

Page 247.

1. *Lactea ubertas* : « abondance laiteuse ». C'est l'expression que, dans *De institutione oratoria*, Quintilien emploie pour définir le style de Tite-Live opposé à celui, plus sobre, de Salluste : « *neque illa Livii lactea ubertas satis docebit eum, qui non speciem expositionis sed fidem quaerit* » (« et cette abondance laiteuse de Tite-Live n'instruira pas suffisamment un homme qui, dans un exposé, cherche, non la beauté, mais la vérité », *Institution oratoire*, X, ɪ, 32, trad. Henri Bornecque, Garnier, 1934, t. IV, p. 16-17).

AVANT LA NUIT

Première publication : Études, II. *La Revue blanche*, n° 26, décembre 1893, p. 381-385.

Sans doute Proust a-t-il écarté cette nouvelle du recueil parce qu'il y avait dérobé trop de phrases pour les inscrire, à peine modifiées, dans d'autres pièces des *Plaisirs et les Jours*. Le sujet qu'il aborde ici lui tenait à cœur, puisqu'il le reprend d'un texte de 1891, « Souvenir » (voir p. 243).

Page 248.

1. Cf. « Marine », p. 211, où cette phrase reparaît identique. Voir aussi n. 1, p. 165.

Page 249.

1. Tout ce passage a été repris dans « La Mort de Baldassare Si¹vande », p. 58.

Page 251.

1. Voir « Sonate Clair de lune », n. 1, p. 178. Dans *Sodome I* (p. 28), dans un passage évoquant lui aussi l'homosexualité, Proust empruntera à nouveau à Michelet le thème du double effet (attraction et répulsion) que peuvent exercer les méduses.

2. Proust peut penser au groupe intitulé « Femmes damnées », conservé au musée Rodin et généralement daté de 1885 (renseignement aimablement fourni par Nicole Barbier, conservateur en chef au musée Rodin).

Page 252.

1. Comme dans « La Confession d'une jeune fille », p. 152.

2. La même image figure dans « Rêve » (p. 192), publié dans la même livraison de *La Revue blanche*.

Page 253.   souvenir

Première publication : Études, III. *La Revue blanche*, nº 26, décembre 1893, p. 386-388.

1. Maximilien Winter, camarade de collège de Proust.

Page 254.

1. Dans le chapitre IV de *À rebours* (1884) de Huysmans, le héros, Des Esseintes, dont le modèle dans la réalité fut Montesquiou, invente un « orgue à bouche » remplaçant les notes de musique par des gouttes de liqueur et mélangeant leurs parfums. Sur cet instrument, il joue des mélodies qui l'enivrent (Folio, p. 133-136).

Page 255.   l'indifférent

Première publication : *La Vie contemporaine et Revue parisienne réunies*, 1ᵉʳ mars 1896, p. 428-439.

Le 22 septembre 1894, Proust écrit à Reynaldo Hahn : « Je suis à une grande chose que je crois assez bien et j'en profiterai pour supprimer de mon volume la nouvelle sur Lepré, l'opéra etc. que vous faites copier » (*Corr.*, t. I, p. 333). Cette « grande chose », c'est « La Mort de Baldassare Silvande ». La « nouvelle sur Lepré, l'opéra etc. », c'est « L'Indifférent ».

Le texte sacrifié connaîtra cependant son destin personnel, puisque Proust le donnera en 1896 à *La Vie contemporaine* et qu'il réutilisera certains de ses matériaux (notamment les fameux « cattleyas ») lorsque, en 1910, il écrira « Un amour de Swann » : à cette époque, il demandera à Robert de Flers s'il ne peut pas lui procurer un exemplaire de la revue où était parue cette « nouvelle imbécile » dont il a besoin (*Corr.*, t. X, p. 197). Perdu par Proust, ce texte n'a été retrouvé qu'en 1978 par Philip Kolb, qui l'a publié accompagné d'une excellente introduction (Marcel Proust, *L'Indifférent*, Gallimard, 1978). Philip Kolb fixe la date de sa composition à l'été 1893. Proust semble avoir emprunté à Watteau le titre de sa nouvelle. On a vu (p. 133, n. 2) qu'un quatrain des « Portraits de peintres » évoquait *L'Indifférent*.

1. *Les Caractères*, Folio, p. 86.

Page 256.
1. Le nom de cette orchidée s'orthographie normalement « cattleya » (d'après le botaniste W. Cattley), mais Proust l'écrit à sa fantaisie « catléia » ou « catleya », comme dans « Un Amour de Swann » (*Du côté de chez Swann*, p. 218).

2. *L'Île du rêve, idylle polynésienne* en trois actes, d'après le roman de Pierre Loti, *Le Mariage de Loti* (1880), livret d'André Alexandre et Georges Hartmann, musique de Reynaldo Hahn, fut créée le 23 mars 1898 à l'Opéra-Comique (mais l'œuvre était composée depuis longtemps : voir *Corr.*, t. I, p. 327 ; Proust, qui ne connaissait pas encore Reynaldo Hahn en 1893, peut, selon Philip Kolb, avoir ajouté ici son nom en 1894). L'héroïne du roman, Rarahu, fut rebaptisée Mahénu pour des raisons d'euphonie. *L'Île du rêve* sera citée dans *Le Temps retrouvé* (p. 76), également à propos d'un détail vestimentaire. Proust se souvient ici de Mme Greffulhe qu'il vit pour la première fois le 1er juillet 1893 chez la princesse de Wagram et qu'il décrivit en ces termes à Montesquiou : « Elle portait une coiffure d'une grâce polynésienne, et des orchidées mauves descendaient jusqu'à sa nuque » (*Corr.*, t. I, p. 219).

Page 257.
1. Cf. la habanera du premier acte de la *Carmen* de Bizet : « Si tu ne m'aimes pas, je t'aime, / Mais si je t'aime, prends garde à toi ! »

Page 264.
1. Voir « Tuileries », p. 162.

Page 269.   TEXTES NON PUBLIÉS PAR PROUST

[CORPS SEC ET SOUPLE...]

Première publication : Larkin B. Price, « Textes inédits de Marcel Proust. Trois fragments sacrifiés et deux portraits (1892-1895) », *Bulletin des amis de Marcel Proust*, n° 19, 1969, p. 799-805. Repris, comme les deux textes suivants, en appendice des *Plaisirs et les Jours* dans la Pléiade en 1971.

Nous suivons le texte du manuscrit (folio 24 verso). Proust a rédigé cette esquisse sur une couverture du numéro 2 du *Banquet* (avril 1892), puis il l'a entièrement barrée.

Page 270.   CONVERSATION

Première publication : Larkin B. Price, « Deux textes inédits de Marcel Proust », *Bulletin des amis de Marcel Proust*, n° 17, 1967, p. 527-529.

Nous connaissons ce texte par une dactylographie conservée à la Bibliothèque nationale (folios 48-51). Il figurait à l'origine parmi les « Fragments de comédie italienne », mais Proust le supprima ensuite de son livre et il ne paraît pas dans les épreuves.

Page 273.   ALLÉGORIE

Première publication : Larkin B. Price, « Deux textes inédits de Marcel Proust », *Bulletin des amis de Marcel Proust*, n° 17, 1967, p. 530.

Ce texte figure dans la dactylographie des *Plaisirs et les Jours*, mêlé aux « Rêveries, regrets couleur du temps » (folios 79-80).

DOCUMENTS

Page 288.   PRÉFACE D'ANATOLE FRANCE

Fernand Gregh a émis quelques doutes sur la paternité de cette préface : « Qu'il [Proust] eût demandé une préface à Anatole France qui était alors le dieu de notre jeunesse et que nous avions la joie de rencontrer toutes les semaines chez Mme Arman de Caillavet, rien n'était plus naturel. (On sait d'ailleurs que France s'était déchargé du soin d'écrire cette préface sur son amie qui me l'a avoué en confidence). » Et il précise : « Il n'y avait ajouté que les derniers mots de la fin pour la rendre plus " francienne ", parlant de la " main divine " de Madeleine Lemaire " qui répand les roses avec leur rosée " » (Fernand Gregh, *op. cit.*, p. 10). Il est indéniable que, sans l'intervention de Mme Arman, Proust n'eût pas eu sa préface, car elle « obligeait la gloire naissante de France à épauler les débuts de ses jeunes amis » — Jean Lorrain en fera volontiers le sujet de ses railleries (voir Jeanne Maurice

Pouquet, *Le Salon de Madame Arman de Caillavet*, Hachette, 1926, p. 109-111, et la notice sur les articles de Jean Lorrain, p. 352). Mais ce texte ambigu semble bien porter la marque ironique d'Anatole France.

Datée du 21 avril 1896, cette préface fut rédigée au dernier moment : le 28 février, Jean Hubert, chef de fabrication chez Calmann-Lévy, la réclamait à France (*Corr.*, t. II, p. 50). *Le Gaulois* du 9 juin, en première page, en donna la primeur à ses lecteurs.

1. Hésiode, pasteur devenu poète, natif d'Ascra (ville de Béotie située au nord du mont Hélicon), a composé *Les Travaux et les Jours* aux VIII-VIIe siècles avant Jésus-Christ. C'est un recueil de préceptes moraux, de réflexions philosophiques, d'évocations bucoliques, qui influenceront Virgile, en même temps qu'une suite de conseils sur les travaux qu'il convient d'accomplir aux champs, semblable à un almanach poétique. Proust le lut dans la traduction de Leconte de Lisle (Lemerre, 1869).

2. « Life would be tolerable but for its amusements. » L'auteur de ce mot est Sir George Cornewall Lewis (1806-1863), homme d'État et écrivain anglais, qui fut plusieurs fois ministre, et notamment chancelier de l'Échiquier de 1855 à 1859. Anatole France a pu le lire dans la « Notice sur la vie et les ouvrages de l'auteur » que P.-M. Mervoyer a donnée à sa traduction d'un ouvrage de Lewis : « Personne n'était plus aimable dans la vie intérieure, ni plus gai dans la société de ses amis. Mais il prenait peu goût aux fêtes banales de la société oisive ; et en venant parfois lui disputer les heures d'étude qu'il dérobait aux affaires elles lui ont fait dire finement : " la vie serait supportable si l'on en supprimait les plaisirs " » (*Quelle est la meilleure forme de gouvernement ?*, Germer-Baillière/Ernest Thorin, 1867, p. XXXIX).

L'ACCUEIL DE LA CRITIQUE

Page 289.

Paul Perret . « *À travers champs* »
  La Liberté, 26 juin 1896.

Cet article, signé « P. P. », est vraisemblablement dû à Paul Perret (1830-1904), historien et romancier, lecteur à la Comédie-Française.

Page 290.
  1. *Tædium vitæ* : « le dégoût de la vie »
  2. Préface d'Anatole France, p. 289.
  3. P. 42.

Page 291.
  1. P. 170.

Page 292.

Édouard Rod
  Le Gaulois, 27 juin 1896

Édouard Rod (1857-1910), romancier suisse, d'abord naturaliste, puis « intuitiviste », consacre aux *Plaisirs et les Jours* le post-scriptum d'un article sur les *Vies imaginaires* de Marcel Schwob. Proust se déclara « fier, confus, reconnaissant et charmé » de ces « paroles pleines de grâce et de bonne grâce », mais conseilla à Rod de lire... « La Mort de Baldassare Silvande » (*Corr.*, t. I, p. 80).

1. P. 288.

Léon Blum
   La Revue blanche, t. XI, n° 74, 1er juillet 1896, p. 46.
   Bien qu'ils aient collaboré tous deux au *Banquet* et à *La Revue blanche*, Proust éprouva longtemps de l'antipathie pour Léon Blum (1872-1950) — jusqu'à ce que celui-ci, en 1919, s'emploie à lui faire décerner la Légion d'honneur.
   Son article de juillet 1896, paru dans la revue même où Proust avait publié tant d'études des *Plaisirs et les Jours*, et consacré à divers autres ouvrages, commence par ces mots : « Les livres s'accumulent et le thermomètre monte. Voici quelques sèches notices dont je m'excuse humblement. »

Page 293.

Charles Maurras
   « Un poète, deux pamphlétaires, un sociologue et un moraliste » [Proust est le « moraliste »], *Revue encyclopédique*, 22 août 1896, p. 584 (avec une photographie de Proust par Otto).
   On ne peut être que confondu par la clairvoyance dont témoigne ici Charles Maurras (1868-1952), et Proust se souviendra longtemps de cet article prémonitoire. Dès sa parution, il en remercie son auteur : « Vous trouvez précieux les livres auxquels vous touchez, sans vouloir remarquer que c'est vous, en y touchant, qui les avez changés en or. [...] Et quelque jour le lecteur charmé qui vous lira croira que c'est par quelque injustice que mon livre n'a pas subsisté et que peut-être j'avais du talent » (*Corr.*, t. II, p. 108). Et, en décembre 1919, il lui répète : « Je n'oublie pas qu'un des premiers, jadis, vous avez parlé d'une façon délicieuse des *Plaisirs et les Jours*. Je vous ai toujours gardé de cet article une reconnaissance infinie » (*ibid.*, t. XVIII, p. 561 ; voir aussi t. XX, p. 231).

1. « En amour, sache-le, il n'y a de vrais guides que les yeux » (Properce, *Élégies*, livre II, xv, v. 12, trad. D. Paganelli, Les Belles Lettres, 1929, p. 54).

Page 294.

Jean Lorrain
   Le Journal, 1er juillet 1896 et 3 février 1897.

Ces deux articles venimeux, signés « Raitif de la Bretonne », sont dus à Paul Duval, dit Jean Lorrain (1855-1906), auteur de vers, de nouvelles, de romans (*Monsieur de Bougrelon*, 1897 ; *Monsieur de Phocas*, 1901), de pantomimes, de ballets, etc. Sa chronique du *Journal*, intitulée « Pall-Mall Semaine », lui valut des inimitiés fidèles et quelques bastonnades.

Les insinuations du second article, d'autant plus surprenantes que Jean Lorrain partageait les mœurs qu'il semble reprocher, ne pouvaient laisser Proust indifférent. Aussi envoya-t-il ses témoins à Lorrain. Le duel eut lieu le 6 février 1897, dans le bois de Meudon. « Je n'ai pas été touché, raconte Proust à Lucien Daudet, ni Lorrain non plus bien que ma balle ait tombé presque à son pied droit » (Marcel Proust, *Mon cher petit*, *Lettres à Lucien Daudet*, éd. Michel Bonduelle, Gallimard, 1991, p. 130). Reynaldo Hahn note : « Il [Proust] a montré un sang-froid et une fermeté [...] qui paraissaient incompatibles avec ses nerfs, mais qui ne m'étonnent pas du tout » (*Notes (Journal d'un musicien)*, Plon, 1933, p. 54).

Le lendemain du duel, divers quotidiens parisiens, dont *Le Gaulois* et *Le Journal*, publièrent le communiqué suivant : « À la suite d'un article de Restif de la Bretonne (Jean Lorrain), paru récemment dans le *Journal*, M. Marcel Proust, s'étant jugé offensé, a adressé ses témoins, MM. Gustave de Borda et Jean Béraud, à l'auteur.

« M. Jean Lorrain a chargé ses amis, MM. Octave Uzanne et Paul Adam, de ses intérêts.

« Les témoins se sont rendus chez M. Jean Béraud et, après avoir discuté toutes les chances de conciliation sans avoir pu arriver à une entente, une rencontre a été jugée nécessaire. L'arme choisie est le pistolet de tir.

« Deux balles seront échangées ; la distance sera de vingt-cinq pas et le duel aura lieu au commandement.

« *Pour M. Marcel Proust* :	*Pour M. Jean Lorrain* :
« MM. Gustave de Borda	Octave Uzanne
« Jean Béraud	Paul Adam

« En conformité du procès-verbal arrêté le matin entre les témoins de MM. Marcel Proust et Jean Lorrain, ces messieurs se sont rencontrés, assistés de leurs amis, dans les environs de Paris où le duel a eu lieu.

« Deux balles ont été échangées sans résultat et les témoins, d'un commun accord, ont décidé que cette rencontre mettait fin au différend.

« *Pour M. Marcel Proust* :	*Pour M. Jean Lorrain* :
« MM. Gustave de Borda	Octave Uzanne
« Jean Béraud	Paul Adam

Des deux articles de Jean Lorrain, nous n'avons conservé que les extraits concernant Marcel Proust. Leur auteur prend un tel plaisir à déformer les titres des textes de Proust et les noms de ses personnages, que nous nous sommes dispensés de faire suivre chaque erreur, chaque approximation, du *sic* qui lui revient de droit.

    1. *Gualantuhomo*, déformation perfide de l'italien *galantuomo*, gentilhomme.

Page 295.
    1. Robert de Montesquiou.
    2. Madeleine Lemaire avait en effet illustré *Flirt* de Paul Hervieu (1890).

Page 296.

André Gide : « En relisant " les Plaisirs et les Jours " »
    Article paru dans l'*Hommage à Marcel Proust*, *Nouvelle Revue française*, 1ᵉʳ janvier 1923, nº 112 (repris avec quelques variantes dans *Incidences*, Gallimard, 1924, p. 191-194).
    1. P. 171.

Page 297.
    1. P. 205.
    2. P. 173.
    3. P. 139.
    4. P. 41.

Page 298.
    1. P. 41.
    2. P. 172.

EXTRAIT D'UNE REVUE SATIRIQUE
Les lauriers sont coupés

    Robert Dreyfus raconte comment naquit l'idée de cette revue : Jacques Bizet, qui avait décidé de transformer, pour quelques soirs, l'atelier où il vivait en théâtre d'ombres chinoises, offrit à ses amis de préparer une revue de fin d'année, « très libre, très impertinente » : *Les lauriers sont coupés*... « Silhouettes et décors furent dessinés, découpés par des artistes amis, J.-L. Forain, Jacques-Émile Blanche, de Ochoa, Paul Baignères [...]. La troupe se composait de nous tous et de deux gentilles petites chanteuses. Les rôles furent distribués à chacun suivant ses talents, et notre ami Léon Yeatman, qui imitait à s'y méprendre la voix et les intonations de Marcel Proust, accepta cet emploi important [...]. Le hasard d'une scène évoquant les débuts littéraires de Marcel Proust pourrait seul sauver d'un oubli total ce divertissement éphémère. [...] Elle fit de la peine à Marcel Proust, voilà ce qu'il suffit de retenir. [...] Ce spectacle fut donné trois soirs de suite — les 18, 19 et 20 mars 1897 — avec assez d'applaudissement pour récompenser Jacques Bizet d'avoir fait branle-bas dans son atelier, en osant convier le Tout-Paris à l'île Saint-Louis » (Robert Dreyfus, *Souvenirs sur Marcel Proust*, p. 119-127).

3. Ernest La Jeunesse (1874-1917), collaborateur de *La Revue blanche*, venait de publier une série de pastiches : *Les Nuits, les Ennuis et les Âmes de nos plus notoires contemporains* (1896).

4. Fernand Gregh avait brièvement rendu compte des *Plaisirs et les Jours* dans la *Revue de Paris* du 15 juillet 1896.

RELIQUAT

Textes publiés en revue et non repris par Proust dans Les Plaisirs et les Jours

DOSSIER

DU MÊME AUTEUR

dans la même collection

COLLECTION FOLIO

3412. Julie Wolkenstein   *Juliette ou la paresseuse.*
3413. Geoffrey Chaucer   *Les Contes de Canterbury.*
3414. Collectif   *La Querelle des Anciens et des Modernes.*

3415. Marie Nimier   *Sirène.*
3416. Corneille   *L'Illusion Comique.*
3417. Laure Adler   *Marguerite Duras.*
3418. Clélie Aster   *O.D.C.*
3419. Jacques Bellefroid   *Le réel est un crime parfait, Monsieur Black.*

3420. Elvire de Brissac   *Au diable.*
3421. Chantal Delsol   *Quatre.*
3422. Tristan Egolf   *Le seigneur des porcheries.*
3423. Witold Gombrowicz   *Théâtre.*
3424. Roger Grenier   *Les larmes d'Ulysse.*
3425. Pierre Hebey   *Une seule femme.*
3426. Gérard Oberlé   *Nil rouge.*
3427. Kenzaburô Ôé   *Le jeu du siècle.*
3428. Orhan Pamuk   *La vie nouvelle.*
3429. Marc Petit   *Architecte des glaces.*
3430. George Steiner   *Errata.*
3431. Michel Tournier   *Célébrations.*
3432. Abélard et Héloïse   *Correspondances.*
3433. Charles Baudelaire   *Correspondance.*
3434. Daniel Pennac   *Aux fruits de la passion.*
3435. Béroul   *Tristan et Yseut.*
3436. Christian Bobin   *Geai.*
3437. Alphone Boudard   *Chère visiteuse.*
3438. Jerome Charyn   *Mort d'un roi du tango.*
3439. Pietro Citati   *La lumière de la nuit.*
3440. Shûsaku Endô   *Une femme nommée Shizu.*
3441. Frédéric. H. Fajardie   *Quadrige.*
3442. Alain Finkielkraut   *L'ingratitude.* Conversation sur notre temps

3443. Régis Jauffret   *Clémence Picot.*
3444. Pascale Kramer   *Onze ans plus tard.*
3445. Camille Laurens   *L'Avenir.*
3446. Alina Reyes   *Moha m'aime.*
3447. Jacques Tournier   *Des persiennes vert perroquet.*
3448. Anonyme   *Pyrame et Thisbé, Narcisse, Philomena.*

Composition Bussière
et impression Bussière Camedan Imprimeries
à Saint-Amand (Cher), le 8 mars 2001.
Dépôt légal : mars 2001.
1er dépôt légal dans la collection : octobre 1993.
Numéro d'imprimeur : 011146/1.

ISBN 2-07-038760-7./Imprimé en France.